panini BOOKS

FIVE NIGHTS AT FREDDY'S von Scott Cawthon

Romane

Band 1: Die silbernen Augen
ISBN 978-3-8332-3519-1

Band 2: Durchgeknallt
ISBN 978-3-8332-3616-7

Band 3: Der vierte Schrank
ISBN 978-3-8332-3781-2

Band 4: Fazbear Frights 1 – In die Grube
ISBN 978-3-8332-3948-9

Band 5: Fazbear Frights 2 – Fass!
ISBN 978-3-8332-4020-1

Band 6: Fazbear Frights 3 – 1 Uhr 35
ISBN 978-3-8332-4021-8

Comics

Graphic Novel 1: Die silbernen Augen
ISBN 978-3-7416-2001-0

Five Nights at Freddy's™

FAZBEAR FRIGHTS 3

1 UHR 35

Von Scott Cawthon,
Elley Cooper und Andrea Waggener

PANINI BOOKS

Bibliografische Information der Deutschen Nationalbibliothek
Die Deutsche Nationalbibliothek verzeichnet diese Publikation in der Deutschen Nationalbibliografie; detaillierte bibliografische Daten sind im Internet über http://dnb.d-nb.de abrufbar.

Amerikanische Originalausgabe: „Five Nights at Freddy's: Fazbear Frights #3 – 1:35 AM" by Scott Cawthon, Elley Cooper and Andrea Waggener published in the US by Scholastic Inc., New York, 2020.

Deutsche Ausgabe: Panini Verlags GmbH,
Schlossstr. 76, 70176 Stuttgart.

Geschäftsführer: Hermann Paul
Head of Editorial: Jo Löffler
Head of Marketing: Holger Wiest (email: marketing@panini.de)
Presse & PR: Steffen Volkmer

Übersetzung: Anke Bondy
Lektorat: Andreas Kasprzak, Thomas Gießl
Umschlaggestaltung: tab indivisuell, Stuttgart
Satz: Greiner & Reichel, Köln
Druck: GGP Media GmbH, Pößneck
Printed in Germany

YDFIVE006

ISBN 978-3-8332-4021-8
1. Auflage, Juli 2021

Auch als E-Book erhältlich:
ISBN 978-3-7367-9867-0

Findet uns im Netz:
www.paninicomics.de

PaniniComicsDE

INHALT

1 UHR 35

„*Oh, hurra! Summ, summ, summ*“, sang eine laute, trällernde Frauenstimme. Wie ein langer Stielhaken bohrte sich das alberne Lied in Delilahs schönen Traum, bekam sie zu fassen und riss sie aus dem Schlaf.

„Was zum …?“, murmelte Delilah, während sie sich in ihrem zerwühlten Bett aufsetzte und in die Sonne blinzelte, die zwischen den Lamellen der Jalousie hindurchschien.

„*Du machst mich wirklich munter*“, sang die Stimme weiter.

Delilah warf ihr Kissen gegen die dünne Wand, die sie von der Nachbarwohnung trennte. Mit einem dumpfen, aber befriedigenden *Puff* traf es auf ein gerahmtes Poster, auf dem eine entspannende Strandszene abgebildet war. Voller Sehnsucht betrachtete Delilah das Poster. Es zeigte genau die Aussicht, die sie jetzt gerne gehabt hätte.

Aber ihr Ausblick ging nicht hinaus aufs Meer. Vor ihrem Fenster befanden sich Müllcontainer und die verdreckte Rückseite des rund um die Uhr geöffneten Restaurants, in dem sie arbeitete. Und entspannt war sie auch nicht.

Das lag allein schon an ihrer nervtötenden Nachbarin

Mary, die jetzt aus voller Kehle trompetete: *„Danke, danke, danke für diesen Morgen.“*

„Wer singt schon von Weckern?“, stöhnte Delilah und rieb sich die Augen. Es war schlimm genug, eine singende Nachbarin zu haben, doch tausendmal schlimmer war es, dass diese singende Nachbarin auch noch ihre eigenen dämlichen Lieder erfand und jeden Tag mit einem über ihren dämlichen Wecker begann. Waren Wecker nicht auch so schon eine blöde Erfindung?

Unwillkürlich warf Delilah einen Blick auf ihren eigenen Wecker.

„Wie jetzt?“

Sie sprang aus dem Bett.

Sie schnappte sich das kleine Ding und starrte auf die Digitalanzeige.

6:25 Uhr.

„Wozu bist du eigentlich nütze?“, schimpfte Delilah und warf den Wecker auf ihre hellblaue Bettdecke.

Delilah hatte eine geradezu pathologische Abneigung gegen jede Art von Wecker. Das war ein Überbleibsel aus den zehn Monaten, die sie vor fast fünf Jahren in ihrer letzten Pflegefamilie verbracht hatte, aber in der realen Welt musste man sie nun einmal benutzen, und Delilah hatte immer noch ihre Schwierigkeiten, sich damit abzufinden. Allerdings hatte sie jetzt etwas entdeckt, was sie noch mehr hasste als den gewöhnlichen Wecker: *Wecker, die nicht funktionierten.*

Delilahs Telefon klingelte. Als sie sich meldete, wartete sie nicht, bis der Anrufer etwas sagte. Gegen das Geräusch von klappernden Tellern und einem Stimmengewirr im Hintergrund rief sie: „Ich weiß, Nate! Ich habe verschlafen! Ich kann in einer halben Stunde da sein!“

„Ich habe schon Rianne als Vertretung geholt. Du kannst ihre Schicht um 14 Uhr übernehmen.“

Delilah seufzte. Sie hasste diese Schicht. Es waren die Stunden, in denen am meisten los war.

Eigentlich hasste sie alle Schichten. Jede einzelne verdammte Schicht. Punkt.

Als Schichtführerin im Diner wurde von ihr erwartet, dass sie in *der* Schicht arbeitete, die am besten in den Gesamtablauf passte. Daher musste sie mal von 6 bis 14, dann von 14 bis 22 oder auch von 22 bis 6 antreten. Ihr Biorhythmus war so durcheinander, dass sie praktisch schlief, während sie wach war, und wach war, während sie schlief. Sie lebte in einem Zustand ständiger Erschöpfung. Ihr Verstand war ständig eingetrübt, als ob Nebel durch ihre Ohren in ihr Hirn gedrungen wäre. Dieser Nebel dämpfte nicht nur ihre Fähigkeit, klar zu denken, er machte es ihrem Hirn auch schwer, mit ihren Sinnen in Kontakt zu treten. Es schien, als ob ihr Sehvermögen, ihr Gehör und auch ihre Geschmacksnerven immer ein wenig neben der Spur liefen.

„Delilah? Kann ich damit rechnen, dass du um 14 Uhr hier bist?“, bellte Nate in Delilahs Ohr.

„Ja, ja. Ich bin da.“

Nate gab ein Knurren von sich und legte auf.

„Ich liebe dich auch“, sagte Delilah in ihr Telefon, ehe sie ebenfalls die Verbindung beendete.

Delilah blickte zu ihrem großen Bett. Die dicke Matratze und ihr spezielles Kissen aus Memory-Schaumstoff lockten sie wie ein schmachtender Liebhaber. So gerne hätte Delilah nachgegeben. Sie liebte es zu schlafen. Sie liebte es, einfach nur in ihrem Bett zu liegen. Es war wie ein Kokon – wie eine Höhle aus Decken, die sie sich als Kind so gerne gebaut hatte, nur für Erwachsene. Sie wünschte, sie könnte einen der Jobs finden, bei denen sie im Schlafanzug im Bett arbeiten konnte. Das wäre zwar nicht ideal für ihren Arbeitgeber, weil sie am liebsten nur faulenzte und schlief, aber für ihre Gesundheit wäre es eindeutig besser. Und würde sie sich selbstständig machen, könnte sie ihre eigenen Schichten festlegen.

Aber bei ihrer ausgedehnten Suche nach einem solchen Job war sie nur auf betrügerische Angebote für Heimarbeit gestoßen. Und der einzige Laden, der sie nach ihrer Trennung von Richard eingestellt hatte, war der Diner. Und all das nur, weil in ihren Unterlagen eine Jugendstrafe eingetragen war und sie die Highschool aus Gründen abgebrochen hatte, an die sie sich kaum noch erinnern konnte. Das Leben war einfach scheiße.

Delilah warf noch einen Blick auf ihren nutzlosen Wecker. Nein. Das durfte sie nicht riskieren. Sie musste jetzt wach bleiben.

Aber wie?

Nebenan wiederholte Mary mindestens zum dritten Mal ihr dämliches Aufwachlied. Delilah wusste, dass es nichts nützen würde, an die Wand zu hämmern oder nach nebenan zu gehen, um Mary zu bitten, leiser zu sein. Mary war nicht ganz sauber verdrahtet. Delilah wusste zwar nicht, was genau mit der Frau los war. Sie wusste nur, dass alle ihre früheren Beschwerden irgendwo in dem Nirvana verschwunden waren, das sich unter Marys dichten grauen Haaren zu befinden schien.

Delilah hatte keine Lust, in ihrer Wohnung zu bleiben, um Mary zuzuhören. Genauso gut konnte sie etwas Sinnvolles tun. Sie schlurfte in ihr winziges, rosa gekacheltes Badezimmer, putzte sich die Zähne und zog sich eine graue Jogginghose und ein rotes T-Shirt über. Sie fand, sie könne genauso gut joggen gehen. Ihre letzte Sportsession war mindestens drei Tage her. Vielleicht kam daher der Nebel in ihrem Kopf.

Nein. Sie wusste, dass das nicht stimmte. Sie hatte mit Sport versucht, ihre ständige Erschöpfung zu besiegen. Doch es schien keine Rolle zu spielen, wie viel sie trainierte. Anscheinend gefiel es ihrem Körper einfach nicht, wie ein nervöser Kolibri von einem Termin zum anderen zu flattern.

„Es kommt nur daher, dass Winter ist", hatte Delilahs beste Freundin Harper gemeint. „Wenn der Frühling kommt, wirst du aufblühen, genau wie die Blumen."

Delilah hatte das bezweifelt – und zu Recht. Der Frühling war da. Alles blühte und gedieh, außer Delilahs Energielevel.

Aber ob es nun ihrem Kopf helfen würde oder nicht, Delilah schlüpfte in ihre Laufschuhe, steckte ihre Schlüssel, ihr Telefon, etwas Geld, ihren Ausweis und eine Kreditkarte in ihre Gürteltasche und band sie sich um.

Sie verließ ihre laute Wohnung – Mary sang immer noch – und trat hinaus in einen mit Teppich ausgelegten Flur, wo es nach gebratenem Speck, Kaffee und Klebstoff roch. Woher kam der Kleber?

Schnaubend trabte sie über enge, unebene Stufen drei Stockwerke nach unten. Der Hausmeister war wahrscheinlich dabei, irgendeine Wand zu reparieren. Sie wohnte nicht unbedingt in einem Haus der gehobenen Klasse.

Als Delilah die Lobby des Mietshauses erreichte, schlenderten gerade zwei mürrische und schlampig gekleidete Teenager an ihr vorbei. Neugierige Blicke trafen sie. Doch Delilah beachtete die beiden gar nicht und trat durch die zerkratzte graue Metalltür hinaus auf die Straße und sah gerade noch, wie sich die Sonne hinter einer flauschigen weißen Wolke verbarg.

Es war einer dieser hellen, luftigen Frühlingstage, die Harper so liebte und Delilah einfach nur hasste. Wenn sie vielleicht an der Küste oder in einem Wald leben würde, könnte sie der strahlenden Sonne und den lebhaften Winden etwas abgewinnen. Umgeben von Natur und ein paar blühenden Blumen wäre das wahrscheinlich ein gutes Gefühl. Aber hier?

Hier, in dieser Ansammlung von Einkaufszentren, Werkstätten, Autohäusern, brachliegenden Grundstücken und Sozialwohnungen war hell und luftig überhaupt nicht angenehm. Da würde eine Tiara einem Schwein besser stehen.

Delilah versuchte, den Geruch von verrottetem Salat, von Abgasen und ranzigem Frittieröl zu ignorieren, und stützte sich mit dem Fuß auf dem Rand eines leeren Blumenkübels vor ihrem grauverputzten Kasten von einem Haus ab. Vielleicht würde sich alles mehr nach Frühling anfühlen, wenn in den Pflanzkübeln Blumen statt Steine stecken würden. Delilah dehnte sich und schüttelte den Kopf über ihre pessimistische Einstellung.

„Du weißt es doch besser", schimpfte sie mit sich selbst.

Dann joggte Delilah in mittlerem Tempo los und wandte sich gen Norden, wo sie das angrenzende Wohngebiet durchqueren würde und an Häusern und Bäumen vorbeilaufen konnte, anstatt an Autos und Läden, die um ihre Existenz kämpften.

Sie musste unbedingt aus dieser düsteren Abwärtsspirale herauskommen, in der sie sich gerade befand. Als Teenager hatte sie ausreichend Therapien genossen, um inzwischen zu wissen, dass sie eine „zwangsneurotische Persönlichkeitsstruktur" besaß. Hatte sie sich einmal an einer Vorstellung festgebissen, konnte sie davon nur noch schwer wieder ablassen. Im Moment hing sie an dem Gedanken fest, dass ihr Leben beschissen war. Und es würde auch beschissen bleiben, falls es ihr nicht gelang, sich einer neuen Perspektive zuzuwenden.

Während sie über den unebenen Bürgersteig lief, versuchte Delilah den Nebel aus ihrem Hirn zu vertreiben, indem sie sich um positive Gedanken bemühte. „Jeden Tag geht es mir besser und besser", wiederholte sie mantramäßig. Nach etwa zehn Durchgängen dieser Affirmation, wurde sie immer mürrischer. Also tauschte sie die Affirmation gegen ein Bild von jenem Leben aus, das sie eigentlich führen wollte. Und dadurch musste sie an das Leben denken, das sie mit Richard geführt hatte, wodurch sie nur noch tiefer in ihren düsteren Seelenzustand abrutschte.

Als Richard beschlossen hatte, seine dunkelhaarige und dunkelhäutige Frau durch eine blonde, blauäugige Freundin zu ersetzen, hatte Delilah nicht viele Auswege gesehen. Sie hatte einen Ehevertrag unterschrieben, bevor sie ihn heiratete. Sie hatte nichts mit in die Ehe gebracht und bekam auch nichts bei der Scheidung. Nun ja, nicht *nichts*. Die Abfindung reichte für eine Wohnung und ein paar gebrauchte Möbel und ihr 15 Jahre altes braunes Auto. Das Geld hatte sie bekommen, nachdem sie einen Arbeitgeber gefunden hatte, der nicht nur bereit war, sie einzustellen, sondern sie auch auszubilden. Angesichts ihres atemberaubenden Lebenslaufs mit einem „halben Abschluss der zwölften Klasse“, „Babysitten“, und „Arbeit in einem Fastfood-Restaurant“ konnte sie froh sein, überhaupt eine Stelle zu bekommen. Und abgesehen von den furchtbaren Arbeitszeiten war der Job ihr Glück gewesen. Nate hatte sie zum Managementtraining geschickt und in nur wenigen Monaten war sie von einer normalen Bedienung aufgestiegen. Mit dreiundzwanzig war sie nun die jüngste Schichtleiterin im Restaurant.

„Siehst du?“, keuchte Delilah. „Es geht aufwärts.“

Sie klammerte sich an diesen vorsichtig positiven Gedanken, während sie durch das heruntergekommene Viertel joggte, das an ein Industriegebiet grenzte. Die Gegend war zu schäbig, um sie als schön zu bezeichnen, doch es gab dort viele wundervolle alte Ahornbäume und hohe Pappeln, die sich sanft im Wind wiegten. Alle Bäume waren voller hellgrüner neuer Triebe. Die zarten Blätter ermutigten sie zu hoffnungsvolleren Gedanken, wenn auch nur für ein oder zwei Minuten.

Sie fragte sich, ob die Menschen, die in diesem Teil der Stadt lebten, sich jemals von den Bäumen inspirieren ließen. Als sie sich umsah, zweifelte sie sofort daran. Ein paar gelangweilte Kinder warteten auf die gelben Schulbusse, die herantuckerten und stinkende Dieselwolken hinter sich herzogen. Ein alter Mann mit glänzender Glatze, einem Garten voller Unkraut und einer Frau, die sich noch tiefer als Delilah ins Jammertal verirrt zu haben schien, stand auf seiner Veranda und starrte in seine Kaffeetasse.

Delilah beschloss, dass sie genug von diesem Umfeld hatte und auch genug von ihrem Lauf. Sie zog einen Bogen um ein stillgelegtes Geschäft für Autoteile und nahm wieder Kurs auf ihr Zuhause.

Zuhause.

Wenn es nur wirklich ein Zuhause wäre. Doch damit hatte ihre Wohnung nichts gemein. Sie hatte in ihrem Leben zweimal ein Zuhause gehabt. Das eine hatte sie mit ihren Eltern geteilt, bis sie gestorben waren, als sie elf war. Die „Pflegestellen“, wo sie danach gelebt hatte, waren nichts weiter als Orte, an denen sie die Zeit totschlug. Ihr anderes Zuhause war Richard gewesen. Und jetzt hatte sie nur einen Platz, an dem sie schlief, und sie konnte nie genug schlafen.

In letzter Zeit fühlte es sich an, als sei das Leben nur eine lästige Unterbrechung ihres Schlafs, als sei die Welt ein Wecker, der ständig losging und sie aus ihren Träumen riss, dem einzigen Ort, an dem sie wirklich einmal einen glücklichen Moment erleben konnte.

***

Wieder in der Wohnung, tat Delilah ihr Bestes, um die kahlen blassgrünen Wände zu ignorieren – seit ihrem Einzug hatte sie nicht den Elan aufgebracht, sie neu zu streichen. Sie zog ihre Schuhe aus und stellte sie ordentlich neben die Eingangstür. Dann ging sie zu ihrem abgewetzten beigefarbenen Ledersofa hinüber und zupfte die gelbgrüne Häkeldecke zurecht, die sie über die Lehne drapiert hatte. Delilah mochte die Decke nicht, aber Harper hatte sie extra für sie gehäkelt. Eines Tages war Harper vorbeigekommen und ziemlich niedergeschlagen gewesen, als sie die Decke nirgends entdecken konnte. Danach hatte Delilah sie auf dem Sofa liegen gelassen.

„Du musst nur darauf achten, dass du die misslungenen Bereiche umschlägst“, hatte Harper ihr erklärt, als sie das Geschenk überreichte. Da es davon allerdings viele Bereiche zu geben schien, war es gar nicht so einfach, die Decke passend zusammenzufalten.

Nebenan trällerte Mary weiter vor sich hin, während Delilah ihr verschwitztes T-Shirt auszog und den Schrank öffnete, wo sie ihre Süßigkeiten aufbewahrte. Der Schrank war leer. Na klar.

Seufzend zog Delilah die Tür des Kühlschranks auf. Sie wusste, auch das war eine sinnlose Aktion, denn sie kochte nicht und hatte daher auch nichts anderes im Kühlschrank als eine Flasche Wasser, etwas Apfelsaft und Essensreste aus dem Diner. Einer der Vorteile ihres Jobs dort bestand darin, dass sie pro Schicht zwei kostenlose Mahlzeiten bekam. Davon wurde sie ziemlich gut satt. Alles, was sie also wirklich brauchte, waren ihre Haferkekse, Milch, ein paar Proteinriegel und Tiefkühlgerichte für die Abende, an denen sie nicht arbeitete. Ein Blick in den Kühlschrank zeigte ihr nun, dass sie nicht nur Kekse brauchte, sondern auch Milch.

Marias Stimme drang durch die Wand. „*Der Frühling ist da und die Würmer auch …*“

„Ja, genau das befürchte ich, Mary“, murmelte Delilah.

Hier konnte sie einfach nicht bleiben.

Delilah ging in ihr kleines Badezimmer, duschte lauwarm und zog sich dann braune Leggings und eine goldschwarz karierte Jacke an. Sie vermied es, in den Spiegel zu schauen, während sie ihr gewelltes schulterlanges Haar trocken föhnte. Delilah schminkte sich nicht mehr. Anstatt Geld für Kosmetika auszugeben, die ihr lediglich unerwünschte männliche Aufmerksamkeit einbrachten, steckte sie das gesparte Geld lieber in ihr Sparbuch. Aber auch ohne Make-up war Delilah hübsch genug, um viele Blicke auf sich zu ziehen. Eine Modelagentur, bei der sie sich beworben hatte, war der Meinung gewesen, dass sie nur ein großes Kinn davon entfernt sei, klassisch schöne Gesichtszüge zu haben. Zwei andere Agenturen hatten ihr die Namen von plastischen Chirurgen gegeben und ihr geraten, sie solle wiederkommen, nachdem sie sich Kinn und Kiefer ein wenig habe zurechtmeißeln lassen.

Delilah dachte, wenn sie sich ohnehin nicht schminkte, warum sollte sie dann in den Spiegel schauen? Sie wusste ja, wie sie aussah, und in letzter Zeit war sie nicht besonders scharf darauf, ihrem eigenen Blick zu begegnen. Sie sah dort etwas, das ihr Angst machte, etwas, das ihr Unbehagen darüber bereitete, was ihre Zukunft wohl für sie bereithielt.

Nebenan sang Mary aus voller Kehle davon, dass man zum Mars fliegen sollte. „Flieg du, Mary“, murmelte Delilah und wünschte sich, Mary würde es tun ... und nie zurückkommen.

Delilah schnappte sich ihre Handtasche und ging zu ihrem Auto. Sie dachte sich, sie könnte eben zu dem kleinen Laden fahren, ein paar Haferkekse und etwas Milch besorgen und dann immer noch rechtzeitig zurück sein, um vor der Arbeit ein kleines Nickerchen zu machen.

Nachdem sie ihren Vorrat an Keksen und Milch aufgefüllt hatte, verließ Delilah den Laden über den Parkplatz dahinter. Sie fuhr gern durch ruhige Nebenstraßen zurück zu ihrer Wohnung, anstatt sich über die meistens verstopften vierspurigen Hauptstraßen zu quälen, die durch das Herz des Viertels führten, in dem sie lebte.

In dieser Gegend war es ein wenig schöner als in der, durch die sie joggte. Es gab größere Häuser, grüne Rasenflächen und neuere Autos. Der Nachteil war, dass es dort keine großen Ahornbäume und Pappeln gab, sondern wild wachsende Kirschbäume. Sie musste aber auch gestehen, dass die pinkfarbenen Blüten sehr schön waren.

Als Delilah direkt neben einem besonders stark blühenden Baum um die Ecke bog, entdeckte sie ein Schild, das auf einen privaten Flohmarkt hinwies. Der Pfeil zeigte geradeaus, also fuhr sie spontan in diese Richtung. Weitere Schilder wiesen ihr den Weg nach rechts, und schließlich fand sie sich vor einem zweistöckigen Haus im spanischen Stil wieder, das hinter mehreren Tapeziertischen voller Haushaltswaren aufragte.

Delilah konnte nicht anders, sie musste anhalten.

Genauso wie Delilah dazu neigte, in irgendwelchen Gedankenschleifen stecken zu bleiben, hatte sie auch ein Faible für Flohmärkte. Seit ihrer Teenagerzeit war sie geradezu süchtig danach. Einer ihrer Therapeuten, Ali, hatte auch eine Theorie dazu. Ali war überzeugt, dass Delilah Flohmärkte deshalb liebte, weil sie ihr Einblicke in ein richtiges Familienleben gewährten. Sie erinnerten sie daran, was eigentlich „normal" war.

Zwanghaft verhielt Delilah sich nicht bei ihren Flohmarktbesuchen. Klar, gelegentlich kaufte sie etwas – sie hatte alle ihre derzeitigen Möbel von Flohmärkten. Meistens allerdings sah sie sich nur um, freute sich daran, irgendwelche Haushaltsgegenstände zu entdecken. Sie wollte wissen, was die Leute benutzten, was sie sammelten, was ihnen gefiel und was sie nicht mehr behalten wollten. Das machte ihr einfach Spaß.

Delilah ging davon aus, dass ihre Milch eine Viertelstunde im Auto warten konnte, also stellte sie den Wagen hinter einem dreckigen roten Pick-up ab. Der Pick-up und ein blauer Cadillac waren die einzigen Autos, die vor dem Haus parkten. Nur zwei Besucher schlenderten zwischen den Tischen umher. Eine korpulente Frau, die sich für Küchengeräte zu interessieren schien, und ein schmächtiger junger Mann, der in Stapeln von Büchern und Zeitschriften stöberte. Delilah nickte den beiden zu und auch der Frau mittleren Alters, die neben einem Picknicktisch saß, auf dem eine Geldkassette aus Metall stand. Daneben lagen ein Schreibblock und ein Taschenrechner.

„Herzlich willkommen", rief die Frau. Sie hatte kurzes, hochstehendes braunes Haar und ihre Augen waren mit dickem Eyeliner umrandet. Sie trug einen gelben Jogginganzug und hatte einen hellbraunen Chihuahua bei sich, der so ruhig und gehorsam war, dass Delilah sich fragte, ob er überhaupt echt war. Doch als sie auf ihn zuging, um ihn zu streicheln, wedelte der winzige Hund mit dem Schwanz.

„Das ist Mumford", erklärte die Frau.

„Hallo Mumford." Delilah kraulte Mumford hinter den Ohren und wurde dadurch schlagartig zu seiner neuen besten Freundin.

Dann ging Delilah von einem Tisch zum anderen und durchforstete das Angebot. Sie stöberte in den kleinen Elektrogeräten, im Werkzeug, sah sich Spiele, Puzzles, Elektronik und Kleidung an. Und schließlich fand sie eine schwarze Lederjacke, die sie faszinierte, bis sie daran schnupperte und ihr der stechende Geruch von alten Mottenkugeln in die Nase stieg. Als sie zum nächsten Tisch ging, fand sie sich in der Spielzeugabteilung wieder. Ein Haufen Modepüppchen verdunkelte ihre ohnehin schon düstere Stimmung weiter, denn die Puppen erinnerten sie daran, wie es ihr früher immer misslungen war, andere Pflegekinder davon abzuhalten, mit ihren Sachen zu spielen. Bauklötze erinnerten sie an einen kleineren Jungen, mit dem sie sich in der dritten Pflegefamilie angefreundet hatte, nur um ihn eine Woche vor ihrem Umzug zu einer weiteren Pflegestelle durch Adoption zu verlieren. Sie wollte den Tisch gerade verlassen, als ihr Blick an einer Puppe hängen blieb.

Mit ihren braunen, luftigen Haaren, den großen dunklen Augen und den prallen rosa Wangen sah die Puppe fast genauso aus wie das Baby, dass Delilah gern eines Tages mit Richard gehabt hätte. Am Anfang ihrer Ehe hatte sie sich dieses Baby so real vorgestellt wie alles andere in der haptischen Welt. Sie war überzeugt gewesen, Mutter zu werden, und hatte dem Baby bereits einen Namen gegeben, noch bevor es gezeugt war. Sie hatte es immer Emma nennen wollen.

Fasziniert umrundete Delilah den Tisch, um näher an die Puppe heranzukommen. Sie steckte in einer großen hölzernen Kiste voller Plüschtiere und kleiner Geräte, und das hübsche Babygesicht lag teilweise im Schatten eines blauen Huts. Die breite Krempe mit den rosa Rüschen wirkte ganz unpassend zwischen einer Spielekonsole und einem Ding, das wie ein ferngesteuertes Flugzeug wirkte. Delilah hatte Mühe, die Puppe, die knapp fünfzig Zentimeter groß war, dazwischen hervorzuziehen.

Sie trug ein hellblaues Kleid mit Puffärmeln aus den 1980er-Jahren, mit rosa Rüschenbesatz und einer großen Schleife um die Taille, und sie war viel schwerer, als Delilah erwartet hatte. Als sie sich die Puppe näher besah, merkte Delilah, dass sie so schwer war, weil sie voller Elektronik steckte.

Delilah griff nach dem leuchtend pinkfarbenen Schild und der kleinen Bedienungsanleitung, die vom Handgelenk der Puppe herabhingen. „Mein Name ist Ella“, stand auf dem Schild.

Ella. Das klingt fast wie Emma. Delilah verspürte ein seltsames Kribbeln, das ihren ganzen Körper durchlief. Wie seltsam war das denn? Eine Puppe, die aussah wie ihr lang ersehntes Baby, und ein Name, der viel zu ähnlich klang, als dass es hätte Zufall sein könnte. Obwohl es doch Zufall sein musste, oder nicht?

Delilah öffnete das kleine Büchlein. Sie riss die Augen auf. *Wow!* Sie hatte es hier mit einer wahren Hightechpuppe zu tun.

Laut der Broschüre war Ella eine „Helferpuppe“, die von Fazbear Entertainment hergestellt wurde. „Fazbear Entertainment“, flüsterte Delilah. Sie hatte noch nie von der Firma gehört.

In der Broschüre war aufgelistet, wofür Ella entwickelt worden war, und die Liste war ziemlich beeindruckend. Ella konnte alle möglichen Dinge tun. Sie konnte die Zeit stoppen und als Wecker dienen, Termine verwalten, Listen führen, Fotos machen, Geschichten vorlesen, Lieder singen und sogar Getränke servieren.

Getränke servieren? Delilah schüttelte den Kopf.

Etwas nervös sah Delilah sich um und war erleichtert, dass niemand ihr Interesse an der Puppe beachtete. Mumfords Frauchen zeigte dem jungen Mann ein paar Schallplatten und die korpulente Frau stapelte Porzellanteller neben der Geldkassette auf. Bisher war sonst niemand gekommen.

Delilah las weiter.

Ella, so stand es in der Broschüre, konnte den pH-Wert im Wasser bestimmen, und sie konnte Persönlichkeitsanalysen durchführen, wenn man ihre vorprogrammierte Liste von zweihundert Fragen beantwortete. Wie konnte eine alte Spielzeugpuppe so hoch entwickelt sein?

Sowohl Ellas Kleidung als auch das Design der kleinen Broschüre passten zu ihrem Baujahr. Sie war nicht neu, nicht einmal annähernd. Konnte sie all das wirklich?

Delilah drehte Ella um und entdeckte einen Zettel, der an Ellas Kleid geheftet war. Auf dem Zettel stand, dass die einzige von Ellas Funktionen, die auch funktionierte, der Wecker sei. Delilah drehte Ella wieder herum und sah, dass in Ellas Brust eine kleine Digitaluhr eingebettet war. Konzentriert versuchte Delilah, die Weckfunktion zu aktivieren, indem sie eine Reihe kleiner Knöpfe drückte, die sich auf Ellas rundem Bauch befanden.

Als sie auf den letzten Knopf drückte, riss Ella mit einem klackenden Geräusch die Augen auf, und Delilah ließ die Puppe vor Schreck fast fallen. Mit plötzlich hämmerndem Herzen sog sie scharf die Luft ein, als Ella, die eben noch offensichtlich geschlafen hatte, ruckartig zum Leben erwachte.

Delilah hielt Ella auf Armeslänge von sich und betrachtete sie. Sie brauchte ohnehin einen Wecker. In Ellas Nacken klebte ein Preisschild. Die Summe war nicht allzu hoch, das Geld würde Delilah verschmerzen können. Und vielleicht konnte sie den Preis ja noch drücken. Bei ihren Hunderten von Flohmarktbesuchen hatte sie sich im Feilschen geübt.

Delilah nahm Ella auf den Arm und ging zu Mumford und seinem Frauchen zurück. Der junge Mann lud gerade eine Kiste mit Schallplatten in seinen Pick-up.

„Würden Sie mir von diesem Preis 15 Dollar nachlassen?“, fragte Delilah. „Sie hat ja nur eine der beschriebenen Funktionen.“

Die Frau streckte eine Hand mit leuchtend roten Fingernägeln aus. Dann drehte sie Ella herum, warf einen Blick auf den Preis und sah wieder Delilah an, die versuchte, zugleich höchst interessiert und sehr arm zu wirken. „Okay. Sicher, das kann ich machen.“

Delilah strahlte. „Toll.“

Während sie bezahlte, machte sie sich klar, dass der Tag immer besser wurde. Es war überhaupt nicht scheiße, Kekse gekauft zu haben und auf einem privaten Flohmarkt eine Hightechpuppe für einen guten Preis zu finden. Sie würde Ella auf ihren alten Couchtisch aus Eiche setzen, wo sie immer ein Gesprächsthema sein würde. Harper würde Ella lieben.

Außerdem besaß Delilah jetzt einen funktionierenden Wecker! Sie konnte nach Hause gehen, ein Nickerchen machen und trotzdem sicher sein, dass sie rechtzeitig zu Schichtbeginn aufstand. Ja, es sah gar nicht so schlecht aus. Vielleicht konnte sie doch noch ihrer Gedankenschleife entkommen, die ihr einreden wollte, dass das Leben einfach scheiße war.

* * *

Zurück in ihrer Wohnung setzte Delilah Ella auf ihren Nachttisch. Ella, mit ihrem Kleid, das sich um sie bauschte, sah dort gut aus, zufrieden geradezu. Selbstzufrieden irgendwie, was natürlich eine Projektion war, denn Ella war sich ihrer selbst ja nicht einmal *bewusst*. Delilah war es, die mit sich zufrieden war. Sie war stolz darauf, dass sie einen Weg gefunden hatte, diesen Tag zu überstehen. Sie hatte ihre schlechte Laune überwunden. Und das beeindruckte sie irgendwie.

Delilah stellte Ellas Uhr auf die aktuelle Zeit ein. Es war gerade einmal 11:30 Uhr, also konnte Delilah noch ein paar Stunden schlafen. Sie stellte den Wecker auf 1:35 Uhr, zupfte ihr Laken glatt, legte sich hin und zog sich die Decke bis unters Kinn. Nicht, weil es in ihrer Wohnung kalt war, sondern weil sie sich dann sicher fühlte. Dankbar dafür, dass Mary entweder selbst schlief, einkaufen war oder sich ihre Stimmbänder durch zu viel Gesang ruiniert hatte, schloss Delilah die Augen und ließ sich von ihrer Müdigkeit davontragen.

* * *

Das Klingeln des Telefons durchbrach Delilahs friedvolle Ruhe wie eine Rakete, die dicke Klostermauern zerschmetterte. Sie schoss in die Höhe und griff nach dem Telefon, während sie sich schalt, dass sie es nicht abgestellt hatte, damit sie in Ruhe schlafen konnte.

„Was?“, knurrte sie hinein.

„Wo zum Teufel bist du?“, knurrte Nate zurück.

„Wie? Es ist …“ Delilah blickte zu Ella. Auf Ellas Uhr stand 14:25. „Ach du Scheiße.“

„Entweder bist du in 15 Minuten hier oder du brauchst überhaupt nicht mehr zu kommen.“

Delilah riss gerade noch rechtzeitig das Telefon vom Ohr, um dem lauten Knall zu entgehen, mit dem sie schon gerechnet hatte. Nate benutzte ein altmodisches Festnetztelefon, dessen Hörer sogar noch an einem Metallhaken hing. Seine Stimmung konnte man an der Wucht erkennen, mit der er den Hörer auf den Haken knallte. Er war sauer.

Delilah eilte ins Badezimmer und riss sich unterwegs die Sachen vom Leib. Sie spritzte sich Wasser ins Gesicht und fuhr sich mit einer Bürste durchs Haar, dann lief sie zurück ins Schlafzimmer, schlüpfte in ihre dunkelblaue Uniform und griff sich ihre Arbeitsschuhe, hässliche schwarze rutschfeste Teile, die alle Angestellten bei Nate tragen mussten. Während sie sie zuband, fiel ihr Blick auf Ella.

„Na, du bist ja vielleicht eine Enttäuschung“, sagte sie zu der Puppe.

Unter dicken Wimpern hervor blickte Ella sie an. Eine ihrer Locken war ihr übers Auge gefallen. Sie wirkte fast schelmisch.

Kein Wunder, dass die Puppe so billig gewesen war. Das Einzige, was funktionierte, war die Uhr mitten in Ellas Brust. Aber ohne die Weckfunktion war die Uhr auch nichts wert. Ella war immer noch eine hübsche Puppe und sie sah auch weiterhin wie Delilahs lang ersehntes Baby aus, doch nun wirkte sie eher wie ein Denkmal, das Delilah an all ihren Frust erinnerte.

Nachdem sie ihre Schuhe zugebunden hatte, griff sich Delilah Ella vom Nachttisch. Einen Moment lang staunte sie über die samtweiche „Haut" der Puppe. Doch dann ging sie ins Wohnzimmer, schnappte sich ihre Handtasche und verließ die Wohnung. Sie joggte den Flur entlang zur Treppe und schüttelte den Kopf, als sie hörte, wie Mary „*Ich liebe die große, weite Welt*" sang.

Draußen hatte sich die Sonne hinter einen Vorhang aus tief hängenden Wolken verzogen, aus denen dicke Regentropfen fielen. Delilah blieb stehen, um zwei älteren Damen die Tür aufzuhalten, die unerträglich lange brauchten, um ins Haus zu kommen. Dann rannte sie um das Gebäude herum in Richtung der Müllcontainer.

Wie ein Trio aus Trollen hockten die drei grünen Container am Rande des Parkplatzes hinter dem Mietshaus. Zwei standen offen, einer war geschlossen. Delilah fasste die beiden offenen Müllcontainer ins Auge und schwang Ella in hohem Bogen über den Kopf. Am Scheitelpunkt der Kurve ließ sie Ella los.

Die Puppe flog durch den Regen und landete mit einem metallisch klingenden Knall in einem der Container. Ein wenig zuckte Delilah bei dem Geräusch zusammen und fühlte sich irgendwie schuldig, weil sie eine Puppe weggeworfen hatte, die genauso aussah wie ihr Baby. Eine Puppe mit überraschend echt wirkenden Händen.

Delilah sah nicht mehr, in welchem Müllcontainer Ella gelandet war, weil Nate in der Hintertür des Diners erschien. Delilah winkte ihm zu.

„Kommst du zu spät, weil du mit deinen Puppen gespielt hast?“, rief er.

„Sehr witzig.“ Delilah lief auf das Diner zu und erreichte die Tür in dem Moment, als sich die Schleusen des Himmels endgültig öffneten.

Nate trat zurück, um sie hereinzulassen, dann schloss er die Tür und sperrte damit den Wolkenbruch aus. Delilah stieg Nates Rasierwasser in die Nase, das nach einem Hauch von Whisky roch und auf das Nate unglaublich stolz war. „Männlich, findest du nicht?“, hatte er gefragt, als er es zum ersten Mal benutzte. Delilah hatte zugeben müssen, dass es das war.

Nate war groß, durchtrainiert, gut aussehend und gepflegt und widersprach damit dem Stereotyp eines Diner-Besitzers. Er war um die 50, hatte kurzes schwarzes Haar, das langsam grau wurde, und einen sauber gestutzten Bart. Dazu besaß er graue Augen, die einen durchbohren konnten. Und genau diese Augen richtete er jetzt auf Delilah.

„Du hast Glück, dass du gut bist und die Kunden dich lieben“, sagte er. „Aber du musst deine Unpünktlichkeit in den Griff bekommen. Ich kann das nicht ewig durchgehen lassen.“

„Ich weiß. Ich weiß. Ich gebe mir Mühe."

„Das tust du."

***

Delilahs Schicht flog dahin. Das war der Vorteil, wenn man von 14 bis 22 Uhr arbeitete. Die Hektik konnte einen fertigmachen, aber zumindest verging die Zeit schnell.

Gegen halb elf war Delilah wieder in ihrer Wohnung und verpasste zum Glück eins der Gutenachtlieder von Mary. Im Haus war es ziemlich ruhig. Nur aus einer Wohnung am Ende des Flures ertönte Rapmusik und aus einem Fernseher ein Stockwerk höher Gelächter.

Draußen im Flur roch es nach angebranntem Rosenkohl, und Delilah hoffte, dass der üble Geruch ihr nicht in die Wohnung folgen würde, als sie die Tür hinter sich schloss. Doch dort duftete es nach Fichtennadelbad und Orangen. Selbst Delilah roch da schlechter, nämlich nach Fett, wie immer am Ende einer Schicht.

Sie zog ihre Sachen aus und legte sie in die Zedernholztruhe, die neben der Wohnungstür stand. Die Truhe, in Verbindung mit Beuteln voller Aktivkohle zur Luftreinigung, würde das Problem lösen, mit dem sie sich nun herumschlug, seit sie in dem Diner arbeitete.

Unter der Dusche wusch Delilah den Rest des Fettgeruchs ab. Dann streifte sie ein rotes langärmliges Nachthemd über und legte sich mit einer halben Schale Bœuf Stroganoff und grünen Bohnen ins Bett. Der Koch, der in der Schicht von 14 bis 22 Uhr arbeitete, war der beste, den

Nate hatte. Das Stroganoff war große Klasse. Während sie aß, schaute Delilah sich in dem alten Fernseher, der auf ihrer antiken Ahornkommode stand, die Wiederholung einer Sitcom an. Zum Lachen brachte sie die nicht unbedingt. Nicht einmal zum Lächeln. Es half ihr nur, sich beim Essen etwas weniger einsam zu fühlen.

Gegen 23:30 Uhr stellte Delilah die leere Styroporschale auf einen Stapel Wohnzeitschriften, die auf ihrem Nachttisch lagen. Sie schaltete die kleine Lampe aus und rollte sich auf der Seite zusammen. Die Straßenlaterne, die draußen über dem Parkplatz hing, warf unheimlich verzerrte Schatten ins Zimmer. Sie sahen aus wie riesige knöcherne Finger, die sich in Richtung ihres Bettes ausstreckten.

Delilah schloss die Augen und hoffte, dass der Schlaf sie schnell einhüllen würde – was er auch tat.

Doch fast genauso schnell war er auch wieder verschwunden.

Delilah riss die Augen auf.

Die leuchtenden Ziffern ihrer Uhr zeigten ihr, dass es 1:35 Uhr war.

Sie setzte sich auf und sah sich um.

Was hatte sie geweckt?

Sie blickte zum Fenster und rieb sich die Augen. Es war ein Geräusch gewesen, ein durchdringendes Geräusch draußen vor dem Fenster. Ein Klingeln vielleicht? Ein Summen?

Delilah legte den Kopf schräg und lauschte. Doch sie hörte nichts als das Rauschen vorbeifahrender Autos draußen auf der Straße.

Wieder blickte sie zur Uhr. Jetzt war es 1:36 Uhr.

Moment. Sie war um 1:35 Uhr aufgewacht.

Sie hatte die Weckzeit der Puppe auf 1:35 Uhr gestellt. Was war, wenn sie vergessen hatte, darauf zu achten, ob es mittags oder nachts war.

„Ups“, flüsterte sie. „Tut mir leid, Ella.“

Delilah überlegte, nach draußen zu gehen und die möglicherweise doch halbwegs funktionierende Puppe hereinzuholen, aber sie war einfach zu müde. Sie würde morgen früh nach ihr sehen.

Delilah kuschelte sich unter die Decke und schlief wieder ein.

***

„Du hast sie weggeworfen?“ Harper hob eine Augenbraue und verzog den Mund in einer Weise, mit der sie stets ausdrücken wollte: „Was hast du dir nur dabei gedacht?“

„Ich dachte, sie sei kaputt.“

„Ja, aber sie könnte ein Sammlerstück sein. Vielleicht ist sie etwas wert.“ Bei dem Gedanken an all die Dollarscheine leuchteten Harpers blaue Augen. Delilah konnte fast sehen, wie in ihrem Kopf ein Taschenrechner auf unmögliche Summen kam.

Delilah und Harper saßen an einem erhöhten runden Tisch in Harpers Lieblings-Espressobar. Delilah nippte an einem Zimttee. Harper trank irgendeinen schicken vierfachen Espresso. Harper war süchtig nach Kaffee.

Die Espressobar war ein schmaler Laden mit frei liegenden Ziegelsteinwänden, viel Edelstahl und Chrom und sehr wenig Holz. Um kurz vor 11 Uhr am Vormittag war es nicht sonderlich voll. Eine dunkelhäutige Frau mit Zöpfen saß an einem Tisch und konzentrierte sich auf ihren Laptop und ein schlanker Mann las die Zeitung und knabberte dabei an einem Muffin. Hinter dem Tresen arbeiteten zischend und spuckend Kaffeemaschinen.

„Hast du denn gar nichts von mir gelernt?“, fragte Harper. „Bevor du etwas wegwirfst, versuch immer erst, es zu verkaufen. Erinnerst du dich?“

„Ich war zu spät zur Arbeit. Ich war ein bisschen gestresst.“

„Du musst unbedingt lernen zu meditieren.“

„Dann verpasse ich auch die Arbeit, weil ich mich in der Meditation verliere.“

Harper lachte. Und alle im Raum drehten sich zu ihr um. Harpers Lachen klang wie das Bellen eines Seelöwen. Wie lustig sie etwas fand, konnte man daran erkennen, wie oft sie bellte. In diesem Fall reichte Delilahs Bemerkung nur für ein Bellen.

„Wie gefällt dir das neue Stück?“, erkundigte sich Delilah.

„Es ist lustig. Mein Text ist total scheiße. Aber ich liebe einfach die Rolle.“

Delilah lächelte.

Seit fast sechs Jahren war Harper Delilahs beste Freundin. Seit die beiden sich in einer Pflegefamilie getroffen hatten. Fest entschlossen, dass diese Pflegestelle ihre letzte sein sollte, hatten sie sich zusammengetan, um sich gegenseitig zu unterstützen, um das strikte Regime, das ihnen von Gerald, dem Ehemann in der Familie und ehemaligen Soldaten, aufgezwungen wurde, hinter sich zu lassen.

Immer wenn Gerald sie ermahnte, weil sie sich nicht an seinen Zeitplan hielten, und sie daran erinnerte, dass dies um 0500 und jenes um 0610 zu geschehen hatte, murmelte Harper etwas wie: „Und du kannst um Scheiß-drauf-100 von der Klippe springen."

Sie hatte Delilah immer zum Lachen gebracht, was ihr geholfen hatte zu überleben. Da sie vom Aussehen und von der Persönlichkeit her vollkommen unterschiedlich waren, hätten Harper und Delilah wahrscheinlich nie zueinandergefunden und wären Freundinnen geworden, wenn sie nicht gemeinsam in dieser zeitlich durchgetakteten Hölle gelandet wären. Jedenfalls funktionierte ihre Freundschaft. Als Harper ihren listigen Plan verkündet hatte, wie sie einen berühmten Theaterautoren dazu bringen wollte, sie in einem seiner Stücke zu besetzen, hatte Delilah nur gesagt: „Pass auf dich auf." Als Delilah sagte, sie würde ihren strahlenden Ritter in glänzender Rüstung heiraten und Kinder mit ihm bekommen, hatte Harper nur gemeint: „Unterschreib keinen Ehevertrag." Harper hatte Delilahs Rat befolgt und gnädigerweise nicht getadelt: „Ich habe es dir ja gesagt", als Delilah dem ihren nicht folgte.

„Ich glaube, du solltest sie suchen", meinte Harper.

„Was?"

„Na, Ella. Ich glaube, du solltest nach ihr suchen." Harper spielte mit einem der rund ein Dutzend blonden Zöpfe, die sie sich um den Kopf gewickelt hatte. Sie hatte schweres und sehr buntes Make-up aufgelegt und trug dazu ein hautenges grünes Kleid, sodass sie wie eine Art exotische Medusa wirkte.

„Weil sie etwas wert sein könnte“, wiederholte Delilah und nickte.

„Es geht nicht nur darum. Du hast gesagt, sie habe ausgesehen wie das Baby, von dem du geglaubt hast, dass du es erwarten würdest. Das ist doch ziemlich bizarr, findest du nicht? Dass du eine Puppe findest, die aussieht wie dieses imaginäre Baby. Wenn das nun eine Art Zeichen ist?“

„Du weißt genau, ich glaube nicht an Zeichen.“

„Vielleicht solltest du das aber.“

Delilah zuckte die Achseln, und sie verbrachten den Rest ihres Treffens damit, über Harpers Stück zu sprechen und über Harpers neuesten Freund. Und dann erinnerten sie einander wie immer noch einmal daran, welcher Hölle sie gemeinsam entkommen waren.

„Nein, du darfst nicht auf die Toilette gehen. Nicht vor 0945. Das ist die für dich geplante Zeit zum Urinieren“, äffte Harper ihren Pflegevater nach. Sie konnte das großartig und traf Gerald genau. Auf eine irgendwie gruselige Art konnte sie auch den Wecker nachahmen, den Gerald benutzt hatte, um jedes angekündigte Ereignis im Haus zu signalisieren. Der Ton war eine Art Kreuzung zwischen einem Klingeln, einem Summen und einer Sirene. Delilah hielt sich die Ohren zu, wenn Harper sich wieder einmal genötigt fühlte, ihn auszustoßen.

Richard hatte Delilah einmal gefragt, warum sie und Harper es für nötig hielten, ihre Vergangenheit regelmäßig erneut zu durchleben. Sie hatte darauf erwidert: „Es erinnert uns daran, wie gut wir es jetzt haben, selbst wenn die Dinge manchmal nicht so gut erscheinen. Alles ist besser, als unter der Fuchtel von Gerald zu leben.“

Wie immer, wenn Delilah und Harper zusammen waren, verging die Zeit wie im Fluge. Als Delilah zu ihrem Auto ging, stellte sie fest, dass sie kaum noch Zeit hatte, nach Hause zu fahren und sich vor ihrer Schicht umzuziehen.

***

„Warum bist du so nett zu mir?“, fragte Delilah Nate, als sie zu ihrer Schicht von 14 bis 22 Uhr im Diner erschien.

Sie stand vor dem Dienstplan, der am schwarzen Brett im Pausenraum der Mitarbeiter hing. Nate hatte Delilah eine ganze Woche lang für die 14-Uhr-Schicht eingeteilt. Sie konnte sich nicht daran erinnern, wann sie das letzte Mal eine Woche in derselben Schicht gearbeitet hatte. Und diese Schicht war gerade jetzt besonders gut für sie, denn solange sie innerhalb von ein paar Stunden nach Schichtende im Bett war, wachte sie auch rechtzeitig zur Arbeit wieder auf. Sie würde nicht einmal einen Wecker brauchen. Die abendliche Hektik im Diner nahm sie gerne in Kauf, wenn sie dafür anständig schlief.

Nate sah von seinem täglichen Papierkram auf, den er an dem runden Tisch neben dem Schwarzen Brett erledigte. „Das ist ganz in meinem Interesse. Ich mag es, wenn du pünktlich zur Arbeit erscheinst.“

„Es ist nun einmal einfacher, pünktlich zur Arbeit zu kommen, wenn mein Körper noch eine Chance hat herauszufinden, wie spät es überhaupt ist“, meinte Delilah.

„Weichei.“

„Sklaventreiber.“

„Jammerlappen.“

„Fiesling.“

Delilah begann ihre Schicht so glücklich wie schon lange nicht mehr. Die Arbeit lief gut. Wenn Nate sie neckte, war Nate glücklich. Wenn Nate glücklich war, lief alles reibungslos.

Delilah hatte so viel Spaß bei der Arbeit gehabt, dass sie gut gelaunt in die Wohnung zurückkehrte. Gut gelaunt aß sie Hackbraten mit Brokkoli und sie ging auch gut gelaunt ins Bett. Ihre gute Laune schwand allerdings schlagartig, als sie plötzlich im Bett hochfuhr, alle Muskeln angespannt, und lauschte.

Wer flüsterte da?

Irgendjemand flüsterte.

Delilah vernahm zischende Worte, die sie nicht verstand. Und woher kamen sie?

Hellwach warf sie einen Blick auf ihre Uhr. Es war 1:35 Uhr in der Nacht.

Schon wieder.

Delilah konzentrierte sich, um das Flüstern zu verstehen. Doch da verstummte es. Nun hörte sie nur noch die Autos draußen auf der Straße. Wo war das Flüstern hergekommen?

Ella!

Das musste es sein.

Harper hatte recht. Delilah hätte nach Ella suchen müssen. Sie hätte nachsehen sollen, wo sie war. Nicht, weil Ella vielleicht wertvoll war oder ein Zeichen, sondern weil ihr Wecker anscheinend immer noch um 1:35 Uhr morgens klingelte. Doch Delilah hatte vor der Arbeit keine Zeit gehabt. Heute wollte sie das nachholen. Sie konnte nicht glauben, dass Ellas Wecker so laut war, dass sie ihn aus ihrer Wohnung hören konnte. Aber war Marys Gesang andererseits nicht genug schmerzhafter Beweis dafür, wie dünn die Wände im Haus waren?

Delilah legte sich wieder hin. Sofort hatte sie Ellas Gesicht vor Augen. Sofort setzte sie sich auf.

Ich werde nicht wieder ruhig schlafen, bevor ich sie nicht gefunden habe, dachte Delilah.

Sie stand auf und zog eine Jogginghose an. Dann schlüpfte sie in ein paar Slipper und holte eine Taschenlampe aus ihrer Nachttischschublade. Die Müllcontainer waren zwar gut beleuchtet, aber sollte Ella darin schon halb begraben sein, würde es ihr vielleicht schwerfallen, die Puppe zu entdecken.

Delilah warf sich eine hässliche bunte Strickjacke über, die Harper mal für sie gehäkelt hatte, und verließ die Wohnung. Sie lief den still daliegenden Flur entlang und die Treppe hinunter und verließ das Haus. Draußen war die Luft kühl, der Himmel aber klar. Ein paar Sterne schafften es, die Dunstglocke der Stadt zu durchdringen.

Delilah blieb stehen und sah sich um, weil sie sichergehen wollte, dass sie allein war. Und das war sie.

Schnell ging sie um das Haus herum und steuerte auf die Müllcontainer zu. Hässlich gähnten sie ihr im Licht der Straßenlaternen entgegen. Einer der beiden, die vorher offen gestanden hatten, war nun geschlossen, und der zuvor geschlossene war offen.

Na toll.

Falls sie bewegt worden waren, würde es einem Hütchenspiel gleichen, Ella wiederzufinden. Wahrscheinlich würde es länger dauern, als Delilah gedacht hatte.

Delilah blickte sich noch einmal um und zuckte die Achseln. Sie konnte es genauso gut gleich hinter sich bringen.

Sie ging zu dem mittleren Container, in den sie Ella geworfen zu haben glaubte. Sie hob den Deckel, stellte sich auf die Zehenspitzen und leuchtete mit der Taschenlampe hinein. Der Lichtkegel erfasste auf einem Haufen Mülltüten eine zerfledderte alte Decke, ein paar Fastfood-Verpackungen und einige leere Dosen. Darüber hinaus stieg ihr der unangenehme Geruch von schmutzigen Windeln in die Nase. Vorsichtig schloss Delilah den Deckel wieder, damit er nicht klapperte. Sollte Ella sich in diesem Container befinden, war sie längst in seinen Tiefen verschwunden.

Delilah entschied, dass sie lieber erst in den anderen beiden Containern nachsehen wollte, bevor sie in einen davon hineinsprang. Deswegen leuchtete sie als Nächstes in den offenen, von dem sie glaubte, dass er auch offen gewesen war, als sie Ella entsorgt hatte. Das Einzige, was diesen Müllcontainer von dem ersten unterschied, waren ein paar Dutzend alte Taschenbücher, die sich über den Haufen voller Müllsäcke ergossen hatten. Delilah war versucht, sich eins davon zu nehmen. Es war ein Kriminalroman. Doch auf dem Cover glänzte ein verdächtiger roter Fleck, und sie wollte gar nicht wissen, was genau das war.

Der letzte Müllcontainer, den Delilah sich ansah, war der, der ziemlich sicher geschlossen gewesen war, als sie Ella weggeworfen hatte. Deshalb überraschte es sie nicht, noch mehr ganz ähnlichen Müll vorzufinden, aber keine Spur von Ella.

Erstaunt schaltete Delilah die Taschenlampe aus und dachte einen Augenblick nach. Musste sie wirklich in die Müllcontainer steigen und nach Ella graben? Sie war sich ja gar nicht sicher, dass Ella es war, die sie weckte. Es konnte genauso gut Mary sein, die mitten in der Nacht irgendein Lied anstimmte, oder eine rollige Katze.

Sicher, aber warum war sie in der vergangenen Nacht und auch in dieser genau um 1:35 Uhr aufgewacht? Zufall? Möglich war das schon, oder nicht? Harper hatte mal eine Phase gehabt, in der sie ständig um 3:33 Uhr aufgewacht war, und dann hatte sie ein paar Monate lang überall die Zahl 333 gesehen. Harper hatte die Zahl recherchiert und herausgefunden, dass es sich dabei um eine Art spirituelles Zeichen handelte.

Und was, wenn 135 ein spirituelles Zeichen für Delilah war?

Sie stieß ein Schnauben aus und wandte den Müllcontainern den Rücken zu.

Langsam wurde sie albern.

Sie ging zurück zur Vorderseite des Hauses und beschloss, erst mal bei der Zufallstheorie zu bleiben. Das war einfacher und vor allem weniger geruchsbelästigend, als davon auszugehen, dass Ella das Problem war.

***

Die Zufallstheorie geriet unter Druck, als Delilah in der dritten Nacht in Folge um 1:35 Uhr aufwachte. Diesmal war sie absolut sicher, dass sie am Fenster ein Geräusch gehört hatte. War es ein Kratzen gewesen? Ein Klopfen?

Was immer es auch gewesen war, es hatte bedrohlich genug auf sie gewirkt, dass sie sofort nach ihrer Taschenlampe griff und den Lichtstrahl auf ihre Jalousien richtete. Dann, nachdem sie eine Minute lang zum Fenster gestarrt hatte, nahm sie all ihren Mut zusammen, schlich auf Zehenspitzen durch den Raum und warf einen Blick hinter die Jalousie.

Am Fenster war nichts. Und unten auf dem Parkplatz hatten sich die Müllcontainer nicht von der Stelle bewegt.

Delilah stieß die Luft aus. Sie würde jeden einzelnen der Container durchsuchen müssen.

Sollte sie vielleicht bis zum nächsten Tag warten? Dann war es sicher leichter. Oder nicht? Und falls jemand fragen sollte, was sie da tat, würde sie wahrheitsgemäß antworten, dass sie etwas weggeworfen hatte, was sie nicht hätte wegwerfen sollen.

Delilah verließ das Fenster und machte einen Schritt in Richtung ihres Bettes.

Sie hielt inne.

Was für ein Tag war heute?

Da sie immer irgendwelche verrückten Schichten arbeitete, wusste Delilah nur selten, welcher Wochentag war. Sie dachte einen Moment lang nach. Mittwoch.

„Ach, Scheiße“, knurrte sie.

Die Container wurden am Donnerstagmorgen geleert, sehr früh. Wenn sie wartete, wäre Ella in jedem Fall weg.

Aber Moment, das wäre doch eigentlich gut. Wenn Ella weg war, konnte ihre Uhr sie auch nicht mehr wecken. Delilah glaubte nicht, dass Ella irgendetwas wert war, und sie war sicher, dass Ellas Ähnlichkeit mit Emma reiner Zufall war. Es gab einfach keinen Grund für Delilah, sich durch den stinkenden Müll zu wühlen. Sie konnte ihr Problem einfach vom Müllwagen entsorgen lassen.

Delilah lächelte und kroch zurück ins Bett.

* * *

Donnerstagnacht – oder besser gesagt Freitag früh – öffnete Delilah die Augen und sah, dass es 1:35 Uhr war.

Schon wieder.

Sofort war sie hellwach. Ihr Herz pochte laut, schnell und gleichmäßig wie der treibende Schlag einer Pauke. Dieses manische Tempo war nicht nur durch die Uhrzeit bedingt. Es war auch eine Reaktion auf ihr beunruhigendes Gefühl, dass sich etwas unter ihrem Bett befand. Sich etwas unter ihrem Bett bewegte.

Aber das konnte nicht sein. Oder doch?

Delilah lauschte. Zunächst hörte sie nichts, aber dann fragte sie sich, ob da nicht ein trippelndes Geräusch unter ihrem Bett zu hören war.

Sie setzte sich auf und hob vorsichtig ein Bein über die Bettkante. Dann hielt sie inne. Was, wenn da unten tatsächlich etwas lauerte? Es könnte nach ihrem Fuß greifen!

Schnell zog Delilah das Bein zurück unter die Decke und schaltete ihre Nachttischlampe ein.

Sobald ihr Zimmer erleuchtet war, beugte sie sich vor und suchte den Boden rund um ihr Bett ab. Außer dem hellbraunen Teppich, den sie auf einem Flohmarkt erstanden hatte, konnte sie nichts entdecken.

Sie hatte sich das Geräusch nur eingebildet. Oder war da immer noch etwas unter ihrem Bett? Delilah schnappte sich ihre Taschenlampe, schaltete sie ein, holte tief Luft, beugte sich nach unten und leuchtete unter das Bett.

Doch da war nichts.

Langsam wurde die Sache verrückt. Dies war nun die vierte Nacht in Folge. Es *musste* Ella sein.

Aber die Müllcontainer waren geleert worden.

Delilah schlug die Beine übereinander und rieb sich über die Arme, die mit einer Gänsehaut bedeckt waren.

Was war, wenn die Müllabfuhr die Container nicht vollständig geleert hatte? Oder was, wenn Ella beim Entleeren danebengefallen war?

Also ging Delilah noch einmal mit ihrer Taschenlampe zu den Müllcontainern hinaus. In dieser Nacht waren sie alle geschlossen. Nach der Leerung am Donnerstag war das eigentlich immer der Fall.

Delilah nahm sich jeden einzelnen der Müllcontainer vor. Von rechts nach links hob sie die Deckel an und leuchtete nacheinander in drei fast leere Container. Sie fand nur zwei Säcke mit Hausmüll, eine Tüte mit schmutzigen Windeln (und dem dazugehörigen üblen Geruch), eine kaputte Lampe und einen armseligen Stapel alter Männerkleidung. Höchstens unter diesem Kleiderstapel hätte Ella sich verstecken können, also hängte sich Delilah mit angehaltenem Atem über den Rand des Containers und stocherte mit ihrer Taschenlampe in dem Haufen herum. Doch unter den Kleidern befanden sich nur noch mehr Kleidungsstücke.

Dann suchte Delilah auch die Umgebung der Container ab. Sie leuchtete mit ihrer Taschenlampe in jede dunkle Ecke und Spalte, die sie entdecken konnte.

Keine Ella.

Die Puppe war weg. Ganz sicher. Sie war nicht mehr da.

Sie konnte es also nicht sein, die Delilah um 1:35 Uhr weckte.

Was war es dann?

***

Am nächsten Morgen wachte Delilah um 10:10 Uhr auf, und das Erste, was sie tat, abgesehen davon, dass sie sich die Ohren zuhielt, damit sie nicht hören musste, wie Mary davon sang, irgendwelche Bücher abzustauben, war, Harper anzurufen und sie zu bitten vorbeizukommen. Sie hatte Harper geweckt, doch von solchen Kleinigkeiten hatte Harper sich noch nie aus der Ruhe bringen lassen.

„Klar, ich bin gleich da“, flötete sie.

Als Harper ankam, stellte sie ihre riesige sackartige Ledertasche auf den Boden, ließ sich auf das Zweiersofa plumpsen und fragte: „Was ist das Problem?“

„Woher weißt du, dass es ein Problem gibt?“, fragte Delilah und setzte sich neben sie.

„Normalerweise bittest du mich nicht, zu dir zu kommen.“

Ach ja. Delilah hatte ihre Freundin ja geradezu herbeibeschworen. Das zeigte, wie durcheinander sie war.

„Ich habe eine Frage“, begann Delilah.

„Muss eine gute sein.“

„Hast du gestern Ella aus dem Müllcontainer geholt?“, fragte sie ihre Freundin.

„Was?“

Mary sang aus vollem Hals: „*Weil ich so prickelig bin!*“

Harper grinste. Sie mochte Marys Lieder.

„Die Puppe. Ella. Hast du sie aus dem Müllcontainer geholt?“

Harper runzelte die Stirn. „Warum hätte ich das tun sollen?“

„Du meintest, sie könnte etwas wert sein.“

„Ja, könnte sie, aber sie ist deine Puppe. Nicht meine. Wenn ich nach ihr suchen wollte, würde ich es dir sagen.“

Delilah rieb sich mit den Händen durchs Gesicht. Eigentlich hätte sie das wissen müssen.

„Warum fragst du? Hast du sie gesucht und nicht gefunden?“

„Ja, ich habe sie gesucht, irgendwie jedenfalls. Ich habe

mich nicht durch den Müll gewühlt. Und dann sind die Container geleert worden."

„Okay. Also ist Ella weg. Was ist denn jetzt noch?"

Delilah hatte Harper noch nicht berichtet, dass sie jede Nacht um 1:35 Uhr geweckt wurde. Sie hatte ihr nur erzählt, wie sie die Puppe gefunden und sie dann weggeworfen hatte, als sie nicht funktionierte. Sie hatte keine Ahnung, wie sie Harper erklären sollte, dass sie jetzt jede Nacht zur selben Zeit aufwachte – ohne dass es klang, als würde sie total überreagieren. Außerdem würde Harper wieder etwas von irgendwelchen Zeichen faseln, wenn sie es tat.

„Wenn ich schon mal hier bin, wollen wir zusammen was zu Mittag essen?", fragte Harper.

* * *

Erleichtert winkte Delilah Harper zum Abschied nach. Sie war froh, dass das Mittagessen vorbei war, denn mittendrin war ihr eine Idee gekommen. Und jetzt würde sie endlich in der Lage sein, sie in die Tat umzusetzen.

Sie steuerte ihren Wagen in das neuere Stadtviertel mit den Kirschbäumen und suchte nach dem Haus, in dem der private Flohmarkt stattgefunden hatte … und wo sie auf Ella gestoßen war. Sie wollte dem Vorbesitzer der Puppe ein paar Fragen über Ella stellen.

Da es keine Schilder gab, verpasste Delilah eine Abzweigung und musste zurücksetzen. Doch schließlich hielt sie vor dem Haus im spanischen Stil, wo sie Mumford, den freundlichen Chihuahua, kennengelernt hatte.

Doch Mumford war nicht zu Hause. Niemand war da.

Obwohl Delilah von der Straße aus sehen konnte, dass keine Gardinen vor den Fenstern hingen und die Räume dahinter leer zu sein schienen, stieg sie aus.

Sie atmete die feuchte Luft ein und rümpfte die Nase wegen eines Geruchs, der sie an verfaultes Laub erinnerte. Um sie herum war es ungewöhnlich still. Nur ein einsamer Hund bellte in der Ferne.

Das war doch das Haus!?

Sie betrachtete es, dann drehte sie sich um und ließ ihren Blick über die umliegenden Häuser schweifen. Ja, das war es.

„Seltsam", sagte sie laut.

Aber war es das wirklich?

Immerhin hatte die Frau, die dort gewohnt hatte, einen kleinen Flohmarkt veranstaltet. Das machten die Leute doch, bevor sie umzogen, oder nicht? Die Tatsache, dass es dort, wo sie Ella gefunden hatte, keine Spuren der Besitzer des Hauses mehr gab, hatte eigentlich keine Bedeutung.

Warum fühlte sich dann alles so unheimlich an? In der Hoffnung, über irgendeinen Hinweis zu stolpern, wohin Mumford und die Frau mit der Igelfrisur verschwunden waren, umrundete Delilah das Haus und spähte durch die Fenster.

Es gab nichts zu sehen. Das Haus war vollkommen ausgeräumt.

Nur auf dem Küchentresen lag ein zusammengeknülltes Küchentuch. Trotzdem zog ihr ein Gefühl tiefen Unbehagens die Brust zusammen und ließ sich gar nicht mehr abschütteln. Selbst dann nicht, als sie zu ihrem Auto lief und so schnell wie sie konnte davonfuhr.

***

Wieder in ihrer Wohnung aß Delilah genügend Kekse und spülte sie mit ausreichend Milch herunter, um die Unruhe zu vertreiben, die ihr seit ihrem Besuch bei dem leeren Haus anhaftete.

„Okay“, sagte sie schließlich. „Plan B.“

Mit ihrem Laptop auf dem Schoß machte Delilah es sich im Bett gemütlich. Sie warf einen Blick auf ihre Armbanduhr.

Noch 45 Minuten, bis sie zur Arbeit musste. Genügend Zeit, hoffte sie.

Nebenan sang Mary über Pilze, aber das war Delilah egal. Sie hatte eine Mission. Sie wollte im Internet Informationen über Ella finden.

Als Erstes suchte sie nach „Ella-Puppe“. Wahrscheinlich war das zu allgemein, aber eines der Millionen von Ergebnissen lieferte ihr doch ein paar Informationen.

Die Produktion der Ella-Puppe, so fand Delilah heraus, war aus nicht näher genannten Gründen eingestellt worden. Ausgehend von dieser Tatsache versuchte sie, mehr über die Puppe herauszufinden, aber sie stieß immer wieder nur auf dieselben nicht weiterführenden Informationen. Oder auf den Inhalt der Gebrauchsanweisung, die sie bereits gelesen hatte.

Da ihr die Zeit davonlief, tippte sie alle Suchanfragen ein, die ihr in den Sinn kamen: „besessene Ella-Puppe", „kaputte Ella-Puppe", „spezielle Ella-Puppe", „defekte Ella-Puppe", „besondere Ella-Puppe".

Dadurch landete sie in einigen völlig nutzlosen Blogs, die absolut nichts mit *dieser* Ella zu tun hatten. Nur die Anfrage „spezielle Ella-Puppe" führte sie zu einer Onlineanzeige, die von einem User namens Phineas eingestellt worden war. Sie bezog sich auf eine „spezielle Ella-Puppe", und es hieß darin, er sei bereit, einen Aufpreis für die Energie der Puppe zu zahlen. Was immer das bedeuten sollte.

Delilah warf einen Blick auf ihre Armbanduhr. Sie musste los.

Was für tolle Ideen sie wieder gehabt hatte. Jetzt war sie noch nervöser, als sie es sonst schon war.

***

Drei weitere Nächte vergingen. Und dreimal erwachte sie wieder um 1:35 Uhr.

In der ersten Nacht schreckte Delilah auf und war sicher, dass sie beobachtet wurde. Jedes Haar an ihrem Körper hatte sich aufgestellt wie ein Meer von kleinen Antennen. Vor ihrem geistigen Auge sah sie Ellas große dunkle Augen, die sich in ihre Seele bohrten.

Als sie nach der Nachttischlampe tastete, hatte sie das Gefühl, dass irgendetwas ihren Arm berührte. Doch als das Licht anging, war sie allein.

In der darauffolgenden Nacht hörte Delilah ein kaum wahrnehmbares Rascheln. Aber es riss sie trotzdem aus dem Schlaf. Als sie die Augen öffnete, wurde das Geräusch lauter. Es kam aus ihrem Kleiderschrank, als ob jemand darin herumwühlte.

Sie griff nach ihrer Taschenlampe, ging zum Schrank und zog die Tür auf. Doch da waren nur ihre Kleidung und ihre Schuhe.

Wieder eine Nacht später wurde Delilah von einem Klopfen geweckt. In ihrem Traum stammte das Klopfen von einem Specht. Als sie jedoch wach wurde, bemerkte sie, dass das Klopfen vom Boden unter ihr kam. Irgendetwas war unter den Bodendielen und klopfte gegen das Holz, als versuche es, einen Weg dort herauszufinden.

Delilah hatte Mühe, nicht hysterisch zu werden, während sie die Nachttischlampe anknipste. Sobald der Raum erleuchtet war, verstummte das Klopfen.

Allmählich begann Delilah, aus der Spur zu geraten. Jedenfalls stand sie so weit neben sich, dass sie schon Probleme hatte, überhaupt einzuschlafen.

Nach der Schicht war Delilah vollkommen erschöpft. Sie fiel ins Bett und schlief sofort ein. Aber um 1:35 Uhr weckte sie etwas. Irgendein Geräusch oder ein Gefühl, irgendetwas knapp außerhalb von Delilahs Bewusstsein drang in ihre Träume ein und zerrte sie aus dem Schlaf.

In dieser Nacht war es ein Geräusch, das aus der Wand zwischen ihrer und Marys Wohnung kam.

Es war ein Kratzen. Oder war es ein Dröhnen? War es vielleicht ein Wecker? Nein, das glaubte Delilah nicht. Sie war sich ziemlich sicher, dass irgendetwas in der Wand herumgeisterte.

Delilah knipste das Licht an und sah sich in ihrem leeren Schlafzimmer um. Sie zog die Knie an die Brust und versuchte, ihr trommelndes Herz zu beruhigen.

All diese nächtlichen Ereignisse schienen ein einziges Ziel zu haben. Es klang, als wollte jemand zu ihr durchdringen, sich an sie heranschleichen oder sich in irgendeiner Weise bemerkbar machen. Und Delilah war sicher, dass es sich dabei um Ella handelte.

Die Puppe war noch in der Nähe. Sie musste es einfach sein.

Und sie funktionierte. Ihre Funktionen waren nur nicht sonderlich hilfreich.

Delilah hatte sich das sehr gut überlegt. Sie hatte wirklich gegrübelt. Es war im Grunde das Einzige, woran sie seit Tagen dachte.

Sie vermutete, dass Ella gar nicht erfreut darüber gewesen war, einfach fortgeworfen zu werden. Vielleicht hatte ihre Entsorgung irgendein Unterprogramm aktiviert, das neue Funktionen in Ella startete. Versteckte Funktionen. Vielleicht hatte derjenige, der Ella hergestellt hatte, einen kranken Sinn für Humor und war der Ansicht, es wäre lustig, jemandem, der die Dreistigkeit besaß, seine Schöpfung wegzuwerfen, mal einen Streich zu spielen. Oder vielleicht hatte Ella auch eine Fehlfunktion.

Was auch immer der Grund war, Ella hatte es eindeutig auf Delilah abgesehen. Eine andere Erklärung hatte Delilah einfach nicht.

Aber was sollte sie dagegen tun?

Sie starrte auf die dünne Wand zwischen ihrem Reich und dem von Mary.

Mary.

Konnte es sein, dass Mary die Puppe hatte?

Marys Wohnung ging zu den Müllcontainern hinaus und sie war den ganzen Tag zu Hause. Wenn sie nun gesehen hatte, wie Delilah die Puppe wegwarf, und dann hinausgegangen war und sie sich geholt hatte?

Delilah musste es herausfinden.

Gerade wollte sie aus dem Bett steigen und hinüber zu Mary gehen, doch dann hielt sie inne. Es war ja mitten in der Nacht. Und um diese Zeit bei jemandem an die Tür zu klopfen, schien eine gute Methode, um einen Streit vom Zaun zu brechen.

Delilah wollte keine Konfrontation. Sie wollte nicht, dass Mary sich am Ende angegriffen fühlte und Ella vielleicht noch versteckte.

Nein. Sie würde bis morgen warten müssen und dann versuchen, Mary dazu zu bringen, Ella herauszurücken, indem sie sich nett gab.

***

Mary sang gerade von Pinguinen, als Delilah um 7:30 Uhr aus der Dusche kam. Sie schlüpfte in ihre Sportklamotten, weil sie dachte, dass sie nach dem Gespräch mit Mary am besten eine Runde laufen würde. Dann ging sie in die Küche, um schnell noch das Stück Pfirsichkuchen aufzuwärmen, das sie am Vorabend aus dem Diner mitgebracht hatte. Sie wusste nicht viel über Mary, doch dass Mary Kuchen mochte, besonders Pfirsichkuchen, das wusste sie.

Delilah verließ ihre Wohnung, als Mary gerade zu einer Strophe über Eisbären ansetzte. Als sie an Marys dünne Wohnungstür klopfte, schmetterte Mary eine Zeile über einen Eisberg. Dann verstummte sie. Eine Sekunde später öffnete sie die Tür.

„Miss Delilah! Was für eine schöne Überraschung!“ Mary grinste und streckte Delilah die Hand entgegen.

Delilah hatte kaum Zeit, den Kuchen zur Seite zu halten, bevor Mary sie mit ihren großen Armen in eine feste Umarmung zog. Delilahs Nase wurde in Marys kräftige Schulter gepresst. Mary roch nach Würstchen, Schweiß und Lavendel.

„Hi Mary“, sagte Delilah, als Mary sie losließ.

Dann folgte sie ihr in die friedliche, japanisch inspirierte Oase, die Marys Wohnung war.

Als Delilah das erste Mal an Marys Tür geklopft hatte, um mit ihr über die Singerei zu sprechen, hatte sie erwartet, eine unordentliche Wohnung voller Nippes und Bücher vorzufinden.

Mary sah einfach so aus.

Sie hatte graues Haar, ein faltiges Gesicht und eine runde Schildpattbrille auf ihrer Stupsnase. Ihre Kleidung trug sie in mehreren Schichten übereinander – Westen über Hemden über Röcken über Kleidern, und das alles meistens in einem unpassenden Durcheinander aller möglichen Farben.

Aber Marys Wohnung sah überhaupt nicht nach Mary aus.

„Bitte zieh deine Schuhe aus", trällerte Mary, als Delilah es vergaß.

„Ach ja. Tut mir leid."

Delilah balancierte den Kuchen in einer Hand, während sie sich die Laufschuhe von den Füßen zog. Dann verbeugte sie sich vor Mary, während die sich vor ihr verneigte.

„Ich habe dir Pfirsichkuchen mitgebracht." Delilah hielt ihr den Teller mit dem warmen Kuchen entgegen.

„Oh, das ist genau das Richtige!" Mary griff nach dem Teller und verbeugte sich erneut vor Delilah, dann schwebte sie in ihre makellos geputzte Küche, um Stäbchen zu holen.

Delilah wusste nicht, ob Marys Einrichtung und Lebensstil daher rührten, dass sie irgendetwas mit der japanischen Kultur verband, oder ob sie sich einfach als Japanerin sah. Sie hatte nie gefragt, weil es ihr unhöflich vorkam zu sagen: „Was soll das eigentlich mit dem ganzen japanischen Kram?"

Doch Delilah hatte genug gelesen, um zu wissen, dass sie auf einer Tatami-Matte stand, dass ein Bambus-Paravent die Schlafzimmertür verbarg und dass sie nun zu blaugrauen Zabutons geführt wurde, die am anderen Ende des Wohnzimmers um einen Chabudai herumlagen. Ein knorriger Bonsai stand in einem blauen Behältnis auf dem Chabudai. Abgesehen von der Matte, dem niedrigen Tisch und den Sitzkissen war das Wohnzimmer leer.

Als Delilah schließlich auf einem der graublauen Kissen hockte, fragte sie sich, ob ihr Gedanke, dass Mary sich die Puppe geholt hatte, wirklich plausibel war. Was würde diese Frau mit einer Puppe wollen? Zu ihrer Einrichtung passte sie jedenfalls nicht.

Allerdings hatte Delilah nie Marys Schlafzimmer gesehen. Wenn sich hinter der Tür nun eine Sammlung von Puppen in Rüschenkleidern verbarg? Mary stellte Tee und Mandelkekse auf den Tisch, dazu den Teller mit dem Pfirsichkuchen. Und ein paar Stäbchen folgten auch.

Da Delilah das Ritual schon einmal durchlaufen hatte, ließ Delilah Mary den Tee einschenken und ihr einen Keks anbieten, bevor sie etwas sagte. Während Mary mit den Stäbchen geschickt eine Pfirsichscheibe fasste, meinte Delilah: „Ich war neulich auf einem echt coolen Flohmarkt."

Mary schob sich die Pfirsichscheibe in den Mund, schloss die Augen und kaute voller Genuss. Dann beugte sie sich vor und fuchtelte mit den Stäbchen vor Delilahs Gesicht herum.

„Gebrauchtes bringt nur gebrauchte Energie. Alte Hände, schlechte Hände. Befleckt mit ihrer Geschichte", sang Mary. Dabei schwang sie ihre Stäbchen wie ein Metronom hin und her, das den Takt ihres Liedes angab.

„Du magst keine gebrauchten Sachen?"

Mary legte die Essstäbchen ab, griff mit beiden Händen nach dem Kragen ihrer gelben Bluse und schüttelte ihn. Dabei sang sie: *„Pinguine, Pinguine ziehen in die Kälte und Eisbären verscheuchen die Alten."*

Delilah runzelte die Stirn. Sie hatte geglaubt, die Melodie des Songs erkannt zu haben, aber diese neue Strophe verwirrte sie.

Mary ließ ihren Kragen los und nahm ihre Stäbchen wieder auf. „Hitzewallungen“, meinte sie. Dann brach sie ein Stück Kruste vom Kuchen ab und klemmte es zwischen die Stäbchen.

Delilah nippte an ihrem Tee und fragte sich, was sie hier eigentlich tat. Wie sollte sie eine Antwort aus Mary herausbekommen? Es war wahrscheinlich besser, wenn sie die Frau einfach k. o. schlagen und kurzerhand ihre Wohnung durchsuchen würde.

Also sah sie Mary beim Essen zu. Selbst wenn sie in der Lage gewesen wäre, jemanden k. o. zu schlagen, was sie nicht war, hielt Delilah es für keine gute Idee, sich körperlich mit Mary auseinanderzusetzen. Mary war nicht nur größer und kräftiger, sie beherrschte wahrscheinlich auch irgendeine Art von asiatischem Kampfsport.

„Die Vergangenheit hinterlässt Flecken“, meinte Mary.

„Wie?“

„Keine Flohmärkte, keine Antiquitätenläden, keine Secondhandläden. Ich will keine alten Türen öffnen“, stimmte Mary an.

Delilah nickte. Sie war sich ziemlich sicher, dass sie das verstanden hatte. Wenn Mary altes Zeug nicht mochte, weil sie dachte, altes Zeug würde Flecken der Vergangenheit mit sich bringen, dann hatte sie wohl kaum eine alte Puppe aus einem Müllcontainer gezogen.

Es sei denn, sie hatte es doch getan und versuchte Delilah jetzt auf eine falsche Spur zu lenken.

Delilah starrte in Marys Augen. Mary hörte auf, den Kuchen zu verspeisen, und starrte direkt zurück.

Ihre Augen waren hellgrün. Und durchdringend. Irgendwie unheimlich. Delilah blinzelte und wandte den Blick ab. Dann stand sie auf.

„Ich muss jetzt laufen gehen“, sagte Delilah.

„Und ich muss meinen Kuchen aufessen“, erwiderte Mary.

„Okay. Es tut mir leid, aber ich muss los.“

„Nicht leidtun, nicht leidtun, nicht leidtun. Einfach sein, einfach sein, einfach sein“, sang Mary.

„Okay. Äh … Tschüss, Mary.“

Natürlich sang Mary ihre Verabschiedung: *„Tschüss, tschüss, bis dann. Wir sehen uns später, Alligator.*“

Delilah winkte Mary ein letztes Mal zu und floh aus der Wohnung.

***

In der zehnten Nacht, in der Delilah pünktlich um 1:35 Uhr aus dem Schlaf gerissen wurde, hatte sie voller Panik ihre Nachttischlampe zu Boden gestoßen, als sie sie anknipsen wollte. Nun war die Lampe kaputt, und Delilah wimmerte vor Angst, während sie ihre Taschenlampe aus der Nachttischschublade fingerte und sie einschaltete.

Sie war sich so sicher, dass im Lichtkegel der Lampe Ella neben ihrem Bett auftauchen würde, dass sie aufschrie, als das Licht den Raum erhellte.

Doch da war nichts.

Hektisch ließ Delilah den Lichtstrahl durch den ganzen Raum gleiten. Das Licht zitterte, während es die Dunkelheit vor sich herscheuchte, weil Delilahs Hand zitterte. Und jedes Mal, wenn sie den Lichtkegel in eine andere Richtung wandern ließ, rechnete sie fest damit, dass aus dem Halbdunkel Ellas Gesicht auftauchen würde.

Wo war die Puppe nur geblieben?

Ella war hier gewesen. Da war sich Delilah sicher.

Was sonst hätte diese kleinen Schritte erzeugen können, die Delilah aus dem Schlaf gerissen hatten? Delilah hatte geträumt, sie liege allein in einer Hängematte. Dann hatte sie die Schritte gehört, klein und leicht, die immer näher kamen. Sie war aufgewacht, als sie sie erreichten.

Immer wieder ließ sie den Kegel der Taschenlampe weiter wandern. Und sie lauschte angestrengt.

Da.

Sie richtete das Licht ihrer Taschenlampe auf die Schlafzimmertür. Sie stand einen Spaltbreit offen.

Hatte sie sie offen gelassen?

Sie konnte sich nicht daran erinnern. Sie glaubte, sie geschlossen zu haben, aber sicher war sie sich nicht.

Sie beugte sich in Richtung der Tür und legte den Kopf schief, um zu lauschen. Waren das Schritte im Wohnzimmer?

Sie hörte ein Klicken.

War das ihre Wohnungstür?

Da sie nachsehen wollte, aber eigentlich auch nicht nachsehen wollte, beschloss Delilah, ihrer Faulheit nachzugeben. Sie blieb genau dort, wo sie war, umklammerte mit einer Hand ihre Taschenlampe und drückte mit der anderen Hand fest die Decke an sich.

Noch immer lauschte sie angestrengt, als sie glaubte, draußen im Hausflur ein Geräusch zu hören.

Wurde da Marys Wohnungstür geöffnet und wieder geschlossen?

Delilah zögerte noch ein paar Sekunden, dann sprang sie aus dem Bett, lief zur Tür und schaltete das Licht ein. Sie sah sich in ihrem Schlafzimmer um.

Alles war normal.

Sie zog die Tür des Schlafzimmers ganz auf und ging ins Wohnzimmer, um auch dort das Licht anzumachen. Auch hier sah alles so aus wie immer. Ihre Wohnungstür war geschlossen und verriegelt. Sie war allein.

Und genau das war wahrscheinlich das Problem.

Delilah ging zu ihrem Zweiersofa hinüber und wickelte sich Harpers Häkeldecke um die Schultern. Dann zog sie die Beine neben sich auf den Sitz.

Als Delilah Harper kennenlernte, hatte sie sich bereits damit abgefunden gehabt, allein zu sein. Klar, sie war von Pflegekindern umgeben, aber die waren keine Familie und auch keine Freunde … bis Harper kam. Niemand von denen hatte sie geliebt und sie liebte sie auch nicht. Auch keine ihrer Pflegeeltern hatte sie je geliebt.

Niemand hatte Delilah geliebt, bis Harper aufgetaucht war. Und selbst da konnte Harper sie nicht genug lieben.

Nachdem ihre Eltern gestorben waren, hatte Delilah sich nicht vorstellen können, jemals wieder so geliebt zu werden, wie ihre Eltern sie geliebt hatten … bis sie auf einer Halloweenparty Richard traf.

Sie befand sich gerade im zweiten Jahr auf der Highschool. Er war ein Student im zweiten Jahr auf dem College. Bei einer Bowle hatten sich ihre Blicke getroffen und sie hatten den Rest der Nacht getanzt.

Als Richard dann beschloss, ein „Sabbatical" vom College zu nehmen, bat er Delilah, „die Liebe seines Lebens", ihn zu begleiten. Es waren nur noch zwei Wochen bis zu ihrem achtzehnten Geburtstag, also warteten sie, und an ihrem Geburtstag verabschiedeten sie sich von Harper und dem knallhart durchstrukturierten Gerald. Gemeinsam mit Richard reiste sie nach Europa. Es war gerade Januar, deswegen zeigte er ihr die Alpen und brachte ihr das Skifahren bei.

Eineinhalb Jahre lang vertrieben sie sich in ganz Europa die Zeit. Schließlich verlangte Richards Vater, dass er nach Hause kam und im Familienbetrieb arbeitete, wenn er schon das College nicht beenden wollte.

Richard machte Delilah einen Heiratsantrag. Seine Eltern und seine Schwester nahmen Delilah mit unübersehbarem Widerwillen in die Familie auf. Sie feierten eine märchenhafte Hochzeit. Delilah fühlte sich wie eine Prinzessin. Dann zogen sie in das Gästehaus seiner Eltern. Von da an brauchten sie sich nur noch an ihren Lebensplan zu halten. Richard würde in der Firma aufsteigen. Sie würde Babys bekommen. Irgendwann wollten sie sich eine eigene Wohnung suchen. Sie würden ein glückliches Leben führen bis ans Ende ihrer Tage.

Stattdessen saß Delilah hier. Allein.

Oder auch nicht allein.

Sie war sich nicht sicher, was schlimmer war.

Jeden Tag um 16:30 Uhr verließ Mary ihre Wohnung, um ihren „täglichen Spaziergang“ zu machen. Selbst wenn Mary es Delilah nicht erklärt hätte, hätte sie es gewusst, denn Mary hatte davon gesungen.

Delilah musste noch zwei weitere Arbeitstage überstehen und sich zweimal nachts um 1:35 Uhr wecken lassen, bevor sie einen freien Tag hatte und um 16:30 Uhr zu Hause war.

In diesen beiden Nächten hatte Delilah tappende Geräusche gehört, die sie davon überzeugten, dass Ella sich in Marys Wohnung zurückzog, nachdem sie Delilah gequält hatte. Delilah war sicher, dass Mary Ella hatte, egal, was Mary über alte Flecken sagte. Deswegen beschloss sie, in Marys Wohnung einzubrechen und die Puppe zu suchen.

Dieser Plan war nur machbar, weil die Arbeit in einem Diner einige Vorteile bot. Man lernte eine Vielzahl von Menschen mit den unterschiedlichsten Fähigkeiten kennen. Einer von Delilahs Stammgästen war ein Privatdetektiv namens Hank, und am Abend zuvor hatte Delilah ihn gefragt, wie schwer es eigentlich sei, ein Schloss zu knacken.

„Kommt auf das Schloss an“, hatte Hank geantwortet und die Weste seines dreiteiligen Anzugs zurechtgezogen, den er immer trug.

„Ein einfaches Wohnungstürschloss“, hatte sie erwidert.

„Mit Riegel?“

Delilah hatte den Kopf geschüttelt. Mary legte ihren Riegel nie vor. Sie sang viel über Vertrauen und Glauben.

Delilah hatte damit gerechnet, dass der Detektiv sie fragen würde, wozu sie das wissen wollte, aber stattdessen fragte er nur, ob eine der Frauen in dem Laden vielleicht eine Haarnadel hätte. Sie hatte sich eine von Mrs Jeffrey geholt, einer eleganten Dame, die täglich vorbeikam, um eine Portion Milchreis zu essen. Dann hatte er Delilah zur Tür des Lagerraums geführt und ihr innerhalb von fünf Minuten beigebracht, wie man ein Schloss knackte. Gut, dass Nate nicht in der Nähe gewesen war. Ihm hätte es nicht gefallen zu wissen, wie einfach es war, an seine Vorräte zu kommen.

Dank Hank brauchte Delilah nun nur eine Minute, um in Marys Wohnung zu gelangen. Drinnen angekommen brauchte sie eine weitere Minute, um ihren Atem wieder unter Kontrolle zu bringen. Ihr Herz fühlte sich an, als würde es geradezu spastisch herumspringen wie Öl auf einer heißen Herdplatte. Ihre Beine fühlten sich dennoch irgendwie komisch an, als ob sie versuchten, im Stehen wegzulaufen.

Adrenalin, dachte sie nur.

Offensichtlich taugte sie nicht zum Spionieren. Nervlich war sie bereits ein Wrack und bisher hatte sie nur die Tür überwunden.

„Warum machst du nicht einfach weiter, damit du fertig wirst?“, fragte sie sich.

Sie glaubte nicht, dass sie lange brauchen würde. Ella war nicht im Wohnzimmer, es sei denn, sie war unsichtbar geworden. Blieben noch die Küchenschränke, das Schlafzimmer und das Badezimmer.

Delilah zwang sich, mit der Suche zu beginnen.

Wie sie vermutet hatte, waren Marys Küchenschränke spärlich gefüllt und ordentlich aufgeräumt. Und Ella versteckte sich nicht zwischen dem Steingut und nicht in Marys Wok. Sie befand sich auch nicht in der Gefriertruhe oder im Kühlschrank.

Das Badezimmer war ebenfalls fast leer. Nur um sicherzugehen, überprüfte Delilah den Spülkasten. Er war nicht nur leer, er war auch ungewöhnlich sauber.

Delilah ging weiter ins Schlafzimmer. Dort sah sie sich ihrer ersten Herausforderung gegenüber.

Marys Schlafzimmer stand voller schwarzer Plastikboxen. Sie türmten sich an jeder Wand und je zwei davon bildeten Marys Nachttische. Abgesehen von diesen Staumöglichkeiten gab es in Marys Schlafzimmer nur einen Futon und ein Kissen und beides lag auf dem Boden.

Delilah warf einen Blick auf ihre Uhr. Ihr blieben ungefähr noch 40 Minuten, bevor Mary zurückkommen würde. Sie wollte in weniger als einer halben Stunde verschwunden sein, um auf der sicheren Seite zu sein. Also begann sie, die Plastikboxen zu durchsuchen.

In den folgenden 35 Minuten lernte Delilah eine Menge über Mary. Sie erfuhr, dass Mary irgendwann einmal als Lehrerin gearbeitet hatte, dass sie verwitwet war, dass sie Perlenschmuck herstellte oder mal hergestellt hatte, dass sie Musicals liebte, dass sie aus einer Familie mit drei Kindern stammte und dass sie einmal selbst ein Kind gehabt hatte, das bei einem Brand ums Leben gekommen war.

Delilah fand, das alles gab Mary ein gewisses Recht, etwas seltsam zu sein. Mary besaß einen Laptop, mit dem sie offenbar ihre Filme ansah, und sie hatte eine alte mechanische Schreibmaschine. Mary tippte ihre Songs ab. Dreiundfünfzig der Fächer im Schlafzimmer waren damit gefüllt.

Delilah, die sich so beeilte, dass sie nach den ersten elf Behältern, die sie durchsuchte, schon vor Schweiß triefte, ließ keinen der schwarzen Plastikcontainer aus. Doch Ella befand sich in keinem davon.

Als sie schließlich aufgab und gerade zur Tür gehen wollte, hielt sie doch noch inne und fühlte den Futon und das Kissen ab. Nur hier konnte Ella sich noch verstecken. Doch sie war nicht da.

Delilah blickte sich um, weil sie sicher sein wollte, nichts übersehen und alle Behälter wieder ordentlich aufgestapelt zu haben. Außerdem hoffte sie, dass sich alles noch in der richtigen Reihenfolge befand.

Auch wenn ihr das nicht gelungen war, musste sie jetzt gehen. Auf der Stelle. Sie war schon viel länger als geplant in der Wohnung.

Sie schaffte es gerade noch rechtzeitig zu sich hinüber. Kaum hatte sie ihre eigene Tür geschlossen und verriegelt, hörte sie Mary auch schon trällern: „*Blut fließt, Herz pumpt, alles gesund!*“

Delilah lehnte sich gegen ihre Tür, dann rutschte sie daran zu Boden. Sie war völlig erschöpft. Und verwirrt.

Wenn Ella nicht bei Mary war, wo war sie dann? Und warum ließ Ella sie nicht in Ruhe?

***

In der dreizehnten Nacht, in der Delilah aus dem Schlaf gerissen wurde, hörte sie um 1:35 Uhr einen echten Wecker summen. Er war so laut, dass sie träumte, sie würde von einer riesigen Biene angegriffen. Sie lief gerade vor der Biene davon, als sie ihre Augen öffnete und nach ihrer neuen Nachttischlampe griff, die sie ebenfalls auf einem Flohmarkt erstanden hatte. Diese Lampe war aus Metall und hatte LEDs. Sie würde nicht so leicht zerbrechen.

Delilah dagegen vielleicht schon.

In der Nacht zuvor hatte Delilah sich gefragt, ob sie die zwölf Nächte mit Ella überleben würde. Vielleicht würde es einfach aufhören. Da Delilah nicht genau wusste, warum es überhaupt angefangen hatte, konnte es doch einfach aufhören. Oder?

Falsch gedacht.

Es hörte nicht auf. Tatsächlich hörte Delilah immer noch ein Summen wie einen hochfrequenten Ton. Hörte sie das wirklich? Oder stimmte mit ihren Ohren etwas nicht? Wie hörte sich ein Tinnitus an?

Von einem der alten Männer, die sich täglich im Diner versammelten, um über ihren Gesundheitszustand und den Zustand der Welt im Allgemeinen zu schimpfen, hatte sie einmal etwas von einem Tinnitus gehört. Er hatte gesagt, in seinen Ohren würde es ständig klingeln. Delilah aber hörte kein Klingeln. Es war eher ein …

Es war nichts.

Es hatte aufgehört.

Delilah drehte sich um und drückte ihr Gesicht ins Kissen. Warum ließ Ella sie nicht einfach in Ruhe? Und wo war sie?

Wenn Delilah Ella zerstören könnte, würde es ganz sicher aufhören. Aber das war nicht möglich, da sie sie nicht fand.

Am nächsten Tag hatte Delilah angefangen, darüber nachzugrübeln, ob vielleicht einer ihrer anderen Nachbarn die Puppe aus dem Müllcontainer gefischt hatte. Drei Stunden verbrachte sie daraufhin damit, an jede Wohnungstür im Haus zu klopfen, um nachzufragen, ob jemand vielleicht Ella gefunden hatte. Erstaunlicherweise war nur in acht Fällen niemand an die Tür gekommen. Und jeder, mit dem sie gesprochen hatte, war ziemlich ratlos gewesen. Und wiederum einen Tag später hatte sie dann auch noch ihre restlichen Mitbewohner erreicht und dabei erfahren, dass die achte Tür, die ihr immer noch verschlossen blieb, zu einer leeren Wohnung gehörte.

Um 1:45 Uhr am nächsten Morgen hatte sie dann das Schloss der leeren Wohnung geknackt und dort nach Ella gesucht.

Aber auch da hatte sie die Puppe nicht gefunden.

Allmählich entwickelte Delilah ein Problem, das über die nächtliche Weckaktion um 1:35 Uhr hinausging, denn sie wurde nicht nur jede Nacht um 1:35 Uhr aus dem Schlaf gerissen. Sie wurde jede Nacht um 1:35 Uhr *terrorisiert.*

Jede Nacht stahl sich ein Geräusch, ein Geruch oder ein Gefühl in ihren Schlaf und zerrte sie zurück in die Realität. Und jetzt bekam sie zum ersten Mal in ihrem Leben ein Problem damit, überhaupt zu schlafen. Zum ersten Mal fiel es ihr immer schwerer einzuschlafen.

Anstatt zu spüren, wie der Stress aus ihrem Körper wich, wenn sie sich ins Bett legte, wie es in der Vergangenheit immer der Fall gewesen war, vervielfachte er sich nun exponentiell, sobald sie ins Bett ging. Kaum berührte ihr Kopf das Kissen, spürte sie Unheil nahen. Es fühlte sich an, als würde ihr das Herz in der Brust herumhüpfen. Sie begann zu schwitzen und zu zittern. Ihre Kehle zog sich zu. Ihr wurde abwechselnd eiskalt und dann brennend heiß. Trotz der Geschwindigkeit, mit der ihr Herz raste, rang sie nach Atem.

In der zweiten Nacht, die insgesamt die fünfzehnte der ganzen Tortur war, rief Delilah Harper an.

„Ich glaube, ich sterbe", sagte sie zu ihrer Freundin.

„Sprich", erwiderte Harper. „Du hast zwei Minuten. Ich habe gleich den nächsten Auftritt."

„Oh. Entschuldige."

„Eine Minute 55 Sekunden. Rede!"

Delilah beschrieb ihrer Freundin, was sie durchmachte.

„Du hast eine Panikattacke. Was ist denn in letzter Zeit passiert?"

„Du würdest es mir nicht glauben, wenn ich es dir erzähle."

„Versuch's mal. Aber bitte innerhalb einer Minute."

Delilah fasste zusammen, was ihr jede Nacht um 1:35 Uhr widerfuhr.

„Warum machst du so eine große Sache daraus? Du wachst also jede Nacht zur gleichen Zeit auf. Schlaf einfach weiter."

„Du verstehst es nicht."

„Anscheinend nicht. Melde dich morgen noch mal." Harper legte auf. Wenn sie auf die Bühne gerufen wurde, gab es für sie nichts anderes mehr.

Wieder auf sich allein gestellt, gab Delilah „Panikattacke" in ihren Computer ein. Sie fand eine Vielzahl von Vorschlägen, wie man damit umgehen konnte: Tief atmen, die Muskeln entspannen, sich auf etwas konzentrieren, einen schönen Ort visualisieren.

Delilah versuchte es mit den ersten beiden Methoden und schaffte es, wieder einzuschlafen, nur um um 1:35 Uhr davon aufzuwachen, dass ihr Türriegel zurückschlug. Sie sprang aus dem Bett und stürmte durch die Wohnung, um den Eindringling aufzuhalten. Aber da war niemand. Der Riegel lag vor der Tür.

Und ihre Panik kehrte zurück.

Das brachte sie zum zweiten Teil ihres Schlafproblems. Delilah fühlte sich durch Ellas nächtliche Attacken geradezu vergewaltigt und an den Rand des Wahnsinns getrieben. Sie zitterte buchstäblich, wenn das, was auch immer sie geweckt hatte, wieder aus ihrer Realität verschwand. Und erneut musste sie tief atmen und die Muskeln entspannen, um überhaupt einschlafen zu können. Und diese Methoden schienen an Wirksamkeit zu verlieren.

Aber trotzdem versuchte Delilah es immer wieder. Jetzt lag sie auf dem Rücken und zählte ihre Atemzüge. Sie war bei 254, bevor sie auch nur anfing, sich ein wenig schläfrig zu fühlen. Irgendwo bei 270 fand sie schließlich zurück in den Schlaf.

***

„Du glaubst also, diese Puppe … ja, was macht sie? Spukt sie?“, fragte Harper. Sie trank ihren Espresso in kleinen Schlucken und ließ ihren Pferdeschwanz wippen, der gut zu dem geblümten Kleid im Stil der Fünfzigerjahre passte, das sie heute trug.

„Nein. Sie spukt nicht“, entgegnete Delilah. „Sie ist kein Geist. Sie ist nicht besessen. Sie ist ein Roboter. Ich denke, es sind einfach Fehlfunktionen.“

„Und sie ist unsichtbar? Hat Schlüssel zu deiner Wohnung? Kann durch Wände gehen?“ Harper warf die Hände in die Luft, dass die vielen Armbänder an ihren zarten Handgelenken klimperten. „Ich meine, es gibt Technologie und es gibt Magie. Wovon du da redest, geht ein bisschen über Technologie hinaus, findest du nicht? Besonders bei so einer alten Puppe.“

Delilah runzelte die Stirn und schüttelte den Kopf. Es machte sie wütend, dass Harper genau die Punkte ansprach, mit denen sie sich selbst herumschlug. Ihre Theorie ergab absolut keinen Sinn. Aber was für eine andere Theorie konnte es sonst noch geben?

„Hast du dich mal mit der Bedeutung der Zahl selbst beschäftigt?“, fragte Harper. Sie blickte hinüber zum Tresen und zwinkerte einem hübschen Kerl zu, der gerade einen

Latte bestellte. Dann wandte sie ihre Aufmerksamkeit wieder Delilah zu und fügte hinzu: „Vielleicht will dein Unterbewusstsein dir irgendetwas sagen."

„Du meinst wie bei der 333?"

Harper zuckte die Schultern. „Jede Zahl hat eine Bedeutung und geht zu irgendetwas in Resonanz."

„Mhm."

Seit Delilah Harper kannte, hatte sie immer ein wenig über den Dingen geschwebt. „Ich bin ein Freigeist", meinte Harper, als Delilah das erste Mal über einen von Harpers spirituellen Höhenflügen gelacht hatte. „Gewöhn dich einfach daran."

„Das soll kein Witz sein. Schauen wir mal." Harper zog ihr Handy aus der Tasche und tippte ein paarmal darauf herum. „Okay. Hier ist es. Hey, das ist interessant." Sie blickte auf.

„Es ist mir egal", erwiderte Delilah. „Ich will es gar nicht wissen. Ich glaube sowieso nicht an das Zeug."

Wieder zuckte Harper die Schultern. „Wie du willst. Es ist ja deine Beerdigung."

***

In dieser Nacht konnte Delilah so lange ihren Atem zählen, wie sie wollte. Sie schlief einfach nicht ein. Nachdem sie eine Stunde im Bett gelegen hatte, völlig erschöpft, aber immer noch zu panisch, um Schlaf zu finden, setzte sie sich auf, schnappte sich ihr Kissen und ihre Bettdecke und tappte hinüber ins Wohnzimmer. Dort rollte sie sich auf dem Sofa zusammen, wickelte die Decke fest um sich und war nach ein paar weiteren tiefen Atemzügen eingeschlafen.

Sie schlief so lange, bis über ihr an der Zimmerdecke etwas herumzukrabbeln begann.

Delilah riss die Augen auf. Sie tastete nach ihrer Taschenlampe, schaltete sie ein und richtete den Lichtstrahl zur Decke. Sie rechnete fest damit, Ella an der Decke hängen zu sehen, direkt über ihrem Kopf. Sie konnte sogar hören, wie Fingernägel an der Wand kratzten.

Doch da war nichts.

Absolut gar nichts.

Delilah ließ den Lichtkegel über die ganze Decke gleiten. Und sie lauschte.

Angespannt richtete sie die Taschenlampe in eine Ecke der Zimmerdecke, wo es so klang, als würde etwas über die Wand krabbeln. Delilah kniff die Augen zusammen, als könne sie so mit ihrem Blick die Wände durchdringen. Aber natürlich half das nicht.

Und auf dem Sofa zu schlafen auch nicht.

***

Das Sofa hielt Ella auch nicht davon ab, Delilah in der nächsten Nacht pünktlich um 1:35 Uhr aus dem Schlaf zu reißen, aber irgendwie half es ihr, wieder einzuschlafen. Und als die seltsamen scharrenden Laute in die Küche zu verschwinden schienen, konnte sie mit ein paar tiefen Atemzügen wieder ins Land der Träume abtauchen.

In der darauffolgenden Nacht jedoch bot ihr das Sofa keinen Schutz mehr. Erstens schlief sie dort nun auch nicht schneller ein als in ihrem Bett. Und zweitens konnte das Sofa sie nicht beruhigen, nachdem sie um 1:35 Uhr eine leichte Berührung an ihrer Schulter gespürt hatte.

Diesmal musste Delilah kein Licht anknipsen, denn sie hatte es gar nicht erst ausgeschaltet. Die Tatsache, dass sie Ella trotzdem nicht sofort sah, als sie die Augen öffnete, zeigte ihr, dass Ella offensichtlich im Bruchteil einer Sekunde verschwinden konnte.

Delilah wusste, dass Ella so schnell verschwunden war, weil die Puppe definitiv dort gewesen war. Sie musste es einfach gewesen sein. Irgendetwas hatte Delilah berührt. Ganz sanft. Sanft wie Ella. Mit kleinen Fingern. Nur ein Hauch. Aber es hatte gereicht, um Delilahs Magen zu einem doppelten Knoten zu verschlingen. Es fühlte sich an, als würde sie innerlich gefrieren und dann zerbrechen.

Delilah stand auf und presste ihre Bettdecke und das Kissen an sich. Sie konnte einfach nicht dort im Wohnzimmer bleiben.

Panisch wie eine Gazelle auf der Flucht vor dem Löwen sah sie sich um. Ihr Blick blieb an der Badezimmertür hängen.

Sie lief in den kleinen Raum und stieg hastig mit ihrer Decke und dem Kissen in die Badewanne. Dann rollte sie sich so eng zusammen, wie sie nur konnte, und zog sich die Decke über den Kopf.

* * *

In der folgenden Nacht blieb Delilah gleich in der Badewanne. Trotzdem fand Ella sie. Um 1:35 Uhr hörte Delilah, wie etwas durch die Rohre unter der Wanne kroch. Hastig kletterte Delilah heraus, weil sie überzeugt war, dass Ellas Hand jeden Moment durch das Plastik stoßen und sie packen würde.

Die nächsten vier Stunden saß sie gegen die Badezimmertür gepresst auf dem Boden und rang nach Atem. Noch einmal einzuschlafen versuchte sie nicht einmal.

Um 5:35 Uhr zog Delilah sich an und ging hinüber zum Diner. Nate war, wie sie wusste, dabei, Kekse und Zimtschnecken zu backen.

„Was tust du hier?", fragte er, als sie die Küche betrat. „Ich dachte, wenn man dich immer in dieselbe Schicht steckt, kommst du mit den Zeiten nicht mehr durcheinander. Und jetzt tauchst du zu Schichten auf, die du gar nicht hast, anstatt zu denen zu kommen, für die du eingeteilt bist." Nate schnitt den Keksteig in ordentliche Quadrate und begann sie in perfekter Linie auf ein großes Backblech zu werfen.

Im Diner roch es so herrlich gewöhnlich. Der Duft von Kaffee mischte sich mit dem von Buttermilch und Zimt. Auch die Geräusche dort waren einfach beruhigend normal. Ein paar Stammgäste, die immer schon um diese Zeit kamen, diskutierten am Tresen über das Wetter. Eine der Bedienungen pfiff vor sich hin. Der begehbare Kühlschrank summte.

„Du musst mich für nachts einteilen", sagte Delilah zu Nate.

Nate hielt mitten in der Bewegung inne. Er drehte sich zu ihr um und hob die Augenbrauen. „Willst du mir jetzt blöd kommen?“

Delilah schüttelte den Kopf. „Ich habe Probleme, nachts zu schlafen. Es ist … also, es ist ganz komisch. Ich schätze, wenn ich nachts arbeite, kann ich tagsüber schlafen. Ich weiß, dass Grace es hasst, die Nachtschichten zu leiten. Sie wird gern mit mir tauschen, da bin ich mir sicher.“

„Du bist die bessere Schichtleiterin. Ich habe dich gerne hier, wenn viel los ist.“

„Danke.“

„Das war kein Kompliment. Es war eine Feststellung und eine Beschwerde.“

„Du tobst zwar viel, aber eigentlich bist du nur ein lieber Teddybär“, meinte Delilah.

Und das stimmte. Nate beschwerte sich über jeden seiner Angestellten, jeden Kunden und das Diner im Allgemeinen. Und trotzdem liebte er alles.

„Wenn du das jemandem erzählst, muss ich dich töten.“

Delilah tat so, als würde sie ihren Mund mit einem Reißverschluss zuziehen.

Nate seufzte. „Okay. Dann tauscht. Aber versuch bitte, dein Problem aus der Welt zu schaffen.“

„Danke.“

„Sei um zehn hier. Und komm *nicht* zu spät.“

„Ich werde mir gleich zwei neue Wecker kaufen.“

„Braves Mädchen.“

***

Delilah wusste nicht, warum sie nicht schon früher daran gedacht hatte. Wie sollte Ella sie um 1:35 Uhr morgens belästigen, wenn sie um diese Zeit schon wach war? Im Diner würde Ella keine Möglichkeit haben, sich an sie heranzuschleichen. Also brauchte sie nur nachts zu arbeiten, bis Ella der Saft ausging oder was auch immer sie antrieb. Schon war das Problem gelöst.

Obwohl Delilah die Nachtschicht noch nie gemocht hatte, war sie von ihrem Plan, auf diese Weise von Ella loszukommen, so beflügelt, dass sie in bester Stimmung zur Arbeit ging. Sie war derart gut gelaunt, dass, als sie um 21:55 Uhr im Diner erschien, Glen, der Koch in der Nachtschicht, sie fragte, ob alles in Ordnung sei.

„Freiheit, Glen“, erwiderte sie. „So sieht Freiheit aus.“

„Seltsam ist nur, wie *du* aussiehst“, sagte er. Aber er grinste, um ihr zu zeigen, dass er ihr das nicht vorwarf.

Glen war ein riesiger Kerl mit einem ausgeprägten Bauch, der manchmal Feuer fing, wenn er ihn zu weit über den Grill hängte. Trotz seines Gewichts war er voller Energie. Delilah schätzte ihn auf Ende zwanzig. Er hatte ein Babygesicht, kinnlange Koteletten und freundliche braune Augen. Sie arbeitete gern mit ihm.

Drei Stunden und 39 Minuten lang fühlte sich Delilah großartig. Sie plauderte mit allen Stammgästen, die sich zu dieser späten Stunde im Diner aufhielten, und ließ es zu, dass einige der alten Männer mit ihr flirteten. Sie hatte nicht einmal ein Problem mit dem Pärchen, das nach der Spätvorstellung im Kino noch hereinkam und das ihr sonst immer deutlich gemacht hatte, wie einsam sie selbst war.

Um 1:35 Uhr betrat Delilah den begehbaren Kühlschrank, um etwas Käse und Salat zu holen. Aus irgendeinem Grund war Salat in dieser Nacht begehrt.

Sie bückte sich gerade, um nach dem Cheddar zu greifen, als in der Küche ein Alarm losging. Abrupt richtete sie sich auf und schlug dabei mit dem Hinterkopf gegen das Regal über ihr. Sie ignorierte den Schmerz und schaute auf ihre Uhr.

Es war genau 1:35 Uhr.

Delilah stürzte aus dem Kühlschrank und drehte sich in der Küche im Kreis. „Woher kommt das?“, schrie sie gegen den Lärm an.

Glen schaute vom Grill auf. Jackie, die Nachtkellnerin, ließ einen Teller fallen und starrte Delilah mit großen blauen Augen an.

„Woher kommt was?“, fragte Glen.

„Das!“

Der Alarmton klang ganz ähnlich wie das Foltergerät, das Gerald immer benutzt hatte. Es schwoll an und ab und summte und brummte und klingelte.

Delilah lief zur Fritteuse und schaute auf die Regler. Nein, dort war alles in Ordnung. Sie überprüfte die Öfen. Doch die waren nicht einmal in Betrieb. Sie stürmte in den Pausenraum der Angestellten. Von dort kam das Geräusch auch nicht. Es musste irgendwo draußen in der Küche sein.

Delilah ging zurück und begann Töpfe, Pfannen und andere Utensilien abzusuchen. Sie tat es weder sorgfältig noch in irgendeiner Weise methodisch. Als sie die dritte Pfanne einfach zur Seite warf, packte Glen sie am Arm.

„Hey, Lady Delilah, hast du was eingeworfen?“

„Wie?“ Delilah riss sich los. „Nein. Hörst du das nicht …?“

Das Lärmen verstummte. Delilah legte den Kopf schräg und lauschte, doch sie hörte nur noch die normalen Geräusche des Diners.

Sie blickte zu Glen und zu Jackie, die sie immer noch anstarrten, als habe sie sich gerade in einen rosa Elefanten verwandelt.

„Habt ihr beide das denn nicht gehört?“, wollte sie wissen.

„Ich habe dich nur schreien gehört und gesehen, wie du mit Pfannen um dich wirfst“, erwiderte Glen.

Delilah sah zu Jackie. Sie war ein oder zwei Jahre jünger als Delilah und noch ziemlich unsicher. Sie trug eine hellblaue Brille und die Gläser ließen ihre vor Schreck geweiteten Augen riesig erscheinen.

Jackie schüttelte den Kopf. „Ich habe nichts gehört. Ich meine … äh … außer … äh … dir und den üblichen … äh … Geräuschen.“

Das konnte doch nicht wahr sein.

Wie war es möglich, dass Ella ihr bis hierher gefolgt war?

Nun ja, warum sollte sie ihr nicht bis hierher folgen? Hatte Ella nicht bereits sehr deutlich gemacht, dass sie alles tun konnte, was sie wollte?

Trotzdem war es verrückt. Hier lief einfach nur Technik aus dem Ruder. Oder?

„Alles in Ordnung mit dir?“, erkundigte sich Glen.

Delilah schüttelte den Kopf. „Ja."

Und eigentlich war es das auch. Wenigstens brauchte sie jetzt nicht versuchen einzuschlafen, während ihr Herz wie ein Dampfhammer schlug. Sie war sicher, dass Glen und Jackie es hören konnten und nur zu höflich waren, um etwas zu sagen.

Ihr Plan hatte also nicht funktioniert, doch der Vorteil war, dass sie diesen Adrenalinschub für die Arbeit nutzen konnte und nicht dagegen ankämpfen musste, um wieder Schlaf zu finden. Und vielleicht würde sie morgen Nacht diesen Alarmton einfach ignorieren können, weil sie darauf vorbereitet war. Vielleicht würde ihr neuer Plan ja doch funktionieren.

* * *

In der zweiten Nachtschicht sorgte Delilah dafür, dass sie um 1:35 Uhr nicht allein war. Sie blieb in der Nähe von Glen, was ihn nicht zu stören schien. Und trotzdem drehte sie völlig durch.

Sie konnte es einfach nicht verhindern.

In dieser Nacht hatte sie zum ersten Mal nicht nur etwas gehört oder gespürt. Sie hatte auch etwas *gesehen.* Einen hellblauen Blitz im Gang, als Jackie die Tür öffnete. Und als dann etwas, von dem sie sicher war, dass es sich um Ella handelte, aus der Tür kam, schrie Delilah auf und presste sich an Glen. Auch das schien ihn nicht zu stören, aber er fragte, warum sie schrie. Sie konnte es ihm nicht beantworten.

Während der dritten Nachtschicht stand Delilah um 1:30 Uhr hinter dem Tresen. Um sicherzugehen, dass nichts sie überraschen konnte, hatte sie beschlossen, draußen im Restaurantbereich zu bleiben und weit weg von dem begehbaren Kühlschrank.

Als Mrs Jeffrey, die Milchreis-Stammkundin, das Diner betrat, war Delilah begeistert. Sie konnte jetzt einfach Mrs Jeffrey bedienen und die berüchtigten 1:35 Uhr würden unbemerkt an ihr vorbeigehen.

„Hallo Delilah." Mrs Jeffrey nahm an der Theke auf einem der drehbaren gepolsterten Hocker Platz. Ihre Augen schienen verquollen.

Delilah stützte sich auf den Tresen. „Hallo Mrs Jeffrey. Können Sie nicht schlafen?"

Mrs Jeffrey strich ihr zerzaustes Haar glatt. „Das ist wohl nicht zu übersehen, was? Ich hoffe, Sie haben noch etwas Milchreis übrig."

„Aber sicher. Ich hole eben …"

Delilah hielt inne. Sie blickte über ihre Schulter. Dann warf sie einen Blick auf die Uhr.

Es war 1:33 Uhr.

Wo war Jackie?

Auf keinen Fall wollte Delilah jetzt etwas aus dem begehbaren Kühlschrank holen. Sie war sicher, dass Ella dort drin auf sie warten würde.

„Jackie?", rief sie.

Sie erhielt keine Antwort.

„Jackie!", brüllte sie geradezu.

Glen steckte den Kopf aus der Küche.

„Gibt es Probleme?“

Delilah versuchte, ruhig zu atmen. Sie war kurz davor, eine ausgewachsene Panikattacke zu bekommen, aber sie wollte nicht, dass ihr das vor den Kunden und ihren Kollegen passierte.

Delilah blickte Mrs Jeffrey an. Die elegante Frau hatte ihre braunen Augen aufgerissen.

„Tut mir leid“, sagte Delilah. „Es ist nur …“

Sie hielt inne, als der Sitz des Hockers neben Mrs Jeffrey anfing, sich hin- und herzudrehen. Sie blinzelte und erkannte, dass Ella auf dem Hocker saß.

Ella spielte dort herum.

„Hör auf damit!“, fuhr sie die Puppe an. Kurzerhand kletterte Delilah auf den Tresen und griff nach dem Hocker.

In dem Moment kam Jackie aus dem Küchentrakt. Delilah warf Jackie einen Blick zu und bemerkte dabei, dass sie auf dem Tresen kniete, den Hintern in die Luft gereckt. Kein Wunder, dass Jackie sie mit offenem Mund anglotzte.

„Alles in Ordnung mit Ihnen, Liebes?“, erkundigte sich Mrs Jeffrey.

Delilah rutschte von der Theke. „Haben Sie die Puppe auf dem Hocker nicht gesehen?“

„Puppe? Das ist meine Handtasche, Liebes.“ Mrs Jeffrey tätschelte eine hellblaue Handtasche, die auf dem Hocker neben ihr lag.

Delilah wich von der Theke zurück. Sie schaute auf die Uhr. Natürlich war es 1:35 Uhr.

***

In der nächsten Nacht passierte etwas Ähnliches. Delilah blieb im Restaurantbereich, aber sie war immer noch traumatisiert, als sie um 1:35 Uhr bemerkte, dass sich im Mülleimer unter dem Tresen etwas bewegte. Eigentlich wünschte sie sich, dass es eine Maus war, obwohl das für das Diner nicht toll gewesen wäre, trotzdem nahm sie eine Gabel und stocherte damit im Müll herum. Eine Maus fand sie nicht. Aber sie entdeckte rosa Rüschen. Sie ließ die Gabel fallen und sprang zurück. Dem Drang zu schreien widerstand sie, aber dem Drang, den Mülleimer aus der Hintertür des Diners zu schleudern und dadurch den Müll, aber nicht Ella – die wie gewöhnlich sofort wieder verschwunden war –, auf dem ganzen Parkplatz zu verteilen, konnte sie einfach nicht widerstehen.

Es war Delilah unmöglich, sich zu beherrschen. Sie wusste, dass Glen und Jackie sie beobachteten, aber das reichte nicht, um sich wieder in den Griff zu bekommen.

Es war die fünfte Nachtschicht, die Delilah den Rest gab.

Obwohl es bisher nicht sonderlich gut geklappt hatte, war Delilah immer noch überzeugt, dass der sicherste Platz im Diner für sie der offene Restaurantbereich war. Sie mied Orte wie den begehbaren Kühlschrank, den Vorratsraum oder Nates Büro.

Um 1:30 Uhr waren alle Kunden gegangen. Delilah und Jackie waren damit beschäftigt, die kleinen Streuer mit Salz und Pfeffer nachzufüllen. Delilah kümmerte sich um das Salz, Jackie um den Pfeffer. An einem Tisch neben der Eingangstür saßen sie sich gegenüber. Während sie arbeiteten, plapperte Jackie über ihre Kurse am College. Delilah versuchte, ihr zuzuhören, aber in Gedanken zählte sie die Minuten und Sekunden, bis es 1:35 Uhr war.

Was würde heute Nacht passieren? Jeder Muskel und jedes Gelenk in ihrem Körper waren hart und steif vor Angst.

Aber als Delilah etwas Hellblaues über den Parkplatz vor dem Diner flattern sah, sprang sie abrupt auf, warf das Tablett mit den Pfeffer- und Salzstreuern laut klirrend zu Boden und rannte zur Vordertür hinaus. Während sie über den fast leeren Parkplatz hetzte, suchte sie nach Ellas Kleid.

Sie war sich sicher, dieses Kleid gesehen zu haben. Die Puppe war irgendwo hier draußen. Sie hatte Delilah beobachtet.

Als sie Ella auf den ersten Blick nicht entdecken konnte, sah sie unter den beiden am Rande des Parkplatzes abgestellten Autos nach. Sie beugte sich gerade hinunter, um einen Blick unter das erste zu werfen, als jemand sie an der Schulter packte.

Sie schrie auf.

„Okay. Okay. Alles in Ordnung.“ Es war Glen. Sein Gesicht wirkte blass im Licht der Straßenlaterne.

„Hast du sie gesehen?“, wollte Delilah wissen.

„Wen gesehen?“

Sie blickte Glen in die Augen. Er war so mitfühlend und schien ehrlich betroffen.

Delilah sackte in Glens Armen zusammen und begann zu weinen.

***

Delilah fand es ziemlich erstaunlich, dass sie nun dreiundzwanzig Nächte durchgestanden hatte, in denen jedes Mal pünktlich um 1:35 Uhr der gleiche Horror über sie hereingebrochen war, ohne zu weinen. Es war ihr nicht einmal aufgefallen, dass sie nicht geweint hatte.

Doch sobald die ersten Tränen liefen, konnte sie nicht mehr aufhören. Sie weinte so sehr, dass Glen, nachdem er sie ins Restaurant zurückgebracht hatte, Nate anrief, damit er noch mal vorbeikam. Als Nate eintraf, fegte Jackie gerade Glasscherben zusammen. Während Delilah weiter hinten an einem Tisch saß und versuchte, ihren Körper unter Kontrolle zu bekommen, der immer noch haltlos zuckte, redete Nate mit Glen und Jackie. Sie konnte nicht hören, was sie sagten, aber sie fand, dass sie sich auch noch einmal selbst äußern sollte. Also stand sie auf.

„Komm mit", sagte Nate.

Sehr gut. Er wollte sie in sein Büro bringen. Dort würde sie ihm alles erklären können.

Oder auch nicht.

Sobald sie sein Büro betreten hatten, schloss Nate die Tür hinter sich. „Es tut mir leid, Delilah. Ich werde mich von dir trennen müssen."

Sie blickte Nate mit großen Augen an.

„Sieh mich nicht so an." Nate ging um seinen Schreibtisch herum und ließ sich in seinen mit Leder bezogenen Schreibtischstuhl fallen.

Delilah verzog den Mund und versuchte, nicht zu wimmern.

„Ich habe immer viel Nachsicht mit dir gehabt, wenn du

zu spät gekommen bist. Ich habe dein Problem immer irgendwie umschifft, aber was zu viel ist, ist zu viel. Jackie sagt, du hättest dich in den letzten vier Nächten ›superseltsam‹ verhalten …“ Mit den Fingerspitzen zeichnete er Anführungszeichen in die Luft. „Und jetzt das. Ich kann niemanden beschäftigen, der unsere Kunden verunsichert und ein Tablett voller Salz- und Pfeffersteuer runterschmeißt.“

„Nate, ich …“

„Lass es. Versuch gar nicht erst, mir eine rührselige Geschichte aufzutischen. Ich bin auch nicht dein Vater. Was auch immer dich dazu gebracht hat, dich während der Nachtschicht so zu verhalten, es ist dein Problem und kann nicht hier im Diner abgearbeitet werden. Du bist eine gute Servicekraft, wenn du hier bist und dich konzentrierst, aber ich kann mir die Haftungsrisiken nicht leisten, wenn du so neben der Spur läufst.“ Er rieb sich den Bart. „Ich werde jemanden beauftragen, dir morgen deinen letzten Scheck zu bringen.“

Delilah stand vor Nates verschrammtem altem Schreibtisch und betrachtete die vielen kleinen, ordentlich aufgehäuften Stapel darauf. Dann drehte sie sich um. Sie hatte nicht vor, um diesen Job zu betteln.

Als sie das Diner verließ, dachte sie nicht einmal an ihren Job. Sie dachte an Ella.

In jeder Nacht wurde es schlimmer. Wie sollte sie noch eine weitere überstehen?

* * *

Als Richard Delilah gebeten hatte, aus dem Gästehaus seiner Eltern auszuziehen, hatte sie keine Bleibe gehabt, also war sie zu Harper gegangen. Die hatte sie mit offenen Armen empfangen, doch leider wohnte Harper in einem Haus mit zehn anderen ums Überleben kämpfenden Schauspielern. Alles, was Harper zu bieten hatte, war die Hälfte einer Matratze in Doppelbettgröße auf dem Boden eines ehemals riesigen begehbaren Kleiderschranks (riesig für einen Schrank, nicht unbedingt für einen Schlafplatz).

Harper liebte ihren „Rückzugsort". Delilah dagegen hasste den winzigen Raum. Sie bekam davon klaustrophobische Anfälle. Außerdem schnarchte Harper und redete im Schlaf. Nur drei Tage hatte Delilah es bei Harper ausgehalten, bevor sie mit dem Geld, das Richard ihr gegeben hatte, eine eigene Wohnung bezog.

Es sagte also viel über Delilahs Gemütszustand aus, dass sie Harper anrief, als sie von der Arbeit nach Hause kam, und sie fragte, ob sie für ein paar Nächte bei ihr bleiben könne.

„Na klar", meinte Harper. „Wir feiern eine Pyjamaparty. Du wirst gar nicht merken, dass es schon 1:35 Uhr ist."

Nur zu gern wollte Delilah das glauben. Sie versuchte es wirklich.

Wie an sechs weiteren Abenden in der Woche hatte Harper auch an diesem Tag einen Auftritt. Also überließ sie Delilah der Obhut einer ihrer Mitbewohner. Es war ein flippiger Typ namens Rudolf, der den Nachmittag und den Abend damit verbrachte, Delilah ein Kartenspiel beizubringen, das er erfunden hatte. Sie verstand es nicht wirklich, aber sie musste zugeben, dass es unterhaltsam war. Und auch Rudolf war lustig und nett.

Als Harper gegen 0:30 Uhr nach Hause kam, war Delilah erstaunlich entspannt.

„Okay", sagte Harper und zerrte Delilah von einem sichtlich enttäuschten Rudolf fort. „Du darfst sie nicht als Haustier behalten, Rudi", schimpfte sie dabei.

Schmollend schob er die Unterlippe vor, grinste Delilah dabei aber an, während sie Harper in den zweiten Stock des Hauses folgte.

„Ich habe echten Heißhunger", sagte Harper. „Von der salzigen Sorte. Damit hält man garantiert auch böse Hightech-Puppen fern."

Bei dem Wort „Puppe" drehte sich Delilah der Magen um.

Harper zog Delilah in ihr „Schlafzimmer", warf mehrere Tüten und ein paar Päckchen mit Chips und Crackern auf die Matratze und sagte: „Ich muss mir eben die Schminke aus dem Gesicht waschen. Bin gleich wieder da."

Delilah setzte sich auf die Matratze, öffnete ein Paket Käsecracker und knabberte an einem. Ihr Magen machte weiter Gymnastik.

Als Harper zurückkam, unterhielt sie Delilah mit Begebenheiten aus der abendlichen Vorstellung. „Erst hat Manny seinen Text vergessen, und dann hat er meinen gesprochen", erzählte Harper, während sie sich auf eine Tüte mit Barbecue-Chips stürzte. „Völlig idiotisch. Ich musste mir schnell etwas einfallen lassen. Also habe ich ihn geküsst."

„Passte das zur Rolle?“

„Meine Rolle ist ein bisschen verrückt. Deswegen passt eigentlich alles zu ihr.“

Delilah schaute auf ihre Uhr. Es war 0:55 Uhr.

„Hey, hast du gerade auf deine Uhr geguckt?“ Harper packte Delilahs Arm. „Gib die her!“

Delilah wehrte sich nicht, als Harper ihr die Uhr abnahm und sie unter ein Kissen schob. Sie brauchte sie sowieso nicht. Sie würde es wissen, sobald es 1:35 Uhr war.

„Keine Uhr. Keine 1:35 Uhr.“ Sie klopfte die Handflächen gegeneinander ab, um deutlich zu machen, dass die Sache für sie damit erledigt war.

Delilah wollte nur zu gern, dass es so einfach war.

Aber das war es nicht. Sie erfuhr es pünktlich, als es 1:35 Uhr war, denn plötzlich sagte eine Stimme: „Es ist Zeit.“

Delilah sprang auf und knallte mit dem Kopf gegen die Kleiderstange über ihr.

„Was tust du?“, fragte Harper in dem Moment, als Delilah ihren schmerzenden Kopf einzog.

„Warst du das?“, fragte sie ihre Freundin.

Dann redeten sie gleichzeitig weiter. „Was meinst du?“, fragte Delilah. „Was denn?“, wollte Harper gleichzeitig wissen.

Beide verstummten. Delilah konnte immer noch Geralds Stimme hören, der mit hallendem Echo wiederholte: „Es ist Zeit.“

Delilah blickte auf Harper hinab. „Warst du das?“

Harper runzelte die Stirn und sah Delilah an. „Ich höre

nichts außer Rauls Oldies und den Film, den Kate und Julia sich unten ansehen."

„Du hast nicht gerade Gerald nachgeäfft?"

„Ich sitze hier genau vor dir. Ich esse Kartoffelchips. Wie hätte ich Gerald nachäffen sollen?" Demonstrativ steckte Harper sich einen Chip in den Mund. Dann kaute sie hörbar.

Delilah schüttelte den Kopf. Sie merkte, dass sie zitterte. Sie musste die Zähne aufeinanderpressen, damit sie nicht klapperten.

„Dann musst du Ella haben."

„Was?"

Langsam begann Delilahs Nacken zu schmerzen, weil sie so seltsam gebeugt unter der Kleiderstange stand. Und ihre Knie fühlten sich schwach an. Sie sank auf das Bett.

„Du weißt doch, wie Gerald klingt."

„Und?"

„Du hättest Ella so programmieren können, dass sie wie er klingt. Du hättest aufnehmen können, wie du ihn nachmachst."

Harper schob die Chipstüte beiseite und beugte sich zu Delilah vor. „Ich möchte nur sicher sein, dass ich verstehe, was du sagst." Sie kniff die Augen zusammen. „Du willst damit andeuten, dass ich deine verrückte Puppe geklaut, sie irgendwie zum Laufen gebracht habe und ihr dann eine Aufnahme davon einprogrammiert habe, wie ich Gerald nachmache, damit sie das für dich abspielen kann. Willst du das sagen?"

Delilah schüttelte den Kopf.

„Nein?“, fragte Harper nach. „Was willst du dann sagen?“

„Das habe ich schon gesagt, ich bin mir nur nicht sicher …“

„Du bist einfach nur verrückt, das bist du. Ich habe diese dämliche Puppe nicht. Ich habe diese dämliche Puppe noch nicht einmal gesehen. Hätte ich sie tatsächlich gesehen und auch noch mitgenommen, hätte ich sicher nicht irgendetwas aufgenommen, um dich damit zu erschrecken. Warum sollte ich das auch tun?“

„Keine Ahnung.“ Delilah starrte auf ihre Hände. Sie kam sich ein bisschen dämlich vor. *Warum sollte Harper das tun?*

Dann erinnerte sie sich an die Stimme, die sie gehört hatte. Aber wer hätte es sonst gewesen sein können?

„Sag du es mir“, forderte Delilah. „Warum hast du es getan?“

„Ich habe es nicht getan!“, schnauzte Harper.

Erschrocken zuckte Delilah zusammen. Dann flüsterte sie: „Aber es gibt keine andere Erklärung.“

Harper starrte Delilah an. „Himmel, Del. Jetzt drehst du aber echt ab, Mädchen.“ Sie schob das Knabberzeug vom Bett und rollte sich mit dem Rücken zu Delilah zusammen. „Ich werde jetzt schlafen.“

„Ich wünschte, ich könnte das auch.“

„Das kannst du“, entgegnete Harper. „Schalt einfach deinen Kopf ab.“

„Es liegt nicht an mir. Es ist Ella.“

Harper seufzte und kurz darauf begann sie tief und gleichmäßig zu atmen.

„Muss das schön sein“, murmelte Delilah.

***

Den nächsten Tag verbrachte Delilah überwiegend mit Harper und ihren Mitbewohnern. Da sie erst kurz vor 7 Uhr eingeschlafen war und Harper sie schon gegen 10 Uhr wieder geweckt hatte, war Delilah immer noch leicht benebelt. Sie fühlte sich, als hätte ihr jemand Watte in den Schädel gestopft.

Als sie aufstand, schien Harper ihre Vorwürfe vergessen oder ihr verziehen zu haben. Sie verlor kein Wort darüber, was in der Nacht geschehen war, und war den ganzen Tag über lebhaft und fröhlich wie immer.

Delilah beschloss, nichts mehr über Ella zu sagen. Sie beschloss aber auch, dass sie nicht über Nacht dortbleiben würde. Sie würde aufbrechen, während Harper im Theater war.

Erst als sie um 16:35 Uhr zu ihrem Auto ging, wusste sie, wo sie übernachten würde. Wie ein Blitz aus heiterem Himmel war es ihr klar geworden. Sie würde in ein Motel gehen, in ein Motel am anderen Ende der Stadt. Dort würde Ella sie nicht finden können. Delilah glaubte auch nicht, dass jemand anderes, wie Harper zum Beispiel, sie dort auftreiben würde. Sie hatte zwar nicht vor, einen Decknamen zu benutzen, aber es wäre nicht typisch für Harper, Motels abzuklappern, um ihre Freundin zu finden.

Also checkte Delilah um 18:15 Uhr, nachdem sie in einem Imbiss einen Burger und Pommes gegessen hatte, in das Bed4You-Motel am Rande eines eher schäbigen Teils der Stadt ein. Der Qualitätsstandard des Motels war sowohl am Namen als auch an der Tatsache zu erkennen, dass das verblassende Schild verkündete: *In jedem Zimmer ein Bett und ein Fernseher.*

„Das ist ja mal Luxus", murmelte Delilah, während sie ihr Auto über dem Unkraut parkte, das durch die Risse im Asphalt wucherte.

Aber der Preis stimmte. Delilah versuchte in der kleinen, in braunen Farbtönen gehaltenen Lobby des Motels nicht den Geruch von Bleiche und gedünstetem Kohl einzuatmen und bezahlte für drei Nächte im Voraus. Sie war froh, dass die Summe sich auf ihrer Kreditkarte kaum bemerkbar machte. Außerdem freute sie sich, dass sie ganz am Ende des lang gezogenen niedrigen Gebäudes ein Zimmer bekam, weit weg vom Verkehr.

Die korpulente Frau hinter dem Tresen interessierte sich nicht im Geringsten für Delilah. Sie war viel zu sehr damit beschäftigt, in einem alten Fernseher, der neben dem Check-in an der Wand hing, eine Dokumentation über Spinnen zu verfolgen.

Das alte Motelzimmer war überraschend sauber und aufgeräumt. Da es in denselben hässlichen Brauntönen gehalten war, wie Delilah sie schon in der Lobby bemerkt hatte, würde das Zimmer keinen Preis für seine Einrichtung abstauben können, aber es roch dort frisch und alles funktionierte. Das Bett war sogar bequem.

Da die einzigen Sitzgelegenheiten im Zimmer ein paar Stühle mit gerader, stoffbezogener Rückenlehne waren, ließ sich Delilah auf das Bett fallen, sobald sie die Tür verriegelt und ihre Sachen auf die niedrige Kommode gegenüber dem Bett gelegt hatte. Erfreut stellte sie fest, dass das Motel ziemlich gut isoliert war. Der Verkehr auf der viel befahrenen Straße davor drang nur als entferntes Rauschen herein, und davon abgesehen war absolut nichts zu hören. Als sie in das Zimmer kam, hatte Delilah gedacht, sie könne etwas fernsehen, aber sie war so müde, dass sie ihren Kopf auf das Kissen bettete. Angespannt, in Erwartung der üblichen Panikattacken, war sie erleichtert, als sie nur eine tiefe Erschöpfung spürte.

Sie schloss die Augen.

Und der Schlaf entführte sie aus dem Motelzimmer und trug sie davon in ihre Träume voller Verheißungen – oder Vorzeichen.

***

Das Geräusch kroch in ihren Schlaf wie eine Spinne, die sich ihren Weg durch ihre Synapsen bahnte und seidige Fäden entlang ihrer Nervenbahnen hinterließ. Es war ein schleifendes Geräusch, als würde etwas über eine raue Oberfläche gezogen.

Ihrem Unterbewusstsein gelang es nicht, das Geräusch in ihren Traum zu integrieren, in dem sie gerade auf einem Pferd dahingaloppierte. Also warf das Pferd sie ab und sie stand plötzlich der Spinne gegenüber.

Sie schrie. Und dieser Schrei warf sie zurück in die Realität.

Delilah öffnete die Augen und merkte, dass sie immer noch schrie. Sie presste die Lippen zusammen und biss sich auf die Zunge. Sie wollte aufstehen und weglaufen, aber sie konnte nicht. Sie war wie gelähmt.

Moment. War sie überhaupt wach?

Sie glaubte ja.

Über ihr krabbelte etwas über das Flachdach. Es machte ein ähnliches Geräusch wie das aus ihrem Traum, doch dieses Geräusch war schlimmer. Es war nicht nur das Geräusch einer Spinne, die irgendwie durch ihr Leben krabbelte. Es schien sehr bestimmt. Es fing an. Es hörte auf. Es bewegte sich hierhin. Dann bewegte es sich dorthin. Es war ein suchendes Geräusch. Es war das Geräusch, das man verursachte, wenn man ein Ziel hatte.

Und Delilah wusste, dass *sie* dieses Ziel war.

Ella hatte Delilah gefunden. Nun suchte sie nach einem Weg hinein in das Motelzimmer.

Wimmernd wie ein Kätzchen, das von einem Kojoten gejagt wurde, kämpfte Delilah darum, sich wieder bewegen zu können. Aber irgendetwas hielt sie eisern fest. Nur ihren Kopf konnte sie bewegen. Also drehte sie ihn zur Seite und blickte zu der Digitaluhr auf dem Nachttisch. Sie stand, natürlich, auf 1:35 Uhr.

Sobald ihr Blick auf die Uhrzeit gefallen war, konnte Delilah sich auch wieder bewegen. Sie strampelte die Bettdecke fort, in die sie sich im Schlaf eingewickelt hatte. Dann sprang sie aus dem Bett und hockte sich neben der Zimmertür an die Wand, den Blick zur Decke gerichtet.

Eine blinkende Neonreklame von nebenan tauchte die Decke rhythmisch in blutrotes Licht. Dadurch konnte Delilah sehen, was sie unbedingt sehen musste. Nichts kam von oben durch die Decke. Doch das tröstete sie nicht. Ella konnte andere Wege beschreiten, um in das Zimmer zu gelangen. Und selbst wenn sie nicht hereinkam, bedeutete die Tatsache, dass sie irgendwo dort draußen war, auf dem Dach, dass Delilahs kurze Atempause vorbei war.

Es gab kein Entkommen vor Ella.

Wie ein Kind begann Delilah hin und her zu schaukeln. Und sie summte vor sich hin, bis das Tageslicht anbrach. Zuerst wusste sie nicht, was sie da eigentlich summte, doch dann erkannte sie die Melodie. Sie summte das alte Wiegenlied, das ihre Mutter ihr immer vorgesungen hatte, als sie noch klein gewesen war.

***

Obwohl Delilah für drei Nächte bezahlt hatte, verließ sie das Motelzimmer am nächsten Tag gegen Mittag. Es hatte keinen Sinn zu bleiben. Sie konnte dort nicht schlafen. Sie war dort nicht sicher.

Sie war zwar überzeugt, dass es keinen Ort gab, an dem sie in Sicherheit sein würde, aber Delilah fand, dass es keine schlechte Idee sei, einfach mobil zu bleiben. Das setzte allerdings voraus, dass Ellas Informanten sich nicht Marke, Modell, Farbe und vielleicht sogar das Nummernschild von Delilahs Auto notiert hatten. Immerhin war Ella mit im Auto zur Wohnung gefahren. Wahrscheinlich hatte sie eine Art Peilsender im Wagen hinterlassen. Delilahs Autofahrten waren daher zweifellos eine Verschwendung von Zeit und Benzin.

Aber was sollte sie sonst tun?

Also fuhr sie los.

Sie fuhr den ganzen Nachmittag und den ganzen Abend. Sie fuhr durch die gesamte Stadt, erkundete Viertel, von deren Existenz sie noch nicht einmal etwas geahnt hatte. Sehnsuchtsvoll betrachtete sie große Häuser, in denen offensichtlich Familien wohnten, und sah Kindern zu, die im Park spielten. Sie fuhr durch das Einkaufsviertel und wurde daran erinnert, wie es war, kaufen zu können, was immer man wollte, und sie wusste auch noch, wie wenig ihr das bedeutet hatte. Sie hatte nie Materielles gewollt. Sie hatte sich nach Liebe gesehnt.

Als kurz nach 6:00 Uhr die Sonne unterzugehen begann, wurde Delilah klar, wie dumm sie gewesen war. Sehr dumm. Warum war sie in der Stadt geblieben? Warum fuhr sie nicht hinaus aufs Land? Wäre es für Ella nicht schwieriger, sie dort zu behelligen?

Delilah bog ab und fuhr in Richtung Freeway. Doch dann drehte sie wieder um und fuhr zurück in das Viertel, das sie gerade verlassen hatte.

Vielleicht war sie doch gar nicht so dumm. Wenn sie nun in der Stadt viel sicherer war? Wenn es Ella nun freistand, mit Delilah zu machen, was immer sie wollte, sobald sie sich nicht mehr in einem bewohnten Gebiet aufhielt?

Außerdem war es auf dem Land dunkel. Sehr dunkel. Delilah hatte nur eine kleine Taschenlampe dabei. Sie glaubte nicht, dass sie es würde ertragen können, um 1:35 Uhr irgendwo im Dunkeln zu stehen. Nein. Sie würde in der Stadt bleiben.

Nur wo?

Sie hielt am Autoschalter eines Burrito-Restaurants und bestellte sich einen Burrito mit Huhn und Reis und Sourcream. Seltsamerweise hatte sie immer noch Appetit, obwohl sie so verängstigt war, dass sie wahrscheinlich nur noch einen weiteren Schock vor einer vollständig ausbrechenden Hysterie entfernt war. Vielleicht wusste ihr Körper einfach, dass sie Nahrung brauchte, um mit all dem umzugehen, was noch auf sie zukommen würde.

In einem Autokino, das Delilah am westlichen Rand der Stadt entdeckt hatte, aß sie ihren Burrito. Sie hatte keine Ahnung gehabt, dass es dort eins gab. Doch nun war sie froh, es gefunden zu haben. Auf diese Weise konnte sie fast bis Mitternacht wach bleiben. Dann endete der letzte Film – ein Actionmovie vollgepackt mit Verfolgungsjagden –, und Delilah musste sich in die Schlange der Autos einreihen, die nun das Kino verließen. Dann musste sie sich entscheiden, wo sie sich aufhalten wollte, wenn es wieder 1:35 Uhr wurde.

Sie hatte darüber nachgedacht, ihr Auto hinter einem dunklen Gebäude oder in einer ruhigen Gegend in der Nähe eines unbewohnten Hauses abzustellen. Aber wollte sie es Ella wirklich so leicht machen, an sie heranzukommen?

Nein. Es war besser, wenn sie um 1:35 Uhr einfach herumfahren würde. Das hatte sie zumindest noch nie versucht. Vielleicht war es die Lösung.

Während sie innerlich immer zittriger wurde, ihr Atem schneller wurde und ihre Luft trotzdem knapp, näherte sich Delilah immer weiter dem Stadtzentrum. Sie wollte dort sein, wo die Bürgersteige noch voller Menschen waren und helle Lichter die Nacht zum Tag machten.

Um 1:33 Uhr hatte Delilah dann eine noch genialere Idee. Sie würde auf eine der großen Brücken fahren. Dort konnte Ella sie ganz bestimmt nicht erreichen, zumal die Entscheidung, auf die Brücke zu fahren, so spontan war, wie man nur sein konnte.

Obwohl es mitten in der Nacht war, befanden sich mindestens ein Dutzend weiterer Autos auf der Brücke. Delilahs Hände waren verschwitzt und sie umfasste das Lenkrad noch einmal neu. Sie blinzelte mehrmals, um besser sehen zu können, denn alles um sie herum erschien ihr immer verschwommener. Sie konzentrierte sich auf die Straße und zwang sich, nicht auf die Digitaluhr im Armaturenbrett zu schauen.

Aber sie wusste, wann es 1:35 Uhr war.

Sie wusste es, weil sie in diesem Moment hörte, wie ihre Beifahrertür sich entriegelte und aufging. Keuchend und für einen Moment ohne Kontrolle über das Auto hatte Delilah Mühe, es wieder auf ihre Spur zu lenken. Wind pfiff durch die offene Beifahrertür und traf sie, bevor die Tür wieder zugeschlagen wurde. Sie warf einen Blick nach rechts. Ihr ganzer Körper war angespannt. Sie rechnete fest damit, Ella neben sich im Auto sitzen zu sehen.

Aber da war niemand.

Alles, was sie in ihrem Auto sah, war eine Tüte mit Fastfood-Verpackungen, ihre Handtasche und die Taschenlampe.

Inzwischen hatte sie die Brücke fast überquert und richtete ihren Blick nun wieder auf die Straße. Plötzlich schlug etwas mit einem dumpfen Laut auf das Dach ihres Autos.

Delilah schrie auf und trat das Gaspedal durch. Das Auto schoss vorwärts, und sie zog nach links, um einen Minivan auf einen Rutsch zu überholen, wobei sie dessen hintere Stoßstange nur knapp verfehlte. Dann lenkte sie ihren Wagen zurück auf die rechte Spur, um gleich die erste Ausfahrt hinter der Brücke zu nehmen.

Wie eine Verrückte fuhr Delilah auf der parallel zum Fluss verlaufenden Straße entlang und bremste dann scharf, als sie eine mit Brettern vernagelte Fabrik erreichte. Schlitternd kam ihr Auto zum Stehen. Kies spritzte auf.

Delilah stellte den Motor ab und stieg aus dem Wagen. Sie machte sich nicht die Mühe abzuschließen. Sie schnappte sich einfach ihre Handtasche und die Taschenlampe, schlug die Fahrertür zu und rannte los.

Sie lief in Richtung des Flusses hinter der Fabrik. Ihre Schritte knirschten auf bröckelndem Beton und Müll. Sie rannte, bis sie die Straße hinter sich gelassen hatte. Auch ihr Auto war nicht mehr zu sehen.

Delilah konnte immer noch sehen, wohin sie lief, war die Fabrik, obwohl leer stehend, doch gut beleuchtet. Sie wurde langsamer und sah sich um.

Sie hatte keine Ahnung, wo sie war, aber sicher fühlte sie sich dort nicht. Wo konnte sie sich überhaupt jemals wieder sicher fühlen?

Sie drehte sich einmal vollständig im Kreis und musterte ihre Umgebung.

Wenn sie sich jetzt vor Ella verstecken konnte, würde die Puppe sie später vielleicht nicht finden.

Aber wo konnte sie sich verstecken?

Delilah entdeckte ein Abflussrohr auf der anderen Seite des Gebäudes. Es war riesig, vielleicht einen Meter zwanzig im Durchmesser. Da konnte sie leicht hineinkriechen.

Delilah überquerte einen mit Schlaglöchern übersäten Schotterplatz in Richtung des Abflussrohrs. Doch auf halbem Weg blieb sie stehen. Sie durfte ihre Handtasche nicht mitnehmen. Sie durfte überhaupt nichts mitnehmen. Sie wusste ja nicht, wodurch ihre Verbindung zu Ella aufrechterhalten wurde.

Noch einmal drehte Delilah sich im Kreis und entdeckte dabei einen Stapel Eisenbahnschwellen. Das dürfte funktionieren. Sie sah sich um, aber sie war immer noch allein. Dann lief sie hinüber zu den Schwellen und versteckte ihre Handtasche in einem Spalt. Ein letztes Mal blickte sie sich um, bevor sie hinüber zu dem Abflussrohr rannte. Gebückt stakste sie hinein und hockte sich hin. Sie merkte, dass ihr ein wenig schwindelig war. Sie hyperventilierte.

Vorgebeugt, den Kopf zwischen den Knien, versuchte sie, kürzer zu atmen, wodurch sie weniger Sauerstoff aufnahm, als sie eigentlich brauchte. Wenn sie doch nur eine Papiertüte dabeigehabt hätte. Im Auto war eine, aber dorthin durfte sie jetzt nicht zurückgehen.

Sie durfte an keinen Ort zurückkehren, an dem sie jemals gewesen war. Sie konnte nicht in ihr Leben zurückkehren.

Ella würde sie überall finden.

Sogar hier.

Delilah fiel auf ihren Hintern, rollte sich zusammen und zog ihre Knie an die Brust. Sie versuchte still zu liegen, aber sie konnte es nicht. Sie begann, tief aus ihrer Brust heraus zu schluchzen.

Einen solchen Laut hatte sie noch niemals von sich gegeben.

Nicht einmal, als ihre Eltern gestorben waren.

Nicht einmal, als ihre ersten Pflegeeltern sich geweigert hatten, sie zu behalten.

Nicht einmal, als ihr vierter Pflegevater sie geschlagen hatte.

Nicht einmal, wenn Gerald durchplante, wann sie sich die Nase putzen durfte.

Und nicht einmal, als Richard sie rauswarf.

In diesem Schluchzen lag all der Schmerz und all die Angst und Enttäuschung, die sie jemals durchlebt hatte. Die Laute, die sie von sich gab, waren die Laute einer Frau, die keine Kraft mehr hatte. Sie konnte einfach nicht mehr kämpfen.

Delilah presste die Lippen aufeinander. Ihre Kehle schmerzte. Ihre Lunge schmerzte. Ihr Herz schmerzte.

Und sie konnte einfach nicht aufhören zu zittern. Ihr ganzer Körper verkrampfte sich vor Furcht.

Nein, nicht vor Furcht.

Delilah war längst über jede bekannte Form von Angst hinaus. Sie fühlte sich nicht mehr menschlich.

Niemals wieder würde sie sich in Sicherheit wiegen können.

Schluchzend erhob sich Delilah auf Hände und Knie. Sie konnte nicht hier bleiben. Ella würde wissen, wo sie war.

So schnell sie konnte, krabbelte Delilah aus dem Abflussrohr. Ihre Hände brannten von der rauen Betonoberfläche. Dann stand sie auf.

Wo sollte sie hin? Wieder begann Delilah zu rennen. Sie rannte am Fluss entlang, sah sich dabei um und suchte verzweifelt nach einem Ausweg, suchte nach einem Fluchtweg, einer Möglichkeit, die sie so weit wie möglich von Ella fortbrachte.

Sie wusste nicht, wie lange sie rannte, bevor sie auf eine verlassene Baustelle stieß. Die klobigen Umrisse erhoben sich in der Dunkelheit, aber die Straßenlaternen spendeten genug Licht, um in etwa zu erkennen, worum es sich handelte. Sie verlangsamte ihren Schritt, richtete ihre Taschenlampe auf die Baustelle und betrachtete das verwitterte Schild, auf dem das Projekt angekündigt wurde. Das zukünftige Gebäude sah aus wie ein Bürokomplex.

Sie schob eine schmutzige Holzplatte zur Seite, die eine Öffnung an der Seite des dreistöckigen Baus verdeckte, dann schlüpfte sie durch die Öffnung. Die Erklärung für ihre Misere war irgendwo dort zu finden. Sie war sich vollkommen sicher.

Irgendwo hier würde sie eine Möglichkeit finden, Ella für immer zu entkommen.

Aber wo?

Delilah bahnte sich einen Weg über Bretter voller Nägel und Schrauben, schlängelte sich um Holzstapel und Trockenbauwände herum, bis sie einen Raum erreichte, der fast fertig war. Die Wände hatte man nicht nur hochgezogen, sondern auch verputzt und gestrichen. Und dort, hoch oben an der Innenwand, befand sich ihre Antwort.

Es war eine Öffnung für die Klimaanlage, nicht abgedeckt, gerade groß genug, dass sie hineinschlüpfen konnte. Das war der Weg. Dort würde sie nicht mehr vor Ella davonlaufen müssen.

Als sie sich nach einem Hilfsmittel umblickte, um die Öffnung zu erreichen, fiel ihr ein umgestürzter Sägebock ins Auge. Sie ging hinüber, stellte ihn auf und trug ihn zu der Stelle unter der Öffnung. Er war stabil gebaut.

Noch einmal hielt sie inne, um zu lauschen, ob sie wirklich allein war, dann kletterte Delilah auf den Sägebock, stellte sich auf die Zehenspitzen und war in der Lage, mit den Händen die Lüftungsöffnung zu greifen. Dann zog sie sich hoch und war froh, über die schwere Arbeit im Diner, die ihr zu viel Kraft in den Armen verholfen hatte.

Als sich ihr Kopf auf einer Höhe mit der Öffnung befand, fasste sie mit einem Arm hinein und tastete nach irgendetwas, woran sie sich festhalten konnte. Doch sie fand nichts. Allerdings blieb ihre verschwitzte Hand am

Metall kleben und gab ihr etwas Halt. Dadurch war sie in der Lage, sich in den Lüftungskanal zu ziehen. Sobald ihr Oberkörper darin lag, konnte sie sich wie eine Schlange vorwärtswinden.

Doch sicher fühlte sie sich immer noch nicht.

Einen Moment lang lag sie still da und machte eine Bestandsaufnahme. Sie schaltete ihre Taschenlampe ein und entdeckte, dass der Lüftungskanal einen Bogen nach unten machte. Sie kroch darauf zu.

Ja. Das würde passen.

Mit dem Kopf voran schob sie sich in den Schacht.

Ein bisschen weiter. Und noch ein bisschen weiter. Die Taschenlampe rutschte ihr aus der verschwitzten Hand, fiel klappernd auf die Metallwandung des Schachts und rollte aus Delilahs Reichweite. Sie hörte, wie die Lampe gegen irgendetwas knallte, dann wurde es plötzlich dunkel.

Ihre Schultern waren fest in die Metallröhre gezwängt, und ihr wurde klar, dass sie den richtigen Ort gefunden hatte.

Hier würde Ella sie nicht finden können.

Niemand würde sie hier finden.

Sie versuchte, sich zu bewegen, nur um sicherzugehen, dass sie feststeckte, und zwar vollständig.

Ihr Atem wurde ruhiger. Sie entspannte sich. Sie konnte sich in keine Richtung mehr bewegen.

Nie wieder würde sie vor Ella davonlaufen müssen.

EINE GEHT NOCH

Um die Wahrheit zu sagen, Stanley mochte diesen Ort nicht. So versteckt, wie er vor neugierigen Blicken lag, fragte er sich unwillkürlich, welche Geheimnisse dort gehütet wurden. War es überhaupt ein seriöses Geschäft, oder geschahen dort zwielichtige Dinge unter der Ladentheke?

Stanley wusste es nicht.

Als man ihn einstellte, hatte sein Vorgesetzter ihm gesagt, dass er nur das Nötigste wissen müsse, und was das Geschäft anging, war dies wenig bis gar nichts. Nach anderthalb Jahren in diesem Job war das Einzige, was Stanley sicher wusste, dass seine Gehaltsschecks immer von der Bank eingelöst wurden.

Um zur Arbeit zu gelangen, musste er durch einen Lagerhof gehen, in dem sich Holz, Betonblöcke und Stahlträger stapelten. Versteckt inmitten all der Baumaterialien befand sich eine Treppe, die unter die Erde führte. Eine einzelne schwache Glühbirne beleuchtete die dunklen Stufen gerade ausreichend, damit er sicher den Weg nach unten fand. Am Fuß der Treppe musste er jede Nacht an derselben stinkenden Biomülltonne vorbei – sie roch nach einer Mischung aus Chemie, verrottetem Essen und verwesendem Fleisch. Und der Gestank stand sinnbildlich für die Nacht, die Stanley vor sich hatte.

Genau wie die Biotonne, so stank auch Stanleys Job.

An einem kleinen Scanner las er seinen Ausweis ein, und die riesige Metalltür öffnete sich mit einem Ächzen, das jedes Mal auszudrücken schien, wie Stanley sich angesichts seiner bevorstehenden Schicht fühlte. Manchmal stöhnte er mit.

Die Einrichtung der Firma war düster und ihr fehlte eine vernünftige Belüftung. Aufgrund der unterirdischen Lage hielt sich immer eine gewisse Feuchtigkeit in der Luft, die Stanley ein klammes Gefühl gab. Angeblich handelte es sich bei dem Gebäude um eine Fabrik, aber selbst im Innern gab es nicht den geringsten Hinweis darauf, welche Art von Arbeit dort verrichtet wurde. Sie bestand aus einem Gewirr von halbdunklen Gängen, die von grünlich leuchtenden Lampen schwach erhellt wurden. Schwarze Rohre schlängelten sich über den Boden. Überall in den Wänden befanden sich riesige verschlossene Metalltüren. Stanley hatte keine Ahnung, was dahinter vor sich ging.

Falls es sich tatsächlich um eine Fabrik handelte, lag es nahe, dass die Arbeiter dort irgendetwas herstellten. Manchmal hörte Stanley hinter den mächtigen Türen Maschinen hämmern und rumpeln. Er nahm an, dass es auch noch andere Arbeiter im Gebäude gab, Leute, die die Maschinen bedienten, aber während seiner gesamten Zeit auf dem Gelände hatte er noch nie einen anderen Menschen zu Gesicht bekommen.

Es war schon seltsam, ein Wachmann zu sein und nicht wirklich zu wissen, was man eigentlich bewachte.

Stanley ging einen der Flure entlang, hörte das Zischen und Scheppern hinter einer der Metalltüren und scannte erneut seinen Ausweis ein, um den Wachraum betreten zu können. Er ließ sich an seinem Schreibtisch nieder, von wo er auf den Hightech-Monitoren alle Zugänge des Gebäudes beobachten konnte.

Vor anderthalb Jahren war Stanley eingestellt worden. Schon bei seinem Vorstellungsgespräch war deutlich geworden, dass dieser Job anders war als jeder andere Wachdienst, den Stanley zuvor schon übernommen hatte. Sein Vorgesetzter, der ihn einstellte, war ein seltsamer kleiner Mann mit Glatze gewesen, der in einem zu großen Anzug herumzappelte und dem es schwerzufallen schien, Stanley in die Augen zu schauen.

„Es ist kein schwieriger Job“, hatte der Mann gesagt. „Sie sitzen im Büro und überwachen auf den Monitoren die Ausgänge des Gebäudes und sorgen dafür, dass nichts nach draußen gelangt.“

„Nichts geht raus?“, hatte Stanley gefragt. „Bei anderen Jobs musste ich immer darauf achten, dass niemand hereinkommt.“

„Das hier ist keiner von den anderen Jobs“, hatte der zuckende kleine Mann gesagt und sich auf einmal sehr für die Papiere auf seinem Schreibtisch interessiert. „Achten Sie einfach auf die Ausgänge, dann klappt das schon.“

„Ja, Sir“, hatte Stanley gesagt. Er war verwirrt, aber er wollte nicht von Anfang an schwierig wirken. Bei seiner vorherigen Stelle war er entlassen worden und die Rechnungen stapelten sich inzwischen. Er brauchte den Job.

„Wann, denken Sie, können Sie anfangen?", hatte der Mann ihn gefragt, während er ungefähr in die Richtung von Stanleys Gesicht blickte, ohne ihm in die Augen zu sehen.

„Sobald Sie mich brauchen, Sir." Stanley hatte ein strengeres Vorstellungsgespräch erwartet. Normalerweise wurden bei Jobs in der Sicherheitsbranche zunächst viele Fragen gestellt. Es gab Persönlichkeitstests, Referenzen mussten überprüft werden und auch die Vorgeschichte des Bewerbers. Schließlich wollten die Firmen sichergehen, dass sie keinen Fuchs anheuerten, der dann den Hühnerstall bewachen sollte, wie Stanleys Oma zu sagen pflegte.

„Hervorragend", hatte der Mann gesagt und dabei fast gelächelt. „Wir hatten leider einen plötzlichen Ausfall, und wir brauchen dringend jemanden, um die Stelle zu besetzen."

„Hat der Kerl einfach hingeschmissen?", hatte Stanley gefragt.

„In gewisser Weise", hatte der Mann erwidert und an Stanley vorbeigeblickt. „Leider ist der vorherige Wachmann … plötzlich gestorben. Sehr tragisch."

„Was ist mit ihm passiert?", hatte Stanley sich erkundigt. Er wusste, dass der Job nicht ungefährlich war, aber wenn der vorherige Wachmann im Dienst getötet worden war, wollte er es zumindest erfahren. Er musste ja wissen, worauf er sich einließ.

„Leider ein schlimmer Herzinfarkt", hatte der Mann mit

gesenktem Blick geantwortet und die Papiere auf seinem Schreibtisch sortiert. „Man weiß nie, wie viel Zeit man noch hat, ist es nicht so?“

„Ja, Sir“, hatte Stanley erwidert und dabei an seinen Vater gedacht, den er vor Kurzem verloren hatte.

Nachdenklich hatte der Mann genickt. Dann hatte er Stanley angesehen. „Aber ich denke, Sie werden feststellen, dass es ein leichter Job ist. Behalten Sie einfach die Ausgänge im Auge. Sorgen Sie dafür, dass alles, was sich im Gebäude befinden sollte, auch im Gebäude bleibt. Dann gibt es keine Probleme.“

„Ja, Sir“, hatte Stanley noch einmal gesagt. „Danke.“ Er hatte die kalte, knochige kleine Hand des Mannes geschüttelt und damit einen neuen Job.

Danach hatte Stanley die letzten anderthalb Jahre damit verbracht, Ausgänge zu überwachen, um sicherzustellen, dass nichts das Gebäude verließ, obwohl er nicht einmal genau wusste, was damit gemeint war. Warum hatte der Mann, der ihn eingestellt hatte, „nichts“ und nicht „niemand“ gesagt? Worauf genau passte Stanley eigentlich auf? Er hatte geglaubt, den seltsamen kleinen zuckenden Mann eines Tages danach fragen zu können, aber seit dem kurzen Vorstellungsgespräch hatte Stanley ihn nie wieder zu Gesicht bekommen.

Stanley schraubte den Deckel seiner Thermoskanne auf, in der sich Kaffee befand, und stellte sich innerlich auf eine weitere lange und einsame Nacht ein.

Die einsamen Nächte hätten ihn gar nicht so gestört, doch leider waren seine Tage nicht weniger einsam. Bis vor zwei Wochen, als Amber, seine Freundin, nach zwei Jahren mit ihm Schluss gemacht hatte, waren seine Tage besser gewesen.

Während der langweiligen Nächte hatte sich Stanley immer auf die Zeit gefreut, die ihn erwartete, wenn er sich um sieben Uhr morgens ausstempelte. Er ging dann hinüber zum City Diner auf der anderen Straßenseite, wo er ein großes Frühstück vertilgte – Eier, Speck, Toast und knusprige Kartoffelpuffer mit Zwiebeln. Sobald er sich den Bauch vollgeschlagen hatte, kehrte er in seine Wohnung zurück und schlief erschöpft ein paar Stunden. Wenn er aufwachte, aß er ein Sandwich, machte ein wenig sauber oder wusch Wäsche. Dann spielte er Videospiele, bis Amber um fünf Uhr in dem Lebensmittelgeschäft, in dem sie arbeitete, Feierabend hatte.

Amber brachte immer etwas fürs Abendessen mit. Sie liebte die Kochsendungen im Fernsehen und probierte gern neue Rezepte aus, was Stanley ganz recht war. Er aß gerne, was sich auch deutlich an seinem Bauch zeigte. Er war nicht wirklich dick, nur gut gepolstert wie ein bequemes Sofa. Rippchen mit Pflaumensoße, Hühnchen Adobo, Spaghetti Carbonara – welches neue Rezept Amber auch immer ausprobieren wollte, Stanley aß alles gern.

Meistens kochten Amber und Stanley gemeinsam und saßen sich dann beim Essen an seinem kleinen Küchentisch gegenüber, während sie über den Tag sprachen. Da Amber in ihrem Job Kontakt zu Menschen hatte, konnte sie oft lustige Geschichten erzählen, die im Laden passiert waren. Nachdem sie später gemeinsam den Geschirrspüler beladen hatten, kuschelten sie sich auf die Couch und schauten zusammen fern, bis es Zeit für Stanley wurde, sich für seine Arbeit fertig zu machen. Die meisten Abende verbrachten sie gemütlich zu Hause, aber an Stanleys freien Tagen gingen sie auch mal zum Essen aus – normalerweise in Luigi's Spaghetti House oder ins Wong's Palace. Danach sahen sie sich noch einen Film im Kino an oder gingen zum Bowlen.

In der Zeit mit Amber war Stanley immer sehr glücklich gewesen, und er hatte geglaubt, dass sie genauso empfand. Aber an dem fürchterlichen Tag, als sie mit ihm Schluss machte, hatte sie gesagt: „Diese Beziehung ist so schal wie ein abgestandenes Bier. Es passiert einfach überhaupt nichts mehr."

Verblüfft hatte Stanley entgegnet: „Was soll denn passieren?"

Sie hatte ihn angesehen, als sei seine Frage ein Teil des Problems. „Das ist es ja gerade, Stanley. Das solltest du gar nicht fragen müssen."

Stanley war gerade erst fünfundzwanzig und Amber war seine erste feste Freundin. Er liebte sie und hatte ihr das auch gesagt, doch er fühlte sich weder emotional noch finanziell bereit für mehr. Er hatte geglaubt, dass sie für den Moment eigentlich zufrieden sein konnten mit dem, was sie hatten, und es war schade, dass Amber das nicht genauso sah.

Ein paar Tage zuvor war Stanley zum fünften Geburtstag seines Neffen Max im Haus seiner Schwester Melissa gewesen. Seit der Trennung hatte er zum ersten Mal wieder das Haus verlassen, um irgendwo anders hinzugehen als zur Arbeit. Zuerst hatten ihn der Anblick der fröhlichen Vorschulkinder, all der Luftballons, der Kuchen und der Geschenke ein wenig aufgemuntert. Er war in seiner Uniform hingegangen, weil er wusste, dass Max sie cool fand, und wie sich herausstellte, fanden die anderen Jungen in Max' Alter sie ebenfalls cool. Sie belagerten ihn und sagten Sachen wie: „Deine Marke glänzt so toll!“ und „Jagst du die Bösen?“ Sie waren zum Schreien komisch. Stanley mochte kleine Kinder. Das war schon immer so gewesen.

Nachdem die Kids sich wieder ihren Partyspielen zugewandt hatten, war Stanley zu den Eltern gegangen, die zusammenstanden und sich lachend darüber unterhielten, was ihre Kinder alles sagten oder taten.

Während er ihnen zuhörte, hatte er angefangen, darüber nachzudenken, was wohl wäre, wenn Amber seine letzte Chance gewesen war, eine Familie zu gründen, und er es vermasselt hatte? Was, wenn er dazu verdammt war, immer der nette Onkel und der Junggeselle auf der Geburtstagsparty seines Neffen zu bleiben und niemals der Ehemann, der Vater von irgendjemandem?

Es half auch nicht unbedingt, dass Todd, Stanleys Schwager, sich an ihn herangepirscht und gesagt hatte: „Hey, Mann, ich habe neulich im Luigi's Essen abgeholt und deine Ex bei einem Date mit dem Mann vom Snack Space gesehen.“

Stanley hatte sich fast an der Geburtstagstorte verschluckt. „Sie trifft sich schon mit einem anderen?“

„Für mich sah es jedenfalls nach einem Date aus. Wahrscheinlich hatte sie ihn schon im Visier, bevor sie überhaupt mit dir Schluss gemacht hat“, hatte Todd gemeint. „Kennst du den Kerl?“

Stanley hatte nur den Kopf geschüttelt.

„Tut mir leid, dir das sagen zu müssen, aber er ist groß und wirkt ziemlich fit. Er ist auch gut gekleidet. Als ich gegangen bin, habe ich mir auf dem Parkplatz sein Auto angesehen. Er hat den neuesten Sportwagen.“

Stanley war klein und pummelig und besaß kein Auto, und hätte er eins besessen, dann sicher kein so teures. Vielleicht war genau das der Grund, warum seine Beziehung zu Amber so ereignislos gewesen war. Sie wollte die soziale Leiter offenbar nach oben klettern, und er war zufrieden mit dem, was er hatte.

Der langweilige Stan wäre wohl ein guter Spitzname für ihn.

Du musst aufhören zu grübeln, schwor er sich. Er war bei der Arbeit, also musste er auch arbeiten. Er trank seinen Kaffee und ließ die völlige Ereignislosigkeit im Gebäude nicht aus den Augen. Alle Ausgänge waren frei. Das waren sie immer. Stanley wollte keine Probleme, aber etwas zu tun zu haben, wäre auch nett gewesen.

Trotz des Koffeins begannen seine Augenlider schwer zu werden und sein Kopf fühlte sich auf seinen Schultern wie eine Bowlingkugel an. Das war so typisch. Bei jeder Schicht verbrachte Stanley rund vier der acht Stunden im Tiefschlaf. Das war einer der Gründe, warum er sich trotz all der Langeweile und Einsamkeit nicht allzu eifrig um einen anderen Job bemühte. Wo würde man ihn sonst fürs Schlafen bezahlen? Schon bald döste Stanley in seinem Stuhl vor sich hin, den Kopf zurückgeneigt und die großen Füße auf dem Schreibtisch.

Biep! Biep! Biep!

Stanley fuhr auf. Eine Sekunde lang war er verwirrt und glaubte im ersten Moment, sein Wecker zu Hause habe geklingelt, doch dann fiel ihm ein, wo er sich befand, und er überprüfte die Monitore. In einem Lüftungsschacht direkt im Wachraum war ein Bewegungsmelder aktiviert worden. Er hatte es also zumindest nicht weit, um der Sache auf den Grund zu gehen. Stanley streckte sich, erhob sich von seinem Stuhl und griff nach seiner Taschenlampe.

Dann hockte er sich hin, entfernte die Abdeckung vor dem Luftschacht und leuchtete mit der Taschenlampe hinein.

Er sah nichts.

Der Schacht war allerdings viel zu klein, als dass irgendetwas Gefährliches hätte hindurchpassen können. Vielleicht hatte eine Maus oder eine Ratte den Melder aktiviert. Sollte das Problem weiter bestehen, würde er vielleicht einen Bericht ausfüllen (obwohl er sich nie sicher war, wer seine Berichte eigentlich erhielt und las) und vorschlagen, dass die Geschäftsleitung eine Schädlingsbekämpfungsfirma rief.

Stanley gähnte und ging zurück zu seinem Stuhl. Er würde noch ein wenig weiterschlafen.

Zwei Stunden später wurde er erneut aus dem Schlaf gerissen. Er setzte sich auf, wischte sich einen Speichelfaden aus dem Mundwinkel und blickte auf die Monitore.

Nichts.

Doch vor ihm auf dem Schreibtisch saß etwas, das da vorher nicht gewesen war. Und auf den ersten Blick konnte er nicht genau erkennen, was das war.

Bei genauerem Hinsehen schien es ein Spielzeug zu sein, eine Art Puppe mit Gelenken in Armen und Beinen. Sie trug ein winziges weißes Tutu, und ihre kleinen Füße waren weiß angemalt, sodass es aussah, als trüge sie Ballettschuhe. Die Arme hatte sie wie eine Ballerina erhoben, die gerade eine Pirouette drehen wollte. Stanley musste lächeln, als ihm die wenigen Fachausdrücke aus der Welt des Balletts einfielen. Als Kind war er oft zu den Tanzvorführungen seiner älteren Schwester geschleppt worden und dabei war offenbar einiges hängen geblieben.

Die einfache Puppe erinnerte ihn auch ein wenig an die Gliederpuppen, die im Kunstraum seiner Highschool gestanden hatten. Man konnte sie verschiedene Posen einnehmen lassen, damit die Schüler die Proportionen des menschlichen Körpers zeichnen lernten. Aber im Gegensatz zu den Puppen im Kunstraum hatte diese Ballerina ein Gesicht.

Doch es war kein Gesicht, wie man es erwartet hätte.

Eigentlich rechnete man damit, dass eine Ballerina-Puppe ein hübsches Gesicht bekam. Doch dieses war anders bemalt. Es war weiß wie das eines Clowns. Die großen schwarzen Augenhöhlen gähnten leer. Die Puppe besaß keine erkennbare Nase, aber ihr großer schwarzer Mund war ein zahnloses, grinsendes, klaffendes Loch. Das Gesicht passte überhaupt nicht zum Rest des Körpers. Warum sollte man eine Ballerina so schrecklich bemalen?

Fragen über Fragen kreisten durch Stanleys Kopf. Was war dieses seltsame Ding und was machte es auf seinem Schreibtisch? Wer hatte es dort hingestellt? Er nahm die Puppe in die Hand und drehte die Gelenke in verschiedene Positionen. *Schau an! Jetzt macht sie einen Spagat! Jetzt tanzt sie einen russischen Volkstanz!* Stanley kicherte unwillkürlich, als er bemerkte, wie leicht er zu erheitern war. In letzter Zeit verbrachte er einfach zu viel Zeit mit sich selbst. Wahrscheinlich sollte er sich ein Hobby suchen. Er drehte die Puppe herum, damit sie einen Kopfstand machte.

In dem Moment ertönte aus dem Inneren der Puppe eine kleine Stimme: „Wir mögen dich!"

„Was war das?", fragte Stanley und drehte die Puppe wieder herum. Sie musste eine Art Soundchip eingebaut haben, der auf Bewegung reagierte.

„Wir mögen dich!" Es war eine Kleinmädchenstimme, hoch und quiekig.

„Wer ist *wir*?", fragte Stanley und lächelte auf die Puppe herab. „Ich sehe nur eine von euch." Er kippte sie ein wenig zur Seite.

„Ich bin gern in deiner Nähe!", zwitscherte die Puppe.

„Glaub mir, es ist eine Weile her, dass ein Mädchen das zu mir gesagt hat", meinte Stanley und hielt die Puppe in die Höhe, um sie genauer zu betrachten. „Schade, dass du so klein bist und kein richtiger Mensch. Und du siehst auch irgendwie komisch aus.“ Wieder hielt er sie schräg. Er fragte sich, wie viele Sätze in ihrem Chip gespeichert waren.

„Du bist so warm und weich“, sagte die Puppe und kicherte.

Das war mal neu. Aber es stimmte, zumindest was das weich anbetraf. Seit Amber mit ihm Schluss gemacht hatte, hatte er wie ein Elefant gefuttert. Zwar hatte er schon immer gern gegessen, doch das war etwas anderes. Jetzt aß er aus Traurigkeit – ganze Becher mit Schokoladencreme, Familienpackungen Kartoffelchips, ein halbes Dutzend Tacos vom Mexikaner auf einmal. Emotionales Essen nannten das die Experten im Internet. Emotionales Essen hatte aus ihm einen warmen und weichen Schwabbel gemacht. Er musste unbedingt anfangen, sich gesünder zu ernähren – Salate und Obst und gegrilltes Hühnchen. Und er musste wieder ins Fitnessstudio gehen. Er war dort Mitglied, er wusste nur nicht mehr, wann er das letzte Mal da gewesen war. Vielleicht bevor er und Amber zusammengekommen waren. „Ich glaube, du hast einen guten Einfluss auf mich“, sagte er zu der Puppe und lächelte, während er sie zur Seite kippte.

„Nimm mich mit nach Hause!“, sagte die Puppe mit dem kleinen Kichern in der Stimme.

Stanley setzte die Puppe zurück auf den Schreibtisch. „Vielleicht tue ich das, kleines Püppchen“, sagte er. „Es kommt mir fast vor, als hätte man dich als Geschenk für mich dagelassen.“ Aber wer sollte das getan haben? Wieder betrachtete er die kleine Ballerina und ihr seltsames, maskenhaftes Gesicht. „Schon irgendwie ein seltsames Geschenk, aber ich weiß auch nicht … irgendwie mag ich dich.“ Und er kippte sie wieder zur Seite.

„Wir mögen dich!“, sagte die Puppe.

„Das beruht auf Gegenseitigkeit“, erwiderte Stanley und kicherte erneut. Er stellte die Puppe hin und warf einen Blick auf die Monitore. Nichts an den Ausgängen. Es war Zeit, noch ein wenig zu schlafen.

***

Stanley war in Luigi's Spaghetti House und aß allein an einem Tisch. Mit seinem Buttermesser schnitt er die Spaghetti in kleine Stücke, was Amber in den Wahnsinn trieb. Man müsse die Spaghetti mithilfe des Löffels auf die Gabel wickeln, sagte sie. Stanley dauerte das immer viel zu lange, wenn er Hunger hatte. Als genauso hinderlich empfand er die Stäbchen, wenn sie im Wong's Palace aßen. Doch Amber bestand jedes Mal darauf, sie zu benutzen, während Stanley sich sein Hähnchen süßsauer pragmatisch mit einer Gabel in den Mund schaufelte.

Doch Stanley und Amber aßen nicht mehr zusammen. Seine Ex-Freundin saß mit einem gut aussehenden und gut gekleideten Mann an einem gemütlichen Tisch in einer Ecke. Sie redeten und lachten und fütterten sich gegenseitig mit kleinen Bissen von ihren Tellern. Stanley war es peinlich, allein an seinem Tisch zu sitzen, aber Amber und ihr Date schienen ihn gar nicht wahrzunehmen. Es kam ihm vor, als sei er unsichtbar.

Stanley ließ seinen Blick durch das Restaurant schweifen, um den Anblick von Amber und ihrem neuen Freund zu meiden. An der Schmalseite des Raums, wo sich normalerweise ein Klavier befand, stand jetzt ein Sarg. Stanleys Vater lag darin, die eingefallenen Wangen zu rosig geschminkt, als ob der Bestatter versucht hätte, seine Totenblässe zu verbergen.

Wo Stanley auch hinblickte, sah er jemanden, den er geliebt und verloren hatte. Als er den Blick auf seinen Teller senkte, um den schmerzlichen Anblick zu vermeiden, erstarrte er. Seine Spaghetti hatten sich in ein Gewirr aus sich windenden, zappelnden Würmern verwandelt.

„Die Würmer kriechen hinein, die Würmer kriechen hinaus! Sie fressen deine Eingeweide und speien sie aus …“

Stanley erinnerte sich an das grausige Lied vom Spielplatz, als er noch ein Kind gewesen war. Es war morbide, sicher, aber was hatte man damals schon über den Tod gewusst? Doch jetzt lag seine Kindheit hinter ihm, sein Vater war fort, Amber war fort … Warum musste alles Gute vergehen? Er nahm den Teller mit den Würmern und schleuderte ihn quer durch den Raum. Der Teller zerschellte an der nächsten Wand und hinterließ einen schmierigen Fleck aus Spaghettisoße und klein geschnittenen Nudeln.

***

Stanley schrak aus dem Schlaf und schnappte nach Luft. *Alles okay*, beruhigte er sich. *Es war nur ein schlechter Traum.*

Bis zum Ende seiner Schicht waren es nur noch fünf Minuten, und die Puppe, die auf seinem Schreibtisch gesessen hatte, war weg. Es war schon merkwürdig. Niemand außer ihm war jemals in diesem Raum. Wer sollte also hereingekommen sein und sie mitgenommen haben? Vielleicht dieselbe Person, die sie mitgebracht hatte – wer auch immer das war.

Für den Bruchteil einer Sekunde überlegte er, einen Bericht darüber zu schreiben, aber ihm wurde schnell klar, dass er das auf keinen Fall tun durfte. Was würde darin stehen?

Um 3:02 Uhr schlief ich auf meinem Posten. Als ich aufwachte, saß eine Puppe auf meinen Schreibtisch. Dann bin ich wieder eingeschlafen, und als ich erneut aufwachte, war sie verschwunden. Schneller konnte man eigentlich gar nicht gefeuert werden.

Wäre Amber noch bei ihm gewesen, hätte er ihr wenigstens mal etwas Besonderes von der Arbeit erzählen können. Dies waren die traurigsten Momente an Stanleys ohnehin schon traurigen Tagen, wenn er dachte: „Das kann ich nachher Amber erzählen!“, und ihm dann einfiel, dass es in seinem Leben keine Amber mehr gab.

Als Stanley draußen an der Biotonne vorbeikam, hielt er sich die Nase zu. Oben an der Treppe erwartete ihn ein heller und sonniger Tag. Nachdem er acht Stunden lang in einem dunklen Loch verbracht hatte, brauchten seine Augen immer ein paar Minuten, um sich an die Intensität des Tageslichts zu gewöhnen. Er blinzelte wie ein Maulwurf, der gerade aus seinem unterirdischen Tunnel aufgetaucht war.

Stanley überquerte die Straße zum City Diner, rutschte in die übliche, mit rotem Vinyl überzogene Sitznische und drehte die bereitstehende Tasse um. Wie ein Geist tauchte Katie, die Kellnerin, auf und goss ihm Kaffee ein. Stanley wusste ein paar Dinge über Katie, weil er sich ein wenig mit ihr unterhalten hatte. Sie war ungefähr in seinem Alter und besuchte Kurse an der Volkshochschule, nachdem ihr Sohn in den Kindergarten gekommen war. „Das Übliche für dich heute Morgen, Stan?", fragte sie. Ihr Lächeln war freundlich und ihre Augen waren sehr blau. Sie war hübscher, als Stanley sie in Erinnerung hatte.

Vielleicht war er einfach einsam. Seit der Trennung von Amber vergingen oft Tage, an denen Katie der einzige Mensch war, mit dem er überhaupt sprach.

„Ich glaube, heute werde ich mal einen Blick in die Speisekarte werfen, Katie." Wenn er vorhatte, sich tatsächlich gesünder zu ernähren, konnte er auch gleich damit anfangen, obwohl es ihm schwerfiel, da der köstliche Duft von gebratenem Speck durch das Diner zog. Und zu beobachten, was die anderen Leute aßen, war auch nicht sonderlich hilfreich. Der Typ am Tisch gegenüber verzehrte einen großen goldenen, mit Butter und Ahornsirup getränkten Stapel Pfannkuchen. Sie sahen wirklich verlockend aus.

Katie reichte ihm die laminierte Mappe. „Wir schalten also heute einen Gang hoch, was?"

„Ich dachte, das könnte ich mal tun." Er überflog die Speisekarte auf der Suche nach gesünderen Varianten. Doch keine davon klang so lecker wie das, was er normalerweise aß. Aber wenn er weniger „wabbelig" werden wollte, würde er ein Opfer bringen müssen. „Ich denke, ich nehme das Pilzomelett mit Putenwurst und Vollkorntoast."

Katie lächelte, während sie seine Bestellung aufschrieb. „Ich bin beeindruckt. Machen wir eine Diät?"

Er lächelte und tätschelte seinen Bauch. „Ich denke darüber nach."

Nachdem Katie gegangen war, um seine Bestellung in die Küche zu geben, ließ Stanley seinen Blick durch das Restaurant schweifen. Am letzten Tisch in der Ecke saß ein alter Mann, der eine Tasse Kaffee trank und dazu die Zeitung las. Er war jeden Morgen im City Diner, immer allein, und er blieb stets noch lange, nachdem sein Frühstücksteller schon abgeräumt worden war. Stanley konnte die Einsamkeit des alten Mannes ebenso intensiv spüren wie seine eigene. Er fragte sich, ob jetzt, da Amber ihn verlassen hatte, sein Schicksal dasselbe sein würde wie das des alten Mannes. Würde er alt werden und so einsam sein, dass er stundenlang an öffentlichen Plätzen saß, nur um die Illusion von etwas Gesellschaft zu pflegen?

Aber war es nicht das, was Stanley gerade selbst tat? „Bitte sehr", sagte Katie und stellte ihm lächelnd sein Frühstück hin.

Das Pilzomelett schmeckte erstaunlich gut, aber als Stanley in den Vollkorntoast biss, hatte er Schwierigkeiten, ihn herunterzubekommen. Seine Kehle war plötzlich ganz wund und fühlte sich an, als sei sie zugeschwollen. Das war merkwürdig. Er konnte sich nicht daran erinnern, wann er das letzte Mal Halsschmerzen gehabt hatte. Schließlich schob er seinen Frühstücksteller beiseite.

„Schmeckt das gesunde Zeug nicht so gut?“, erkundigte sich Katie und räumte sein Geschirr ab. „Normalerweise lässt du nichts auf dem Teller liegen.“

„Doch, es war gut“, erwiderte Stanley, wobei seine Stimme etwas heiser klang. „Meine Kehle ist irgendwie wund. Da fällt das Essen schwer.“

„Es sind eine Menge Infekte im Umlauf. Viele Kinder und Lehrer in der Vorschule meines Jungen sind krank. Ich hoffe, du hast dich nicht irgendwo angesteckt“, meinte Katie.

„Das hoffe ich auch“, erwiderte Stanley. Aber leider war das durchaus möglich. Wer wusste schon, wie viele Keime in dieser feuchten, dunklen, unterirdischen Anlage herumschwirrten, in der es weder Frischluft noch Sonnenlicht gab.

Auf dem Heimweg hielt er an einer Apotheke und kaufte sich Halzschmerztabletten. Er warf eine ein, sobald er bezahlt hatte, denn es wurde zunehmend schmerzhafter zu schlucken.

Als Amber noch täglich gekommen war, hatte Stanley seine Wohnung einigermaßen in Ordnung gehalten. Doch wenn er sie jetzt betrat, traf ihn der Anblick schwer, und das gleich in doppelter Weise. Da war einerseits das Chaos, und dieses Chaos erinnerte ihn ebenfalls daran, dass Amber nicht mehr da war. Der Couchtisch stand voller halb leerer Getränkedosen. Dazwischen lagen Hamburgerpapier und Schachteln, in denen sich gebratenes Hühnchen oder chinesische Gerichte zum Mitnehmen befunden hatten. Auf dem Boden lag in zahllosen Stapeln schmutzige

Wäsche verstreut. Einerseits wollte er aufräumen, doch andererseits sagte eine kleine Stimme in seinem Hinterkopf: *Was macht das schon? Sie kommt nicht zurück und außer mir sieht das Chaos sowieso niemand.*

Stanley packte noch eine Lutschtablette aus und schob sie sich in den Mund. Er wurde wohl tatsächlich krank. Na toll. Das hatte ihm noch gefehlt. Irgendwie musste ihm das Leben doch noch schwerer zu machen sein.

Seine Mutter war immer eine große Freundin von Dampfbädern gewesen, wenn er oder seine Schwester erkältet waren, also nahm er eine heiße Dusche. Wenn seine Nebenhöhlen verstopft waren, und er deswegen Halsschmerzen hatte, würde heißer Dampf vielleicht seine Atemwege befreien.

Als er sein Uniformhemd auszog, hatte er Schwierigkeiten, seinen linken Arm aus dem Ärmel zu ziehen. Als es ihm schließlich gelungen war, sah er auch, woran es lag. Sein linker Arm war fast doppelt so dick angeschwollen wie der rechte. Er fühlte sich auch komisch an. Ganz taub, als sei er eingeschlafen. Er schüttelte den Arm, doch das Gefühl kehrte nicht zurück.

Was war das für eine bizarre Krankheit, von der er Halsschmerzen bekam und einen tauben, geschwollenen Arm? Er war kein Arzt, doch er wusste, dass diese beiden Symptome eigentlich nicht zusammenpassten.

Stanley drehte die Dusche so heiß auf, wie er es gerade noch ertragen konnte. Als er seinen linken Arm unter den Wasserstrahl hielt, spürte er weder die Hitze noch das Wasser, das auf seine Haut prasselte.

Nachdem er aus der Dusche gestiegen war, zog er sich ein T-Shirt und eine Jogginghose über, nahm zwei Ibuprofen, warf noch eine weitere Lutschtablette ein und kroch ins Bett. Was auch immer mit ihm los war, vielleicht würde etwas Bettruhe die Sache beheben.

Acht Stunden schlief er einen dunklen, traumlosen Schlaf. Als er aufwachte, fühlte sich seine Kehle an, als habe sie jemand aufgeschnitten. Er fasste sich an den Hals, und als er die Hand wieder wegzog, erwartete er fast, dass sie blutig sein würde. Langsam setzte er sich auf. Sein Kopf schmerzte und er fühlte sich irgendwie benebelt und desorientiert. Sein linker Arm war immer noch taub und fühlte sich schwer und schwach an wie ein bleiernes Ding, das er zwar mit sich herumschleppen musste, das ihm aber keinerlei Nutzen brachte.

Er nahm eine weitere Halstablette, obwohl die nichts gegen seinen Schmerz hatte ausrichten können. Im Badezimmer betrachtete er sich im Spiegel. Seine Augen waren blutunterlaufen, und er sah aus, als hätte er seit Tagen nicht geschlafen, obwohl er eigentlich sehr ausgeruht sein musste.

Was hatte seine Mutter ihm als Kind noch immer gegen Halsschmerzen gegeben? Er erinnerte sich an jene Zeit, als er nicht zur Schule gemusst hatte und seine Mutter sich um ihn gekümmert hatte. Heißer Tee mit Zitrone und Honig – genau das war es, was sie ihm immer gemacht hatte. Er musste auch noch irgendwo ein paar Teebeutel haben. In der Küche durchsuchte er die Schränke, bis er eine Schachtel mit Teebeuteln fand, die dort schon seit ewigen Zeiten liegen mussten. *Tee wird nicht schlecht, oder?*, dachte er.

Er stellte eine Tasse Wasser kurz in die Mikrowelle und tauchte dann einen Teebeutel hinein. Schließlich fand er noch eine kleine Packung Honig in der Schublade, die voller kleiner Portionen Senf, Ketchup und Sojasoße war, wie man sie zum Fastfood dazubekam. Er rührte den Honig in den Tee. Seine Mutter hatte immer gesagt, der Honig würde beruhigend wirken, weil er den Rachen mit einer Schicht überzog. Wofür die Zitrone gut sein sollte, wusste er nicht mehr, doch er hatte ohnehin keine im Haus.

Er schaltete den Fernseher ein, um die Sportergebnisse anzusehen, und nippte an seinem heißen Tee. Er half ein wenig. Als er ausgetrunken hatte, ging er zurück in die Küche und öffnete eine Dose Hühnerbrühe mit Nudeln. Hühnersuppe sollte doch gut sein, wenn man krank war. Nachdem er sie auf dem Herd kurz heiß gemacht hatte, nahm er einen Teller davon mit ins Wohnzimmer, um sie vor dem Fernseher zu essen. Doch schnell musste er feststellen, dass er die Brühe nur noch schlürfen konnte. Wenn er die Hühnerstücke und selbst die Nudeln herunterschlucken wollte, tat das viel zu sehr weh. Es fühlte sich an, als würde er Steine herunterwürgen.

Stanley nahm noch mehr Ibuprofen und lutschte an einer weiteren Halstablette, während er darauf hoffte, dass es ihm im Laufe des Abends irgendwann besser gehen würde. Doch der Schmerz in seinem Hals ging genauso wenig weg, wie das Gefühl in seinem linken Arm zurückkam. Kurz spielte er mit dem Gedanken, sich krankzumelden, doch das ging nur unbezahlt, und er wusste, dass er auf einen Tag Lohn nicht verzichten konnte. Das Geld war einfach zu knapp. Er hatte jetzt schon kaum genug für die Miete und die Lebensmittel. Als er seine Uniform anzog, war der linke Arm seines Hemds so eng, dass er kaum den Ellbogen beugen konnte.

Der Gang zur Arbeit fiel ihm nicht leicht mit seinem schmerzenden Hals und seinem irgendwie leblosen linken Arm, aber schließlich schaffte er es zum Lagerhof und die versteckte Treppe hinunter. Wie immer hielt er den Atem an, als er an der stinkenden Biotonne vorbeikam und an der Tür seinen Ausweis einscannte. In der Halle ließ er seinen Augen einen Moment Zeit, sich an das schummrige grüne Licht zu gewöhnen, bevor er zum Wachraum ging. Er warf einen Blick auf die Monitore, konnte aber nichts Ungewöhnliches erkennen. Das war gut. Er war erschöpft, hatte Schmerzen und wollte gern schlafen. Er lehnte sich in seinen Stuhl zurück und ließ sich bereitwillig von der Müdigkeit übermannen.

Mit einem Keuchen wachte er auf und hatte das Gefühl, beobachtet zu werden. Er sah sich um, warf einen Blick auf die Monitore.

Nichts.

Aber vor ihm auf dem Schreibtisch saß wieder die Puppe.

Er nahm sie hoch und lächelte sie an. „Du schon wieder?“, fragte er. Seine Stimme wurde immer heiserer. „Wo kommst du denn her? Spielt da jemand ein Spiel mit mir?“ Vielleicht hatte er eine heimliche Verehrerin, dachte er, verwarf den Gedanken aber sofort wieder als lächerlich. Was für eine verrückte geheime Verehrerin würde ihm eine Ballerina-Puppe auf den Schreibtisch setzen? Jedenfalls keine, an der er Interesse hätte, das war mal sicher. Er kippte die Puppe in die Waagerechte, um ihre Stimme zu aktivieren.

„Wir mögen dich“, zwitscherte sie mit ihrer fröhlichen Kleinmädchenstimme.

„Ich mag dich auch, kleines Püppchen“, erwiderte Stanley. „Ich weiß nicht, warum, aber es ist so.“ Vielleicht war es mit dieser sprechenden Puppe hier genauso wie bei manchen Leuten, die zu Hause den Fernseher ständig laufen ließen. Ein bisschen Gerede im Hintergrund erinnerte daran, dass man, auch wenn es sich nicht so anfühlte, doch nicht ganz allein auf der Welt war. Traurig, aber nachvollziehbar. Die Welt war ein einsamer Ort. Er drehte die Puppe wieder in die Senkrechte.

„Nimm mich mit nach Hause“, sagte sie.

„Also, ich wollte dich gestern mit nach Hause nehmen, aber als ich aufgewacht bin, warst du weg. Du hast deine Chance verpasst. Wem gehörst du eigentlich?“ Er kippte sie auf die Seite.

„Nimm mich mit nach Hause.“

Er untersuchte die Puppe genauer. „Vielleicht gehörst du dem Kind von jemandem, der hier arbeitet. Ich will nicht irgendeinem Kind das Spielzeug wegnehmen. Bei einem kleinen Mädchen wärst du viel besser aufgehoben als bei mir.“ Er drehte sie in die Senkrechte.

„Nimm mich mit nach Hause“, sagte die Puppe erneut.

Echte Frauen waren nicht derart auf seine Gesellschaft erpicht. „Ein kleines Mädchen könnte sehr traurig sein, wenn ihr Püppchen weg ist. Und ich bin ein erwachsener Mann. Ich habe mit Puppen nichts am Hut." Warum redete er dann also mit dieser Puppe, als verstehe sie ihn, bis er heiser war? Dieses Virus, oder was immer es war, machte ihn offensichtlich verrückt. Und schon wieder neigte er die Puppe, um zu hören, was sie sagen würde.

„Nimm mich mit nach Hause."

Er setzte die Puppe wieder auf seinen Schreibtisch. Allmählich überschritt sie die Grenze von niedlich zu nervig. „Okay, okay. Wenn du auf diesem Schreibtisch sitzen bleibst, bis meine Schicht vorbei ist, nehme ich dich mit nach Hause. Aber jetzt ist Schlafenszeit. Gute Nacht." Er lehnte sich in seinem Stuhl zurück und war schnell wieder eingedöst.

***

Stanley war zur Arbeit schon spät dran. Er versuchte, sich fertig zu machen, aber seine großen, dicken Finger waren zu ungeschickt, um das Hemd seiner Uniform zuzuknöpfen oder seine Schuhe zu binden. Er hätte Hilfe gebraucht, doch er war völlig allein. Er wusste, dass er viel zu spät kommen würde, wenn er nicht sofort aufbrach, also rannte er in seinem halb zugeknöpften Hemd und den offenen Schuhen hinaus auf die Straße. Doch als er sich umsah, hatte seine Umgebung sich vollkommen verwandelt. Wo war das Greenblatt's Deli? Wo war die Wäscherei? Er blickte zu einem Straßenschild hinauf und erkannte, dass sich auch die Straßennamen verändert hatten. Das Schild, auf dem mal „Forrest Avenue“ gestanden hatte, zeigte jetzt „Fazbear Avenue“. Es ergab keinen Sinn, aber er wusste nicht mehr, wo er war. Doch wie konnte das sein, wenn er sich doch nur zehn Schritte von seiner Haustür entfernt hatte?

Schließlich winkte er ein Taxi heran und sagte dem Fahrer die Adresse des Lagerhofs, in dem versteckt sich sein Arbeitsplatz befand. Keine der Straßen, durch die sie fuhren, kam ihm bekannt vor, doch der Fahrer schien zu wissen, wohin er musste. Stanley ermahnte sich, zu atmen und sich zu entspannen. Alles war okay und unter Kontrolle.

Das Taxi hielt in einer dunklen Seitenstraße, die Stanley nicht kannte. Vielleicht wusste der Taxifahrer ja doch nicht, wo er eigentlich hinfahren sollte. „Hey, Mann“, sagte Stanley. „Ich glaube, das ist nicht die richtige Adresse.“

Als der Taxifahrer sich umdrehte, hatte sein Gesicht nichts Menschliches. Es war die bizarre Roboterversion eines Tiergesichts, pinkfarben und weiß mit einer langen Schnauze, großen Ohren und leuchtend gelben Augen. Das Gesicht, das offenbar mit einem Scharnier versehen war, öffnete sich und enthüllte sowohl die Augenhöhlen der Kreatur als auch ein Maul voller messerartiger Zähne. Das Wesen öffnete seine Kiefer immer weiter und stürzte sich dann auf Stanley, wobei die Glasscheibe, die den Rücksitz vom Fahrer trennte, zerbrach.

***

Hatte er geschrien, fragte sich Stanley, während er versuchte, den Albtraum abzuschütteln. Wahrscheinlich hatte ihn seine Halsentzündung so heiser gemacht, dass er gar nicht hätte schreien können, selbst wenn er es versucht hätte. Aber selbst dann, wer hätte ihn in seinem kleinen Büro schon hören sollen? Er könnte dort sterben, niemand würde es bemerken. Niemand bewachte den Wachdienst.

Was war das Ding in seinem Traum überhaupt gewesen?

Als er schließlich wieder ganz zu sich gekommen war, bemerkte er, dass die Puppe erneut verschwunden war. Das war schon seltsam. Irgendwie wollte er jemandem die ganze Geschichte erzählen, aber mit wem sollte er schon darüber reden?

***

Im City Diner füllte Katie kurz darauf seine Kaffeetasse. „Du siehst aus, als könntest du einen gebrauchen", meinte sie.

Stanley zuckte zusammen, als er versuchte, einen Schluck der siedend heißen Flüssigkeit zu trinken. Kaffee war im Moment wahrscheinlich eine ganz schlechte Idee.

„Möchtest du das Übliche oder willst du es noch mal mit der gesunden Variante versuchen?", erkundigte sie sich.

„Einen Haferbrei", sagte Stanley mit einer Stimme, die ein einziges Krächzen war. „Nur eine Schüssel Haferbrei."

Katie runzelte die Stirn. „Alles okay, Stan? Du hörst dich nicht gesund an." Es tat ihm gut, dass sie sich anscheinend ein wenig Sorgen um ihn machte.

„Die Halsschmerzen sind schlimmer geworden.“ Er rieb sich über die Kehle. „Ich glaube nicht, dass ich irgendwelche feste Nahrung herunterbekomme.“

„Okay. Dann eben Haferbrei. Aber bist du beim Arzt gewesen? Weißt du, die Apotheke um die Ecke betreibt eine kleine Notfallpraxis. Als ich letzten Monat eine Ohrenentzündung hatte, haben sie mir etwas gegeben, das sofort geholfen hat. Die sind auch ziemlich preiswert.“

„Nein. Keine Ärzte.“ Die Leute dachten immer, Ärzte könnten alles heilen. Aber als Stanleys Vater so krank geworden war, dass er nicht mehr hatte arbeiten können, war er zum Arzt gegangen und hatte jedes Medikament genommen und jede quälende Behandlung über sich ergehen lassen, zu der man ihm geraten hatte. Trotzdem war er innerhalb von sechs Monaten gestorben.

„In der Notfallpraxis arbeitet eine Krankenschwester mit Zusatzausbildung, kein Arzt“, erklärte Katie. „Sie ist sehr nett. Sie wird dir ein paar Fragen stellen, einen Blick auf Ohren, Nase und den Hals werfen und dir etwas geben.“

„Es ist nur irgendein Virus. Das wird schon wieder“, krächzte Stanley. Allerdings musste er zugeben, dass er sich wirklich schrecklich anhörte.

„Wie du meinst“, entgegnete Katie. „Ich bringe dir deinen Haferbrei. Und ich bringe dir auch einen großen Orangensaft auf Kosten des Hauses. Ein bisschen Vitamin C kann sicherlich nicht schaden.“

„Danke.“ Es überraschte Stanley, wie fürsorglich Katie war. Er fragte sich, ob sie einen Freund hatte. Es wäre schön, jemanden zu haben, der sich um ihn sorgte.

Als er den Haferbrei aß, fühlte es sich an, als würde er heißen Sand herunterwürgen. Und als er den Schmerz mit einem Schluck Orangensaft lindern wollte, hatte er das Gefühl, Batteriesäure zu trinken. Auf dem Heimweg ging er in die Apotheke und kaufte ein paar Halsbonbons, die angeblich stärker waren als jene, die er bisher genommen hatte. Er bezweifelte, dass sie ihm wirklich helfen würden. Als er wieder in seiner Wohnung war, streifte er die Schuhe ab und ließ sich aufs Bett fallen, ohne auch nur seine Uniform auszuziehen. Innerhalb von Sekunden war er eingeschlafen.

Erst sieben Stunden später weckte ihn ein klingelndes Telefon. Sein Mund war staubtrocken und seine Kehle brannte wie Feuer. Mit seinem gesunden Arm griff er nach dem Telefon, merkte aber schnell, dass der jetzt auch taub und geschwollen war. Unbeholfen schaffte er es, das Telefon zu greifen und an sein Ohr zu halten. „Hallo?“ Seine Stimme war ein krächzendes Flüstern.

„Stan? Bist du das?“ Es war seine ältere Schwester Melissa.

„Ja. Hi, Schwesterherz.“ Seit der Geburtstagsparty seines Neffen hatte er sie nicht mehr gesehen, aber sie rief von Zeit zu Zeit an, um sich nach ihm zu erkundigen.

„Du klingst furchtbar.“ Stanley konnte die Sorge in ihrer Stimme hören. „Bist du krank?“

„Ich habe mich erkältet“, entgegnete er. Er wollte so wenig wie möglich reden müssen, um zu berichten, was los war. Reden tat einfach zu weh.

„Das ist aber auch kein Wunder“, meinte Melissa. „Wenn man Nachtschichten in dieser dunklen, luftleeren

Fabrik schiebt. Das sind ja die reinsten Katakomben. Es überrascht mich, dass du nicht *ständig* krank bist. Hey, hör zu, die Kinder sind bei Mutter, und Todd ist heute Abend beim Bowling. Ich habe Chili und Maisbrot gemacht. Ich könnte etwas mitbringen und dann essen wir zusammen."

Auch wenn er sich schrecklich fühlte, war er dankbar für die Aussicht auf ein bisschen Gesellschaft. Wenigstens würde er nicht noch einen Abend allein verbringen müssen. „Klingt gut", krächzte er.

„Okay, ich komme um sechs. Soll ich dir etwas aus der Apotheke mitbringen?"

Eine neue Kehle, dachte Stanley, doch laut sagte er: „Nein danke."

Mühsam schleppte er sich aus dem Bett ins Bad. Er blickte in den Spiegel, um sich die Katastrophe anzusehen, und sie war ziemlich schlimm. Unter seinen blutunterlaufenen Augen hatten sich dunkle Schatten gebildet und über seiner Haut lag ein ungesunder Grauschleier. Was ihn jedoch am meisten beunruhigte, war sein rechter Arm. Wie der linke war er nun so angeschwollen, dass der Ärmel seines Hemds wie die Hülle einer Presswurst aussah. Er wusste nicht, ob er das Hemd noch würde ausziehen können, ohne es zu zerreißen. Wahrscheinlich war es das Beste, es erst einmal anzulassen.

Er spritzte sich etwas Wasser ins Gesicht und schaffte es dann, seinen gefühllosen rechten Arm immerhin so weit zu kontrollieren, dass er sich mit einem Kamm durchs Haar fahren und etwas Zahnpasta auf seine Zahnbürste drücken konnte. Das Zähneputzen allerdings war so schmerzhaft, dass ihm Tränen in die Augen stiegen. Seine Kehle fühlte sich an wie eine offene Wunde und seine Schleimhäute waren ebenfalls entzündet. Als er sich den Mund spülte und das Wasser ausspuckte, war es rot von Blut.

Noch einmal betrachtete er sich im Spiegel. Viel hatte das bisschen Körperpflege nicht gebracht. Sein Kinn und seine Wangen waren mit Stoppeln übersät, doch mit seinem tauben Arm traute er sich nicht, ein Rasiermesser in die Hand zu nehmen. Mehr war einfach nicht drin. Er taumelte zurück ins Wohnzimmer und ließ sich auf die Couch fallen. Es gelang ihm nicht einmal, die Energie aufzubringen, um die Fernbedienung in die Hand zu nehmen.

Melissa, die irgendwie von Geburt an ein verantwortungsbewusster Mensch gewesen war, kam wie versprochen pünktlich um sechs. Sie hatte einen großen Topf dabei und eine der recycelten Tragetaschen, die sie für ihre Einkäufe benutzte. Ihr lockiges braunes Haar war zu einem ordentlichen Pferdeschwanz gebunden, und sie trug immer noch das Hemd mit den Knöpfen und die Khakihosen, die sie auch zur Arbeit anhatte. „Hey Bruder“, sagte sie, als sie zur Tür hereinkam. Doch dann sagte sie entsetzt: „Igitt! Was ist denn hier passiert?“

Stanley wusste, dass es bei ihm unordentlich war, aber wirklich viele Gedanken hatte er sich darüber nicht gemacht. Als er nun aber die Wohnung mit Melissas Augen betrachtete, wurde ihm schlagartig klar, dass es nach einem Bombeneinschlag aussehen musste. Natürlich war ihm das peinlich, doch er wollte es nicht zugeben. Er setzte sich zurück auf die Couch und zuckte lässig die Achseln. „Amber hat mit mir Schluss gemacht“, krächzte er.

„Das weiß ich“, erwiderte seine Schwester und sah sich mit demselben angewiderten Ausdruck im Gesicht um, den sie als kleines Mädchen aufgesetzt hatte, als er ihr Würmer ins Haar gesteckt hatte. „Aber was ist mit der Wohnung passiert? Es war doch nicht Amber, die hier geputzt hat, oder?“

„Nein, das war ich. Ich habe mich in letzter Zeit wenig darum gekümmert, weil sie ohnehin nicht mehr kam.“ Ohne Amber schien das Putzen die Mühe einfach nicht wert zu sein. Und das galt für viele Dinge.

Melissas Abscheu wich einem Ausdruck des Mitleids. „Armer kleiner Bruder. Warte, ich mache nur eben das Chili warm.“ Sie verschwand in der winzigen Küche des Apartments und kam dann mit einer Handvoll Müllsäcke zurück. „Da drin sieht es auch ziemlich schlimm aus. Ist dein gesamtes Geschirr schmutzig?“

„So ziemlich“, erwiderte Stanley.

Melissa atmete einmal tief durch. „Okay, ich mache jetzt Folgendes für dich. Ich sammle all die Dosen und Flaschen ein und lade sie in mein Auto, damit ich sie später zum Wertstoffhof bringen kann. Ich halte mir die Nase zu und sammle den ganzen Müll ein und werfe ihn weg. Und dann belade ich den Geschirrspüler, und während er läuft, wasche ich alles ab, was da nicht reingepasst hat.“ Ihr Blick fiel auf die über den Boden verteilten Kleidungsstücke. „Deine schmutzigen Socken und deine Unterwäsche fass ich nicht an. Die sind dein Problem.“

„Okay“, krächzte Stanley. „Ich danke dir. Ich wünschte, ich könnte dir helfen.“ Seine Arme waren so schwach und schwer, dass es ihm unmöglich erschien, irgendetwas auch nur aufzuheben.

„Nein, du ruhst dich aus. Du siehst aus wie der Tod mit einem Cracker in der Hand, wie Oma immer zu sagen pflegte.“ Sie ließ eine Schachtel, in der sich gebackene Hühnchenstücke befunden hatten, in einen der Müllsäcke fallen.

Stanley musste kurz lächeln. „Ja, diesen Spruch habe ich nie verstanden. Warum sollte der Tod einen Cracker in der Hand halten?“

„Ich habe es auch nie verstanden“, meinte Melissa. „Wozu braucht der Sensenmann was zu beißen? Ist er nicht eigentlich nur ein Skelett?“ Sie blickte sich im Raum um wie ein General, der einen Angriffsplan schmiedete. „Hör zu, ich mache dir jetzt eine Tasse Tee mit Honig und Zitrone, wie Mutter ihn uns immer zubereitet hat, und dann räume ich auf.“

„Ich habe keine Zitronen da“, krächzte Stanley.

„Ich habe den Tee, die Zitrone und den Honig mitgebracht“, entgegnete Melissa.

Natürlich hatte sie das. „Du denkst einfach an alles“, sagte Stanley.

Melissa lächelte. „Ich versuche mein Bestes.“

Als sie noch klein waren, hatte Melissa immer bestimmt, welche Spiele gespielt wurden und nach welchen Regeln. Damals hatte er das für rechthaberisch und ziemlich nervig gehalten, aber nun erkannte er, dass sie auch ihre guten

Seiten hatte, besonders jetzt, da sein Leben im Chaos versank.

Ein paar Minuten später saß Stanley mit einer Tasse Tee in der Hand da, während Melissa sich all dem Müll im Wohnzimmer widmete. „Du bist echt umwerfend“, sagte er. Wenn er ihr schon nicht helfen konnte, dann konnte er sie wenigstens loben.

„Es ist schön, wenn das Publikum einen anfeuert. Meine Kinder sind da ganz anders“, sagte Melissa und rümpfte die Nase, während sie einen alten Karton vom Chinamann zwischen Zeigefinger und Daumen hochhob und ihn in den Müllsack fallen ließ. „Eklig, ich kann nicht einmal mehr sagen, was das mal war.“

„Gebratene Nudeln mit Fisch, glaube ich“, erklärte Stanley. Als er einen Schluck Tee nahm, zuckte er zusammen. „Es tut mir leid, dass ich alles so habe verkommen lassen. Eigentlich ist es nicht deine Aufgabe, hinter mir herzuräumen.“

„Nein, das ist es nicht“, stimmte Melissa ihm zu und warf ein paar zusammengeknüllte Einwickelpapiere, in denen sich Tacos befunden hatten, in den Müllsack. „Aber es ist meine Aufgabe, dafür zu sorgen, dass es dir gut geht, und da war ich nachlässig.“

„Das ist nicht wahr. Du hast angerufen …“

„Ja, ich habe dich seit der Trennung einige Male angerufen, um mich zu vergewissern, dass bei dir alles okay ist, und du hast immer Ja gesagt. Und du bist auf der Geburtstagsparty von Max aufgetaucht, was ich für ein gutes Zeichen hielt. Aber ganz offensichtlich hätte ich schon früher einmal vorbeikommen und mir ein eigenes Bild machen sollen.“ Sie knotete den bereits prall gefüllten Müllsack zu. „Denn bei dir, mein kleiner Bruder, ist irgendetwas gehörig aus dem Ruder gelaufen.“

„Nein, ist es nicht“, flüsterte er fast. Er hatte das Gefühl, jeden Moment weinen zu müssen wie ein Baby, was ihm peinlich gewesen wäre vor seiner großen Schwester. Er hatte nicht mehr geweint, seit sein Vater gestorben war. Doch wenn er den momentanen Zustand seines Lebens durch Melissas Augen betrachtete, begriff er erst, wie schlimm es um ihn stand. Bei ihr lief alles so rund – sie hatte einen Collegeabschluss, einen Job am Gericht, der ihr gefiel, einen netten Ehemann und zwei Kinder, die sie über alles liebte. Verglichen mit ihrem Leben war das seine armselig und leer. Und seine Kehle schmerzte so sehr, dass der Schmerz allein ihm fast die Tränen in die Augen trieb.

Melissa musste seine Verzweiflung gespürt haben, denn sie klopfte ihm auf die Schulter und meinte: „Ich sag dir was. Ich mache mal eine kurze Pause und hole uns etwas zu essen. Das Chili dürfte inzwischen heiß sein, und vielleicht fühlst du dich besser, wenn du etwas gegessen hast.“

Stanley schniefte und nickte.

Das Chili war ein Familienrezept und Stanley mochte es normalerweise besonders gern. Zwei Schüsseln davon vertilgte er immer – manchmal sogar drei. Doch heute Abend konnte er nicht viel essen, obwohl das Chili perfekt gelungen war, mit geriebenem Cheddar-Käse obendrauf und Maisbrot dazu, genau wie er es mochte. Der gepfefferte

Eintopf brannte beim Schlucken so sehr, dass es sich anfühlte, als würde jemand ein Streichholz an seine ohnehin schon entzündete Kehle halten.

„Das ist nicht der Stan, den ich kenne", sagte Melissa, als er seine noch volle Schüssel zur Seite stellte. „Weißt du noch, wie Mutter dich beim Essen immer genannt hat?"

Stan musste lächeln. „Ihren großen, hungrigen Jungen."

„Sie hat immer gesagt, dass du ein hohles Bein haben musst, weil sie sich sonst nicht erklären könne, wohin all das Essen verschwindet." Melissa räumte die Schüsseln ab und begann, den Geschirrspüler mit schmutzigen Tassen, Tellern und Besteck von über zwei Wochen zu beladen. „Ich weiß, dass du dich mit mir darüber streiten wirst, aber lass mich für dich doch einen Termin bei der Ärztin machen, zu der auch Todd, die Kinder und ich gehen. Sie ist wirklich nett und man kann gut mit ihr reden."

„Keine Ärzte", krächzte Stanley. Unwillkürlich tauchte das Bild von seinem Vater im Krankenhaus vor ihm auf, wo er blass und knochig im Bett lag und von Schläuchen am Leben erhalten wurde, die sich durch seinen ganzen Körper zu schlingen schienen.

Melissa verdrehte die Augen. „Komisch, ich wusste, dass du das sagen würdest. Sieh mal, ich weiß, dass du nie gern zum Arzt gegangen bist, und als du alt genug warst, dass man dich nicht mehr zwingen konnte, hast du es auch nicht mehr getan. Und nachdem Vater krank geworden ist, bist du noch seltsamer geworden, was Ärzte angeht."

„Das ist nicht seltsam", entgegnete Stanley. „Die Ärzte haben ihn nur noch kränker gemacht und dann ist er gestorben. Chemotherapie, Bestrahlung – sie haben ihn mit Gift vollgepumpt."

Melissa schüttelte den Kopf. Es war ein alter Streit zwischen ihnen. „Stan, Vater hat gewusst, dass etwas nicht stimmt, und er hat zu lange gewartet, bis er zum Arzt gegangen ist. Monatelang. Als er es schließlich doch getan hat, war es zu spät, um ihm noch helfen zu können. Sie haben es mit einer Chemo versucht, aber der Krebs hatte sich schon ausgebreitet. Wahrscheinlich hätte das alles noch gewirkt, wenn sie früher damit angefangen hätten." Sie blickte ihm in die Augen. „Und jetzt bist auch du zu stur, um zum Arzt zu gehen. Das kommt mir fast wie eine komische Familientradition vor. Und wir sollten sie auf keinen Fall beibehalten."

„Ich habe keinen Krebs", röchelte Stanley. Zumindest das war etwas Positives. „Ich werde schon wieder gesund."

„Ich weiß, dass du keinen Krebs hast", entgegnete Melissa, „aber du hast eine seltsame Kombination von Symptomen. Dein Hals ist wund, deine Arme sehen ganz steif und geschwollen aus. Vielleicht ist es nur irgendein Virus, aber ich denke, du solltest das untersuchen lassen."

„Es wird sich schon aufklären", meinte Stanley. Er wusste auch, dass die Symptome in dieser Zusammensetzung ungewöhnlich waren, aber das wollte er seiner Schwester gegenüber nicht zugeben.

Melissa seufzte. „Ich sag dir was. In drei Tagen komme ich wieder vorbei und sehe nach dir, und wenn es dir dann nicht besser geht, dann bringe ich dich zum Arzt, selbst wenn Todd und seine stämmigen Freunde aus dem Bowlingclub mir helfen müssen, dich dorthin zu zerren."

„Okay“, gab Stanley nach, weil er aus Erfahrung wusste, dass es keinen Sinn hatte, seiner großen Schwester zu widersprechen. „In drei Tagen.“

Innerhalb einer Stunde hatte Melissa alle leeren Flaschen und Dosen eingesammelt und das gesamte schmutzige Geschirr abgewaschen. Bis auf die dreckige Wäsche auf dem Boden war das Wohnzimmer nun wieder einigermaßen in Ordnung. „Schon besser“, sagte sie und blickte sich im Raum um.

„Ich kann dir gar nicht genug danken“, keuchte Stanley. Ihn verblüffte, was sie alles erledigt hatte, während er auf der Couch saß und gar nichts tat.

„Ich will nicht, dass du dich bei mir bedankst“, entgegnete Melissa und zog ihre Jacke an. „Ich möchte, dass du dich krankmeldest, damit du dich auskurieren kannst.“

„Ich denke darüber nach“, sagte er und wusste doch gleichzeitig, dass er sich den Lohn einfach nicht entgehen lassen konnte.

„Denk nicht darüber nach. Tu es.“ Melissa beugte sich herunter und umarmte ihn kurz. „Und vergiss nicht, wenn es dir in drei Tagen nicht besser geht, bringe ich dich zum Arzt.“

„Ich weiß.“ Ihm war klar, dass sie zu ihrem Wort stehen würde.

„Okay, ich rück dir jetzt von der Pelle. Und wo wir bei Pelle sind, du solltest dir auch etwas Frisches anziehen.“

***

Stanley hatte nicht die Absicht, sich bei der Arbeit krankzumelden. Da er bereits seine Uniform trug, brauchte er sich auch nicht umzuziehen, nachdem Melissa gegangen war. Zugegeben, der Weg zur Arbeit war anstrengender als sonst. Seine Kehle brannte und stach, und seine gefühllosen, angeschwollenen Arme waren so schwer, dass er sie praktisch wie einen Klotz am Bein hinter sich herschleppte. Trotzdem schaffte er es. Und jetzt war er wieder dort, stieg die verborgene Treppe hinunter, ging an der stinkenden Biomülltonne vorbei zu seinem dunklen, unterirdischen Arbeitsplatz.

Das grünliche Licht im Korridor ließ seine ohnehin schon blasse Haut noch kränklicher wirken. Er scannte seinen Ausweis ein und ließ sich im Wachraum an seinem Schreibtisch nieder. Wie immer gab es auf den Monitoren absolut nichts Ungewöhnliches zu sehen. Der Job war wirklich das Gegenteil von anspruchsvoll. Er wusste, dass seine Schwester wollte, dass er zu Hause blieb und sich ausruhte, aber warum nicht zur Arbeit kommen, wo er ein Nickerchen machen konnte und dafür auch noch bezahlt wurde? Er lehnte sich in seinem Stuhl zurück und schon bald schnarchte er leise.

Als ihn der Schmerz in seinem Hals ein paar Stunden später weckte, saß die Ballerina-Puppe wieder auf seinem Schreibtisch. Es war seltsam, wie das Ding immer wieder auftauchte, nur um dann wieder zu verschwinden. Er sollte wirklich mal jemanden danach fragen, doch er sah niemanden, den er hätte fragen können.

Aus Gewohnheit nahm er die Puppe in die Hand und kippte sie zur Seite.

„Wir mögen dich“, sagte sie.

Er betrachtete die leeren Augen der Puppe und ihr schwarzes, klaffendes Grinsen. Wer war nur auf die Idee gekommen, eine Puppe herzustellen, die so aussah? „Ja, ja, das sagst du immer“, meinte er.

Woher war die Puppe gekommen? Wer hatte sie angefertigt? Stammte sie aus einer Fabrik? Er drehte sie um, ob er vielleicht einen Stempel oder ein Herstellerzeichen fand.

„Nimm mich mit nach Hause“, sagte die Puppe.

„Siehst du, das sagst du auch ständig, aber immer, wenn ich so weit bin, dass ich dich mitnehmen will, bist du wieder verschwunden. Wie soll ich das denn verstehen, kleines Püppchen?“, erwiderte Stanley. Er musste wirklich seine Stimme schonen. Sie war fast nur noch ein Flüstern. Noch einmal kippte er die Puppe.

„Nimm mich mit nach Hause.“

Stanley setzte die Puppe auf den Schreibtisch und nahm sich eine weitere Halstablette. „Ich sag dir was. Ich kann dich nicht mit nach Hause nehmen, wenn du immer wieder verschwindest. Wenn du aber an Ort und Stelle bleibst und immer noch auf dem Schreibtisch sitzt, wenn ich aufwache, kannst du mit zu mir nach Hause kommen.“

Du bist echt klasse, Stanley, dachte er. *Du versuchst einen Gegenstand von etwas zu überzeugen.* Er befand sich wirklich in einer erbärmlichen Verfassung. Er lehnte sich in seinem Stuhl zurück und schloss die Augen.

***

Stanley war bei der Arbeit, aber aus irgendeinem Grund waren die grünlichen Lichter, die normalerweise die einzige Beleuchtung im Gebäude darstellten, ausgeschaltet worden. Ihm fiel ein Schulausflug zu einer Höhle ein. Ihr Führer hatte ihnen damals erklärt, dass die Fische im unterirdischen Teich der Höhle keine Augen hatten, denn selbst wenn sie welche gehabt hätten, wäre es zu dunkel gewesen, um etwas zu sehen. Und genauso dunkel war es jetzt auch im Gebäude.

Nur seine Taschenlampe machte es ihm möglich, sich im Korridor zurechtzufinden. Er ließ den Lichtkegel über die Wände gleiten, über die Metalltüren und den Boden vor ihm. Ist das ganze Gebäude ohne Strom?, *fragte er sich. Es konnte nicht sein, denn hinter den Metalltüren hörte er immer noch das Rumpeln und Klappern der Maschinen.*

Irgendwie hatte er das Gefühl, dass etwas nicht stimmte. Er musste unbedingt in den Wachraum gehen und nachsehen, ob die Monitore noch funktionierten. Wenn nicht, würde er wohl im Dunkeln herumlaufen müssen, um die Ausgänge persönlich zu überprüfen. Er richtete den Schein seiner Taschenlampe geradeaus. In ihrem Licht erschien das Schild mit der Aufschrift „Wachraum". Der Scanner, mit dem er seinen Ausweis einlas und der dann die Tür öffnete, funktionierte nicht. Also benutzte er den Schlüssel, den er für einen Notfall dabeihatte.

Der Wachraum war genauso dunkel wie der Rest des Gebäudes. Alle Monitore waren ausgeschaltet. Er ließ den Strahl der Taschenlampe durch den Raum gleiten und be-

leuchtete einzelne vertraute Gegenstände: den Schreibtisch, den Stuhl, den Aktenschrank. Dann ließ er den Lichtkegel in die linke Ecke des Raumes gleiten.

Das Licht erfasste ein Gesicht. Das Gesicht gehörte nicht zu einem Menschen.

Es war das Gesicht einer comicartigen Figur – vielleicht eines Bären –, die eine Fliege und einen Zylinder trug. Im Licht der Taschenlampe spaltete sich das Gesicht der Länge nach und schwang auseinander wie eine Doppeltür. Dahinter tauchte ein hässlicher Metallschädel auf, voller Drähte und Kabel. Mit leeren, hervorstehenden Augen starrte das Ding Stanley an und sprang plötzlich auf ihn zu, wobei seine Kiefer zuschnappten.

***

Stanley schreckte auf.

Noch nie hatte er solche Albträume gehabt wie in den letzten Nächten, wenn er bei der Arbeit geschlafen hatte. Was waren das für seltsame mechanische Kreaturen, die durch seine Träume geisterten? Wurden diese Schreckensbilder durch seine Trauer über den Verlust von Amber ausgelöst oder waren sie Symptome seiner Erkrankung? Vielleicht hing aber auch beides zusammen. Eins war jedenfalls sicher: Noch nie hatte er sich gleichzeitig körperlich und emotional so furchtbar gefühlt.

Er warf einen Blick auf seinen Schreibtisch. Der war leer. Die Puppe hatte sich nicht an seine Anweisung gehalten. Sie war wieder verschwunden.

Stanley stand auf und streckte sich. Er schüttelte den Kopf, als könne er dadurch seine Verwirrung abschütteln.

Natürlich hatte die Puppe seine Aufforderung nicht befolgt, an Ort und Stelle zu bleiben, dachte er – denn sie war ja eine Puppe. Sie konnte nicht verstehen, was er sagte. Völlig egal, was sie immer wieder behauptete, die Puppe hatte gar nicht vor, mit ihm nach Hause zu kommen – sie *wollte* gar nichts, weil sie nicht lebendig war, und die Worte, die sie zu sagen schien, waren vorher aufgenommen worden. Allerdings erklärte sich dadurch nicht, wieso die Puppe immer wieder auf seinem Schreibtisch auftauchte und dann erneut verschwand. Sie konnte sich nicht von allein bewegen, wer also hatte sie dorthin gesetzt und wieder mitgenommen? Erlaubte sich jemand einen Scherz mit ihm?

Aber wer würde Stanley einen Streich spielen wollen? Seines Wissens nach hatte ihn niemand, der hier sonst vielleicht noch arbeitete, jemals gesehen.

Nach seiner Schicht schwänzte Stanley das City Diner. Er hätte gern mit Katie gesprochen, aber seine Kehle schmerzte zu sehr, um etwas zu essen, und bei dem bloßen Gedanken an Essen wurde ihm übel. Im Vorbeigehen erhaschte er in einer Schaufensterscheibe einen flüchtigen Blick auf sein Spiegelbild. Sein Gesicht war verschwitzt und voller Bartstoppeln. Seine geschwollenen Arme hingen schlaff herab. Kein Zweifel, wenn er jetzt noch einen Cracker in die Hand nahm, würde er aussehen wie der Tod selbst.

Er dachte an Katies Rat, sich bei der Schwester in der Notfallpraxis vorzustellen. Vielleicht sollte er dort vorbeigehen. Krankenschwestern waren nicht das Gleiche wie

Ärzte, selbst wenn sie eine Zusatzausbildung hatten und eigenständig behandeln durften. Die Schulschwester früher hatte er noch als sehr nett in Erinnerung. Irgendetwas musste er unternehmen. So konnte es mit ihm nicht weitergehen.

***

Die Krankenschwester war wirklich nett – eine blonde, mütterliche Frau, die ungefähr so alt war wie seine eigene Mutter. Sobald sie ihn sah, sagte sie: „Himmel, Sie fühlen sich schrecklich, nicht wahr?“

„Ist das so offensichtlich?“, fragte Stanley. Seine Stimme war schwach und heiser.

Die Schwester nickte. „Halsschmerzen?“

„Ja, Ma’am. Ganz schlimme.“ Von seinem tauben Arm erzählte er ihr nichts. Er hatte zu viel Angst davor, was sie sagen könnte. Er wollte nicht im Krankenhaus landen. Als man seinen Vater ins Krankenhaus geschickt hatte, war er nicht lebend wieder herausgekommen.

„Dann wollen wir mal sehen, was wir für Sie tun können.“ Sie gab ihm ein Zeichen, ihr in das kleine Behandlungszimmer im hinteren Teil der Apotheke zu folgen. Mit einem Thermometer maß sie seine Temperatur. „Kein Fieber“, sagte sie dann. „Aber ich denke, wir sollten trotzdem einen Abstrich von ihrem Hals machen und ihn auf Streptokokken untersuchen.“

Der Test war nicht angenehm. Sie sagte ihm, er solle seinen Mund weit öffnen, und stieß ihm dann ein riesiges, langstieliges Wattestäbchen tief in den Rachen. Selbst die weiche Baumwolle schmerzte, als würde die Schwester mit Metall über seine Schleimhaut kratzen, und er würgte. Als sie das dicke Wattestäbchen herauszog, war es voller Blut.

„Das ist nicht so gut“, meinte sie und runzelte die Stirn. „Lassen Sie mich das eben überprüfen, und dann überlegen wir, was zu tun ist.“

Nach ein paar Minuten kam sie zurück. „Keine Streptokokken, aber so gereizt, wie Ihr Hals ist, denke ich, dass Sie zumindest eine Infektion haben. Das Blut ist beunruhigend. Ich gebe Ihnen ein Antibiotikum mit, aber wenn es Ihnen Montag immer noch nicht besser geht, müssen Sie mir versprechen, dass Sie zu ihrem Hausarzt gehen.“

„Ich verspreche es“, sagte Stanley, obwohl er gar keinen Hausarzt hatte und auch nicht beabsichtigte, sich einen zu suchen.

Obwohl er sich körperlich immer noch furchtbar fühlte, als er nach Hause ging, war er nun doch ein wenig hoffnungsvoll. Er hatte zumindest etwas unternommen. Er hatte jetzt ein richtiges Medikament. Sicherlich würde damit alles in Ordnung kommen.

Zu Hause betrachtete er sich erneut in dem Badezimmerspiegel. Es war kein schöner Anblick. Seine Uniform trug er nun seit fast 48 Stunden. Er war blass und verschwitzt, und er roch so übel wie die Biomülltonne, an der er jeden Tag vorbeikam. Er musste die Uniform loswerden. Er knöpfte das Hemd auf, dann öffnete er die Manschetten. Er zog an seinem linken Ärmel, aber sein Arm war so geschwollen, dass er darin feststeckte. Dem rechten Arm ging es nicht besser. Er zog weiter am Ärmel und drehte sich hin und her in der Hoffnung, irgendeine magische Position zu finden, in der er seine Arme aus ihrem Polyestergefängnis befreien konnte.

Aus purer Verzweiflung griff er schließlich nach einer Schere und schnitt den Ärmel der Länge nach auf. Obwohl es schwieriger war, mit der linken Hand zu arbeiten, tat er das Gleiche mit dem anderen Ärmel und zog sich den verschwitzten Stoff vom Körper. Es war nicht einmal *sein* Hemd. Die Uniformen gehörten der Firma und sie lieh sie nur an die Mitarbeiter aus. Die Kosten würde man garantiert von seinem Gehalt abziehen.

In der Dusche fühlte er sich unsicher auf den Beinen und lehnte sich gegen die Wand, um nicht am Ende noch auszurutschen und hinzufallen. Er ließ das heiße Wasser auf seinen Rücken prasseln, weil er hoffte, dass sich so ein paar Verspannungen lösen würden. Doch in seinen geschwollenen Armen spürte er nichts – weder die Hitze noch das Wasser.

Erschöpft von dieser ungeheuren Anstrengung, die das Ausziehen und Duschen bedeutet hatte, schnappte sich Stanley ein T-Shirt und eine Schlafanzughose. Mit einem winzigen Schluck Wasser zwang er sich mühsam, eine der Antibiotika-Tabletten hinunterzuschlucken. Dann fiel er ins Bett.

***

Als er aufwachte und versuchte aufzustehen, schlug er sofort der Länge nach hin. Sein rechtes Bein konnte kein Gewicht mehr tragen, wie es ein Bein eigentlich tun sollte. Sobald er versuchte auf die Füße zu kommen, knickte es unter ihm weg, als besäße er keine Muskeln oder Knochen. Während er auf dem Boden saß, berührte Stanley seinen rechten Unterschenkel – und fühlte nichts. Erst schlug er mit der flachen Hand darauf, dann mit der Faust. Immer noch nichts. Auch der Arm und die Hand, mit der er zugeschlagen hatte, waren taub.

Was geschah mit ihm?

War das vielleicht eine Art degenerative Krankheit, die ihn für den Rest seines Lebens an den Rollstuhl fesseln würde? Aber selbst wenn, war es dann nicht seltsam, dass diese Erkrankung so schnell voranschritt? Vielleicht hatte es nicht gereicht, in die Notfallpraxis zu gehen. Vielleicht sollte er sich von Melissa einen Termin beim Arzt machen lassen. Wahrscheinlich musste er zu einem Spezialisten. Und selbst wenn der Arzt ihm Schmerzen zufügen würde, konnte das nicht schlimmer sein als alles, was er jetzt fühlte. Er fragte sich, ob er, wie sein Vater, zu lange gewartet hatte.

Mit großer Anstrengung drehte Stanley sich um, stützte sich mit den Händen auf dem Bett ab und richtete sich auf. Schluchzend tappte er voran, wobei er sein rechtes Bein nachzog und das linke die meiste Arbeit verrichtete.

Wie lange war es her, dass er irgendetwas gegessen oder getrunken hatte? Er konnte sich nicht erinnern.

Wasser. Er musste wenigstens Wasser trinken.

Er schlurfte in die Küche, die nach Melissas Aufräumaktion immer noch sauber war, und nahm ein Glas aus dem Schrank. Er füllte es mit Leitungswasser und versuchte zu trinken.

Es war die pure Qual. Selbst einen Schluck kühles Wasser bekam er nicht herunter. Es fühlte sich an, als sei es zermahlenes Glas.

Er erbrach sich über dem Waschbecken, und was er ausspuckte, war blutig. Er hatte gedacht, er könne versuchen, sich etwas Suppe warm zu machen, aber wenn er nicht einmal trinken konnte, war an Essen überhaupt nicht zu denken. Und allein die Vorstellung, etwas Heißes herunterschlucken zu wollen, war unerträglich.

Sein Telefon klingelte und erinnerte ihn daran, dass er es im Schlafzimmer zurückgelassen hatte. Er schleppte sich zurück, aber als er dort ankam, war es bereits verstummt. Auf dem Display stand „Mutter". Er wusste, wie sie war. Wenn er sie nicht zurückrief, würde sie automatisch davon ausgehen, dass er tot war.

„Hallo? Stanley?" Sie meldete sich nach dem ersten Klingeln.

„Hi Mama." Stanley bemühte sich, dass seine Stimme halbwegs normal klang, doch sie war heiser und schnappte am Schluss über.

„Du klingst aber schrecklich."

„Ja, das sagen alle." Er legte sich aufs Bett, weil er nicht die Energie hatte, weiterhin aufrecht zu sitzen.

„Melissa hat gestern die Kinder abgeholt, nachdem sie bei dir gewesen ist. Sie hat gesagt, du seist ein Wrack."

„Freut mich zu hören.“ Es war wunderbar zu erfahren, dass seine Mutter und Schwester darüber gesprochen hatten, was er für ein Versager war.

„Das ist nichts, worüber man scherzen sollte, Stanley.“ Seine Mutter sagte das in jenem strengen Ton, den sie auch immer gebraucht hatte, wenn er als Kind Ärger gemacht hatte. „Sie hat gemeint, du musst unbedingt zum Arzt.“

„Ich war heute Morgen in einer Notfallpraxis, Mama. Die Schwester dort hat mir Antibiotika mitgegeben. Die müssen jetzt nur erst mal wirken. Ich werde schon wieder.“ Er glaubte zwar nicht wirklich, dass er wieder völlig gesund werden würde, aber er wollte seiner Mutter keine Sorgen bereiten. Als sein Vater krank gewesen war, hatte sie schon genug Angst ausgestanden. Sie sollte den Rest ihres Lebens in Frieden verbringen.

„Melissa sagt auch, sie findet, dass du mehr rausgehen solltest, mal Leute treffen. Natürlich erst, wenn es dir besser geht. Sie meint, du bist einsam.“

„Da hat sie wahrscheinlich recht. Es ist einfach hart. Ich bin noch nicht über Amber hinweg.“ Er spürte, wie sich in seiner bereits schmerzenden Kehle ein Kloß bildete. Das hatte ihm jetzt gerade noch gefehlt. Vor seiner Mutter zu weinen.

„Natürlich bist du noch nicht über sie hinweg, Schatz! Es ist doch erst zwei Wochen her. Aber im Laufe der Zeit wird dein Herz heilen und es wird jemand anderes geben. Jemand, der dich so zu schätzen weiß, wie du bist. Ich weiß, ich bin voreingenommen, aber ich fand nie, dass

Amber gut für dich war. Weißt du, ich hätte auch nie gedacht, dass ich mich noch mal verliebe, nachdem dein Vater gestorben war, aber anderthalb Jahre danach habe ich Harold kennengelernt. Und du musst zugeben, Harold ist ein wirklich netter Kerl."

„Das ist er, Mama." Anfangs hatte Stanley Harold einfach nicht mögen *wollen.* Er hatte es als Verrat an seinem Vater empfunden. Aber Harold war gut zu seiner Mutter und sorgte dafür, dass sie sich nicht so allein fühlte. Jeden Freitag gingen sie gemeinsam essen. An den Sonntagen gingen sie bei gutem Wetter in den Park, und wenn es regnete, ins Einkaufszentrum. Bei ihren Spaziergängen hielten sie sich immer an den Händen, was Stanley sehr süß fand. Er war froh, dass sie einander hatten.

„Soll ich zu dir kommen und dir ein bisschen Suppe bringen oder irgendetwas für dich einkaufen?", erkundigte sich seine Mutter.

„Nein danke, Mama. Ich muss einfach meine Tabletten nehmen und mich ausruhen." Er wollte nicht, dass sie ihn in diesem Zustand sah. Denn er wusste, sie würde ihn sofort in die Notaufnahme schleifen.

„Okay, aber ich rufe dich morgen an und erkundige mich, wie es dir geht. Und wenn ich dann kommen soll, mache ich das."

„Danke, Mama."

„Und wenn es dir übermorgen immer noch nicht besser geht, versprichst du mir, dass Melissa dir dann einen Termin beim Arzt machen darf?"

Er wusste, dass es keinen Sinn hatte, mit seiner Mutter zu streiten. Melissa hatte ihren Dickkopf von ihr geerbt. „Ich verspreche es.“

„Ich liebe dich, Stanley.“

„Ich liebe dich auch, Mama.“

Als er die Worte aussprach, fühlte er sich traurig und verletzlich. In seinem Zustand wünschte er sich fast, wieder ein kleiner Junge zu sein. Dann könnte er im Bett bleiben und seine Mutter würde sich um ihn kümmern und ihm heißen Tee und Schokoladenpudding und Comics bringen. Wenn man erst erwachsen war, kümmerte sich nie wieder jemand so gut um einen.

Nachdem er aufgelegt hatte, war ihm klar, dass er nicht auf dem Bett liegen bleiben konnte. Wenn er das tat, würde er erneut einschlafen und zu spät zur Arbeit kommen. Er stand auf und hinkte ins Wohnzimmer, wobei er sich mit einer Hand an der Wand abstützte. Dort fiel er auf die Couch und stellte den Fernseher an. Eigentlich wollte er sich die Sportergebnisse ansehen, aber er konnte sich nicht ausreichend konzentrieren, um ihnen zu folgen. Ausdruckslos starrte er auf den flackernden Bildschirm und dachte nur daran, wie sehr seine Kehle schmerzte und wie schnell sein Körper ihn im Stich gelassen hatte. Es kam ihm vor, als habe er sich über Nacht in einen schwachen alten Mann verwandelt.

Nur allzu bald war es Zeit, sich für die Arbeit fertig zu machen. Als er seine Uniformhose überstreifte, war das rechte Bein zu eng.

Es sah seltsam aus, ein normales Hosenbein zu haben

und eines, das seinen Oberschenkel wie eine Damenstrumpfhose zusammendrückte. Sein Uniformhemd lag immer noch in Fetzen auf dem Boden des Schlafzimmers. Er beschloss, in seinem weißen T-Shirt zur Arbeit zu gehen und dann zu versuchen, dort ein neues Hemd zu bekommen. Oder auch nicht. Was machte das schon? Es sah ihn doch sowieso niemand. Er könnte komplett in Unterwäsche zur Arbeit gehen und niemand würde es merken.

Da es ihm unmöglich erschien, zu Fuß zur Arbeit zu laufen, nahm er den Bus. Der kurze Weg zur Haltestelle war schon beschwerlich genug, und als der Bus dann kam, konnte er sein taubes und geschwollenes Bein kaum hoch genug heben, um einzusteigen. Er spürte geradezu, wie die Leute hinter ihm ungeduldig von einem Fuß auf den anderen traten. Als er zu einem Sitzplatz stolperte, blickten die anderen Fahrgäste ihn besorgt an. Er setzte sich neben eine ältere Dame, die aufstand und zu einem anderen, weiter hinten gelegenen Platz ging. Er sah wahrscheinlich aus, als sei er hochansteckend.

Als der Bus die Haltestelle erreichte, an der er aussteigen musste, zog er sich mühsam aus seinem Sitz und taumelte zur Tür. Beim Aussteigen stolperte er und fiel auf den Bürgersteig. Der Aufprall hätte eigentlich schmerzen müssen, aber seine Arme und Beine spürten nichts. Und das war beängstigender, als es jeder Schmerz hätte sein können.

„Alles okay bei Ihnen?“, erkundigte sich der Busfahrer.

Stanley nickte und hob seinen tauben rechten Arm, um dem Mann zu bedeuten, dass er weiterfahren könne. Stanley wusste, dass etwas mit ihm nicht in Ordnung war, doch der Busfahrer hätte ihm nicht helfen können. Er wusste nicht einmal, ob ein Arzt noch dazu in der Lage sein würde. Er war sich ziemlich sicher, dass die Antibiotika nicht ausreichen würden.

Mit der Hand umfasste er den Pfahl der Bushaltestelle und zog sich daran in die Höhe. Er fühlte sich unsicher auf den Füßen und klopfte sich auf das linke Bein. Er spürte nichts. Vielleicht hätte er der Krankenschwester in der Notfallpraxis doch von dem Taubheitsgefühl berichten sollen. Was hatte er sich dabei nur gedacht?

Stolpernd taumelte er den Bürgersteig entlang. Passanten starrten ihn an, einige schienen besorgt, andere nur genervt, als ob es sie ärgere einen anderen Menschen leiden zu sehen. Er schaffte es bis in den Lagerhof und hangelte sich dort von einem Holzstapel zum nächsten, bis er die Treppe erreichte, die hinunter in die unterirdischen Hallen führte. Mit beiden Händen hielt er sich am Treppengeländer fest und konzentrierte sich darauf, einen Schritt nach dem anderen zu machen. Er kam viel zu langsam voran und hatte Angst, zu spät zu kommen, also setzte er sich schließlich auf eine Stufe und rutschte wie sein Neffe, als der noch ein Kind gewesen war, die ganze Treppe hinunter. Das war nicht besonders elegant, es brachte ihn aber ans Ziel.

Unten kam er an der Biotonne vorbei und sie stank wie immer übel. Wenigstens seine Nase funktionierte noch. Das war immerhin etwas.

Als er seinen Ausweis eingescannt hatte und sich ächzend die Tür öffnete, war Stanley so erschöpft, dass er seine ganze Konzentration brauchte, um nur einen Fuß vor den anderen zu setzen. Er hatte gedacht, er könne ins Lager gehen und sich ein frisches Hemd holen, aber vernünftig und professionell auszusehen, hatte keine Priorität mehr. Er musste sich ausruhen. Das war seine einzige Priorität. Er schleppte sich zum Wachraum, scannte seinen Ausweis und klappte in seinem Stuhl zusammen, während er keuchte wie ein kranker Hund und ihm der Schweiß herunterlief.

Sein Zustand ließ es einfach nicht zu, dass er arbeitete. Sein Zustand war eine Katastrophe.

Als er an sich herunterblickte, erkannte er, dass sein rechtes und sein linkes Bein nun gleichermaßen geschwollen waren und den Stoff seiner Hose so sehr spannten, dass er zu reißen drohte. Alles war zu eng. Sogar seine Brust war eng. Fühlte es sich so an, wenn man einen Herzinfarkt bekam? Hatte er vielleicht gerade einen? Gleich morgen früh würde er Melissa anrufen und ihr sagen, dass er zum Arzt wollte. Keine Spielereien mehr mit Notfallpraxen und ein paar Antibiotika. Was er hatte, war offenbar eine ernste Angelegenheit, und inzwischen hatte er weniger Angst vor Ärzten als vor dieser Krankheit.

Amber. Er musste immer wieder an Amber denken. Als sie mit ihm Schluss gemacht hatte, hatte er sie nur dämlich angestarrt. Er war einfach viel zu geschockt gewesen, um etwas zu sagen. Doch so vieles hätte er ihr sagen wollen, so vieles sagen können. Und wenn er nun nie mehr eine Chance dazu bekommen würde?

Mit zittrigen, schweißnassen Händen kramte er in seinem Schreibtisch und fand einen Stift und Papier. Mit letzter Kraft, die er tief aus seinem Innern hervorholte, schrieb er:

Liebe Amber ...

Mit seinem tauben Arm und seiner unsicheren Hand sahen die Worte aus, als hätte sie ein Zweitklässler gekritzelt. Aber davon konnte er sich nicht abhalten lassen. Er schrieb weiter.

Weißt du noch, wie wir uns im Supermarkt kennengelernt haben? Ich hatte meine Sachen an deiner Kasse aufs Band gelegt. Du hast alles eingescannt und ich konnte meinen Blick nicht von dir abwenden. Ich war viel zu nervös, als dass ich dich um ein Date hätte bitten können, aber ich bin immer wieder in den Markt gekommen und habe irgendetwas gekauft, was ich eigentlich gar nicht gebraucht habe, nur um dich zu sehen. Irgendwann hast du gesagt: „Magst du mich vielleicht?" Ich glaube, ich bin rot geworden, aber ich habe Ja gesagt. Du hast geantwortet: „Warum lädst du mich dann nicht einmal ein?" Als ich das dann getan habe und du Ja gesagt hast, war ich so glücklich wie wohl noch nie zuvor in meinem Leben. Amber, ich weiß, ich war nicht immer der beste oder aufregendste Freund, aber ich möchte, dass du weißt, dass ich dich wirklich geliebt habe und es immer noch tue. Ich war in letzter Zeit sehr krank, und wenn du das hier liest, dann wahrscheinlich deshalb, weil mir etwas passiert ist. Bitte sei nicht traurig. Du sollst nur wissen, es tut mir leid, dass ich dich nicht glücklicher machen und dir geben konnte, was du gebraucht hast, aber das lag nicht daran, dass ich dich nicht geliebt habe. Das tue ich, und zwar sehr. Ich wünsche dir jede Menge Glück in deinem Leben, so viel Glück, wie du mir geschenkt hast, als wir zusammen waren.

In ewiger Liebe

Stanley

So. Das musste reichen. Er war kein Schriftsteller, und seine Handschrift sah fürchterlich aus, aber er hatte aufgeschrieben, was er hatte sagen wollen. Zitternd und erschöpft faltete er den Brief zusammen und steckte ihn erst mal in seine Tasche. Als er sich in seinem Stuhl zurücklehnte und die Augen schloss, döste er nicht wie üblich ein. Stattdessen wurde er so schlagartig ohnmächtig, als habe ihm jemand einen Baseballschläger über den Schädel gezogen.

***

Als er wieder zu sich kam, zitterte er am ganzen Körper und war völlig verschwitzt. Und er fühlte sich beengt. Beengt war das einzige Wort, das seinen Zustand einigermaßen beschreiben konnte. Es fühlte sich an, als ob sein Körper irgendwie bis zum Anschlag gedehnt worden sei. Seine Hose spannte sich eng um seine Beine, und auch sein T-Shirt, das er erst vor ein paar Stunden angezogen hatte schmiegte sich fest an seinen Oberkörper. Aber es war nicht nur die Kleidung, die sich eng anfühlte. Auch seine Haut beengte ihn, als könne sie jeden Moment aufplatzen wie die Schale einer überreifen Frucht.

Vor ihm auf dem Schreibtisch saß die Ballerina-Puppe. Er war nicht in der Stimmung, mit ihr zu spielen. Er nahm sie nicht hoch. Er wollte sie nicht einmal anfassen.

„Ich bin gern in deiner Nähe", sagte sie.

„Na klar", murmelte er. Doch dann dachte er: *Moment mal.* Er stützte sein Gesicht in die Hände und versuchte, einen klaren Gedanken zu fassen. *Spricht die Puppe nicht eigentlich nur, wenn man sie kippt? Vorher hat sie nur gesprochen, wenn ich sie umgedreht habe. Vielleicht habe ich das nicht richtig mitbekommen. Vielleicht bin ich schon so krank, dass ich Halluzinationen habe.*

„Nimm mich mit nach Hause", sagte die Puppe.

Stanley wusste, dass er dieses Mal richtig gehört hatte, aber er antwortete nicht. Eines seiner vielen Probleme der letzten Zeit bestand darin, dass er mit Gegenständen sprach. Melissa hatte recht. Er musste mehr unter Leute. All diese Einsamkeit war nicht gut für ihn. Er machte sich bereits Sorgen um seine körperliche Gesundheit. Er wollte nicht auch noch an seinem Geist zweifeln.

Aber warum sprach die Puppe, obwohl niemand sie aktivierte? Vielleicht war sie kaputt. Vielleicht gab es ein Problem mit dem Mechanismus, der die Sprachaktivierung abschaltete. Was auch immer die Ursache war, Stanley gefiel das alles ganz und gar nicht.

„Wir mögen dich", sagte die Puppe mit dem gleichen kleinkindlichen Kichern, dass er einmal so charmant gefunden hatte. Mit zitternder Hand nahm Stanley die Puppe hoch, um sie zu untersuchen. Vielleicht hatte sie irgendwo einen Schalter, der ihm vorher nicht aufgefallen war und der die Sprachwiedergabe steuerte. Vielleicht konnte er die Puppe einfach abschalten.

Stanley bemerkte, dass der Puppe ein Arm fehlte. Wie

seltsam. In der Nacht zuvor war noch alles in Ordnung gewesen. „Was ist mit deinem Arm passiert?“, fragte Stanley.

„Nimm mich mit nach Hause“, sagte die einarmige Puppe.

„Nein.“ Eigentlich hatte er nicht mehr mit der Puppe sprechen wollen, warum also tat er es trotzdem?

Aus irgendeinem Grund schien die Puppe nicht mehr so niedlich zu sein. Er konnte nicht sagen, warum, aber der Gedanke, sie bei sich in der Wohnung zu haben, erschreckte ihn plötzlich. Und auch hier im Wachraum konnte er gut auf ihre Anwesenheit verzichten.

Stanley erinnerte sich, dass, als er die Puppe in der Nacht zuvor angefasst hatte, ihm ein winziger Kratzer in der Lackierung des Gesichts aufgefallen war. In der Nacht darauf war der Kratzer dann nicht mehr da gewesen. In einer anderen Nacht, so erinnerte er sich jetzt, hatte er bemerkt, dass das Tutu eingerissen war. Heute Nacht, wie auch in der letzten, war das Tutu aber wieder vollkommen in Ordnung gewesen.

Wir mögen dich.

Wir!

Und auf einmal verstand Stanley. Es war nicht jede Nacht dieselbe Puppe, die da auf seinem Schreibtisch gesessen hatte. Es war jedes Mal eine andere gewesen. Sicher, es war die gleiche *Art* von Puppe, aber es gab immer kleine Unterschiede.

Aber was hatte das zu bedeuten? Es war wirklich seltsam und beunruhigte ihn. Er wollte nichts damit zu tun haben.

Schnell öffnete er eine Schublade im Schreibtisch, ließ die einarmige Puppe hineinfallen und knallte die Schublade wieder zu. Na also. Aus den Augen, aus dem Sinn.

* * *

Nachdem er beim Arzt gewesen war und alle gesundheitlichen Probleme geklärt waren, beschloss Stanley, sich einen neuen Job zu suchen, wozu ihn Melissa schon lange drängte. Sie meinte, dass man drüben bei Gericht, wo sie arbeitete, immer gute Wachleute suchte. Dann könnte er tagsüber arbeiten und hätte mit Menschen zu tun, mit denen er auch reden konnte. Vielleicht könnte er auch hin und wieder die Mittagspause mit Melissa verbringen. Wenn er tagsüber arbeitete, würden seine Schichten auch nicht ständig mit denen seiner Freunde kollidieren, und er hätte die Chance, wieder mit ihnen abzuhängen. Er könnte sie in seine Wohnung einladen, sie könnten zusammen Pizza bestellen und Football schauen.

Vielleicht lernte er dann auch wieder ein Mädchen kennen. Als Erstes aber wollte er Katie um ein Date bitten. Selbst wenn sie ihn abwies, war das eine gute Übung und ein Schritt in die richtige Richtung.

Sobald er wieder gesund war, könnte ein Job bei Gericht die Lösung für all seine Probleme sein. Es wäre ein sonniger, freundlicher Arbeitsplatz im Kreis von anderen Menschen – nicht wie jener in dem unterirdischen Bunker, so dunkel und gruselig und einsam. Stanley dachte über die Zukunft nach und verspürte ein wenig Hoffnung.

Er sagte sich, dass er nicht wieder einschlafen würde und er lieber seinen Job machte. Es war seine Aufgabe, die Monitore zu überwachen. Aber körperlich war er, aus welchem bizarren medizinischen Grund auch immer, völlig überbeansprucht, und Erschöpfung machte sich in ihm breit. Sein Kopf sank zurück, als er im Stuhl zusammensackte, und seine Augenlider schlossen sich schwer. Dann sank er in die Schwärze des Schlafes hinab.

***

Er saß in einem Zahnarztstuhl. Die Zahnarzthelferin war ein Roboter, der als Ballerina verkleidet war. Im Gegensatz zu der kleinen Puppe war ihr Gesicht so bemalt, dass es sehr feminin und hübsch aussah, mit langen Wimpern, rosa Lippen und rosa Kreisen auf den Wangen. Ihr blaues „Haar" aus Metall war zu einem festsitzenden Knoten aufgesteckt. Sie schwebte über ihm und hielt mehrere kurze, aber breite Gurte in den Händen. „Wir müssen Sie festschnallen", sagte sie mit weicher, weiblicher Stimme. „Der Doktor mag es nicht, wenn Sie sich bei der Behandlung winden." Sie fesselte Stanley mit Lederriemen um seine Schultern, seine Arme und seine Beine an den Stuhl. Er wollte sich bewegen, wollte gegen die Fesselung protestieren, aber er konnte seinen Körper nicht dazu bringen, etwas zu unternehmen. Er war wie gelähmt.

Der Zahnarzt kam herein. Er trug eine dunkle Schutzbrille und eine chirurgische Maske. Stanley lag in dem Stuhl, sein Mund stand offen, seine Hände umklammerten die Armlehnen so fest, dass seine Knöchel weiß hervortraten. Wortlos und grob versuchte der Zahnarzt, Stanleys Mund immer weiter zu öffnen. Nein, *sagte Stanley in seinem Kopf.* Aufhören! So weit geht er nicht auf! Das funktioniert nicht!

Plötzlich riss sich der Zahnarzt die Schutzbrille und die Maske herunter. Dahinter kam ein clownsähnliches weißes Gesicht mit großen schwarzen Augenhöhlen und einem schwarzen klaffenden Grinsen zum Vorschein. Die Iris der Augen leuchtete gelb inmitten der Augenhöhlen. Und das Gesicht. Er kannte dieses Gesicht … Mit den Händen zog die Kreatur seinen Mund noch weiter auf, weiter, als er es aushalten konnte. Seine Lippen drohten, in den Winkeln einzureißen, sein Kiefer zu brechen …

***

Stanley wachte auf, doch das Gefühl, auseinandergezerrt zu werden, hörte nicht auf.

Das Gesicht in dem Traum. Stanley kannte dieses Gesicht. Es war …

Stanley wurde von einem seltsamen Empfinden auf seinem eigenen Gesicht aus seinen Gedanken gerissen. Irgendetwas bewegte sich auf seinem Gesicht.

Die Ballerina-Puppe stand auf seinem Kinn. Mit einem Arm und einem Bein versuchte sie, seinen Mund weit genug aufzureißen … weit genug wofür?

Stanleys Herz raste, als er endlich begriff. *Weit genug, damit sie hineinpasst.*

Stanley hob seinen tauben rechten Arm und schlug die Puppe weg. Sie war leicht und flog quer durch den Raum, schlug mit einem Knall gegen die Wand und landete auf dem Boden. Mit den Händen stützte er sich auf den Schreibtisch, um sich auf die Füße zu stemmen. Als er stand, spürte er eine ungeheure Anspannung in seinen Armen, seinen Beinen, seinem Bauch, seiner Brust. Er wusste jetzt, dass das, was er da fühlte, Dutzende winzige Gliedmaßen waren, die von innen gegen seine Haut drückten. In seinen Armen, seinen Beinen, seiner Brust, seinem Bauch – wie viele von denen waren da schon drin? Die Halsschmerzen hatten nach jener Nacht begonnen, in der die erste Puppe aufgetaucht war.

Nein, es tat zu sehr weh, um etwas zu essen oder zu trinken. Nacht für Nacht waren die Puppen erst in seinen Mund und dann seine Kehle hinuntergeklettert, während er schlief, und sie hatten sich ihren Weg durch die engen Gänge seines Körpers gebahnt wie Forscher in einer dunklen, feuchten Höhle. Der bloße Gedanke widerte ihn an. Er hatte den Drang, sich zu übergeben, doch sein Magen war leer. Dort spürte er nur Säure und Angst.

Viel lieber wäre es ihm gewesen, wenn er immer noch davon überzeugt sein könnte, sich einen seltenen Virus oder eine Infektion eingefangen zu haben. Die Leute sagten immer, wenn man krank war, hilft es einem mehr, wenn man etwas darüber wusste. In diesem Fall lagen sie falsch. Die Gründe zu kennen, war viel, viel schlimmer.

Stanley taumelte aus dem Wachraum und lief den Flur hinunter. Er wusste, er hätte eigentlich rennen müssen, aber dazu war er zu schwach. Die Wände der Fabrik schienen auf ihn zuzukommen. Er hatte seinen Arbeitsplatz nie gemocht. Er musste dort für immer verschwinden, sagte er sich, und das würde er tun, auch wenn er es nur kriechend schaffte. Für ihn fühlte es sich an, als seien die Puppen wütend, als würden ihre vielen kleinen Fäuste von innen auf ihn eintrommeln und ihre vielen kleinen Füße ihn immer wieder treten. Aber dann sah er in einiger Entfernung das grüne Schild mit der Aufschrift EXIT leuchten. *Grün bedeutet Hoffnung*, sagte er sich. Wenn er hier irgendwie herauskommen konnte, wenn er an die frische Luft, ins Mondlicht kam, könnte er herausfinden, was zu tun war. Er stützte sich gegen die Wand und humpelte zu dem EXIT-Schild.

Draußen versuchte er erst einmal, frische Luft zu schnappen, sog aber stattdessen den Gestank der Biotonne tief in seine Lungen. Er war so erschöpft und krank, dass er sich am liebsten einfach auf den Boden gelegt hätte, aber er musste einen Weg finden, die Treppe hinaufzukommen. Die Treppe hinauf und in ein Taxi und dann direkt in die Notaufnahme, wo er den Ärzten sagen würde … Ja, was eigentlich?

In mir leben Dutzende kleiner Puppen. Sie krabbeln immer in meine Kehle, wenn ich schlafe. Es bestand kein Zweifel daran, auf welcher Station er landen würde, wenn er im Krankenhaus etwas Derartiges erzählte. Aber vielleicht konnte er die Ärzte überzeugen, eine Röntgenaufnahme zu machen, auf der sie dann sehen würden, dass es die Puppen tatsächlich gab …

Stimmen.

Stanleys Gedanken wurden von gedämpften mädchenhaften Stimmen unterbrochen. Gedämpft waren sie, weil sie aus seinem Inneren kamen.

Von seinem linken Arm: „Ich bin gern in deiner Nähe."

Von seinem rechten Bein. „Wir mögen dich."

Von seinem Bauch: „Da bist du warm und wabbelig."

Stanley stolperte zurück und fiel fast hin. Das Stehen fiel ihm immer schwerer. Der Druck, der sich in ihm aufbaute, wurde unerträglich. Er hatte das Gefühl, jeden Moment zu explodieren. Konnte das wirklich passieren? Konnte ein Mensch tatsächlich auseinanderplatzen?

Die kleine einarmige Puppe stand im Türrahmen, in einer Pose, als würde sie gleich eine Pirouette drehen. Die gelb leuchtende Iris in ihren schwarzen Augenhöhlen durchbohrte Stanley wie ein Laser. Ihr Lächeln war breit. Sie legte den Kopf in einer Weise schräg, die unter anderen Umständen vielleicht niedlich gewesen wäre. „Ist da nicht noch Platz für eine mehr?", zwitscherte sie.

Stanley hatte all seine Kraft verloren. Er fiel auf die Knie. Mit der Anmut einer Ballerina sprang die einarmige Puppe auf ihn zu.

Stanley konnte es nicht verhindern. Er öffnete weit den Mund, um zu schreien.

DER NEUE

„Heute ist ein heller, sonniger Tag. Ein Tag, an dem man unbedingt etwas tun möchte. Etwas, das Spaß macht oder das ›produktiv‹ ist.“ Mit den Fingern malte Devon Anführungszeichen in die Luft und hoffte, dass niemand seine abgekauten Fingernägel und die zerrissene Nagelhaut bemerken würde. Dann fuhr er in einem möglichst drohenden Tonfall fort: „Es ist genau so eine Art von Tag, an dem deine Mutter dich den Rasen mähen lässt. Doch heute bleibt der Mäher stehen. Heute feiern wir eine Geburtstagsparty.“

Im Klassenraum raschelte es. Jemand kicherte, doch Devon sah nicht von seinen Unterlagen auf. Er hielt den Kopf gesenkt und seine langen Haare hingen wie ein Schutzschild zwischen ihm und der Klasse herunter.

Normalerweise hasste er es, vor der Klasse stehen zu müssen, egal, aus welchem Grund, aber heute hatte er eine Mission. Wenn er schon eine blöde Aufgabe für den Englischunterricht vorlesen musste, dann wollte er das zumindest für sich nutzen.

Devon fuhr fort und beschrieb die Geburtstagsparty für einen Haufen kreischender Vierjähriger. Er las von den

Ballons und den Clowns und der bunten Hüpfburg mitten auf dem grünen Rasen.

„Aber es ist keine gewöhnliche Hüpfburg“, las Devon. „Noch weiß das niemand, aber sie werden es herausfinden … und zwar jetzt.“ Devon machte eine vielsagende Pause. Er hörte nichts. Soweit es ihn betraf, waren seine Lehrerin Mrs Patterson und seine Klassenkameraden verschwunden. Aber er würde nicht den Blick heben, um sich davon zu überzeugen.

Devon fuhr fort: „Denn jetzt klettert die kleine Halley in die Hüpfburg. Sie ist als Erste drin. Ihre Zwillingsschwester Hope folgt ihr dichtauf.“

War das ein Keuchen, das Devon aus der dritten Reihe gehört hatte? Er glaubte schon. Gut. Er hatte ihre Aufmerksamkeit. Er grinste, während er weiterlas. „Halley schafft es fast in die Hüpfburg, wobei sich ihr leuchtend pinkfarbenes Kleid mit dem Rot der Plastikburg beißt. ›Schneller‹, drängt Hope und drückt gegen Halleys Po. Halley krabbelt immer noch langsam voran, bis sie auf einmal ins Innere der Hüpfburg gesaugt wird. Hope kichert und folgt ihr.“

Wieder hörte Devon auf zu lesen. Jetzt kam der interessante Teil. „Aber in einer Sekunde wird HOPE sich wünschen, ihrer Schwester nicht gefolgt zu sein. Noch hat sie den Blick gesenkt, während sie in die Burg kriecht, doch nun ist sie drin. Sie hebt den Kopf und sieht auf einmal den teilweise aufgefressenen Körper ihrer Schwester, der noch auf dem roten Vinyl liegt. Nein, Moment! Das Vinyl ist nicht rot. Es ist mit Blut bedeckt.“ Hatte Devon gerade einen unterdrückten Schrei gehört? Er las weiter: „Und die Burg ist keine Burg. Sie ist ein riesiges Maul, und das Maul kaut, und jetzt öffnet es sich weiter, und Hope rutscht schreiend in …"

„Das reicht!", rief Mrs Patterson.

Devon blinzelte. Er hatte immer noch nicht aufgeschaut. Er war noch nicht fertig.

„Devon Blaine Marks." Mrs Patterson spie jeden einzelnen von Devons drei Namen hervor. Noch bevor er antworten konnte, tauchte Mrs Pattersons große Hand in Devons Blickfeld auf und riss ihm die Geschichte aus den Fingern. Das Papier raschelte und er spürte einen Schnitt in der Haut zwischen seinem Daumen und Zeigefinger.

Im Klassenraum war es so still, dass Devon vor dem Fenster einen Vogel zwitschern hören konnte. Schließlich sah er zu Mrs Patterson auf. „Was denn?"

„Was denn?" Mrs Patterson schüttelte heftig den Kopf, wodurch ihr blonder Pferdeschwanz einen wilden Tanz aufführte.

Mrs Patterson war Englischlehrerin, aber sie war auch die Basketballtrainerin der Mädchen. Groß und breitschultrig überragte sie Devon, und der maß schon in seinem Alter einen Meter neunzig. Wenn er sich nur koordinierter bewegen könnte, um Basketball spielen zu können. Vielleicht wäre er dann auch ein Teil von …

„Devon." Mrs Pattersons tiefe Stimme wurde sanft, und Devon hob endlich den Blick, um in ihr breites Gesicht zu sehen. Es gelang ihm sogar, ihr direkt in die durchdringenden blauen Augen zu blicken. Mrs Pattersons Augen waren unheimlich. Jeder in der Klasse dachte so. Sie konnte einen mit einem einzigen Blick in Flammen aufgehen lassen. Devon war froh, dass er noch auf beiden Füßen stand.

„Melde dich im Büro von Mr Wright“, befahl Mrs Patterson.

Devon blickte auf sein zerknittertes Manuskript in Mrs Pattersons Hand. Erst wollte er etwas entgegnen, doch dann zuckte er mit den Schultern und ging zur Tür.

Von dort aus gesehen saß Heather auf dem zweiten Platz in der dritten Reihe. Als er diese Reihe passierte, begegnete er ihrem Blick. Hatte es funktioniert?

Heather sah ihn direkt an. Sah ihn direkt an! Ja!

Heather Anders, eins der beliebtesten Mädchen in seiner Klasse und bei Weitem das hübscheste, hatte niemals, nicht ein einziges Mal, Devon je angesehen. Soweit es Heather und fast den ganzen Rest der neunten Klasse betraf, existierte Devon einfach nicht. Und falls sie doch bemerkt hatte, dass es ihn gab, gehörte er für sie einfach zur Einrichtung wie eine Wandtafel oder ein Stuhl. Wäre Devons bester – und einziger – Freund Mick und seine es gut meinende, aber äußerst nervtötende Mutter nicht gewesen, würde Devon sich tatsächlich fragen, ob er wirklich existierte. Manchmal war er sich da gar nicht so sicher.

Aber heute existierte er. Und Heather sah ihn. Triumphierend grinste er sie an und streckte einen Daumen in die Höhe, während er zur Tür schlenderte.

Heather verdrehte die Augen und sagte: „Himmel, Devon. Das war echt krank.“

Devon grinste noch breiter und richtete sich auf, während er hierzu nickte und dann aus der Klasse marschierte, als sei er auf dem Weg zu einer wichtigen Besprechung und nicht zum Büro des Rektors.

Er hatte es geschafft.

Auch wenn er Heather bis jetzt nicht weiter aufgefallen war, hatte er sich einem genauen Studium von Heather hingegeben. Er beobachtete sie. Er hörte zu, was sie sagte. Er wollte einfach alles über sie wissen.

In der Woche zuvor, während Mick von seiner neuen Begeisterung für Superhelden erzählt hatte, hatte Devon belauscht, worüber Heather mit ihren Freundinnen sprach. Sie hatte sich über ihre vier Jahre alten Zwillingsschwestern Halley und Hope beschwert. „Die machen mich verrückt", hatte sie zu Valerie gesagt, ihrer besten Freundin. „Ich meine echt irre. Ständig muss ich auf sie aufpassen und ich hasse das. Sie geraten immer in irgendwelche Schwierigkeiten, machen irgendwas kaputt oder was auch immer, und dann bringt *mich* das in Schwierigkeiten. *Ich hasse die beiden!*"

Am selben Tag gab Mrs Patterson der Klasse die Aufgabe, eine Kurzgeschichte zu schreiben. Und da erkannte Devon seine Chance. Er sah sie. Er ergriff sie. Und er hatte das Beste daraus gemacht.

Wen kümmerte es da, wenn ihm das einen Ausflug ins Büro des Rektors einbrachte? Gerade die besten kreativen Künstler besaßen verborgene Tiefen, die unter der Oberfläche lauerten … und normalerweise wurden sie missverstanden.

Devon und Mick trafen sich nach der Schule an ihrem Stammplatz im hinteren Bereich des Lehrerparkplatzes.

Devon konnte es kaum erwarten, mit Mick darüber zu sprechen, wie es mit Heather gelaufen war. Er hatte nicht daran gedacht, Mick anzusehen, bevor er den Unterricht verließ. Er war sich auch nicht sicher, ob sein Freund mitbekommen hatte, was passiert war. Mick neigte zu Tagträumereien. Er ertappte ihn oft dabei, wie er in Gedanken versunken aus dem Fenster des Klassenzimmers starrte.

Als Devon Mick erreichte, jonglierte der mit seinem leuchtend pinkfarbenen Rucksack, einem Tiger aus Pappmaschee, einem Plastikbecher mit einem geschwungenen Strohhalm daran, einem Stapel Bücher, die offensichtlich nicht mehr in den überfüllten Rucksack passten, und einer halb aufgegessenen Packung Schokoküchlein. Weißer Zuckerguss von den fehlenden Muffins klebte an seinen Lippen.

Devon zeigte auf den Zuckerguss.

„Hm? Was? Oh." Mick wischte sich mit der Hand, in der er den Tiger hielt, über den Mund. Dadurch sah er aus, als würde er gerade zerfleischt werden. Außerdem ließ er dadurch den Bücherstapel fallen, der auf den Boden knallte und sich in alle Richtungen verstreute.

Devon schüttelte den Kopf und bückte sich, um die Bücher aufzuheben. Er steckte sie in seinen eigenen marineblauen Rucksack, der fast leer war. Er hatte seine Hausaufgaben für den Tag schon gemacht, während er in Mr Wrights Büro herumhing, und im Gegensatz zu Mick las Devon nie ein Buch, das er nicht unbedingt lesen musste.

„Tut mir leid. Au, hast du sie?", fragte Mick. „Danke." Mick blickte Devon durch seine runde Drahtgestell-Brille an. Mit einer Hand schob er sich seinen rötlich blonden Pony aus der sommersprossigen Stirn – woraufhin der nun steil nach oben stand. „Wo ist dein Kunstprojekt?“

„Ich hab’s in den Müll geworfen.“

„Wieso? Dieser vierköpfige Oktopus war doch cool.“

Devon zuckte die Schultern. Er sagte Mick nicht, dass er fand, es sei Kinderkram, Pappmaschee-Tiere zu basteln, und dass der Kunstlehrer Mr Steward ihm eine Vier für das Projekt gegeben hatte. Zudem hatte er sich einen Vortrag darüber anhören müssen, was es bedeute, Vorgaben zu befolgen, anstatt immer nur einfach zu tun, was er wollte. „Die Skulpturen sollten echte Tiere darstellen, Mr Marks“, hatte Mr Steward gesagt.

„Woher wissen Sie, dass es keine vierköpfigen Kraken gibt?“, hatte Devon erwidert. „Bisher sind nur fünf Prozent des Meeresbodens erforscht.“

Daraufhin war Mr Steward verstummt.

Devon las nicht gerne Bücher, was aber nicht bedeutete, dass er überhaupt nicht las. Den größten Teil seiner Freizeit verbrachte er im Internet.

Mick stopfte sich den zweiten Kuchen in den Mund, während sich die Jungen langsam von der Schule entfernten.

Mick schlürfte hörbar durch seinen Strohhalm. „Das war eine ziemlich gruselige Kurzgeschichte, Dev. Mir ist echt alles hochgekommen. Ich musste es wieder runterschlucken.“

Devon versetzte Mick einen sanften Stoß. „Wie eklig.“

„Nicht ekliger als deine Geschichte.“

„Wie du meinst. Hast du denn gesehen, was Heather gemacht hat?“

„Sie war voll weiß, ihr Gesicht, meine ich. Ich dachte, sie fällt gleich in Ohnmacht.“

„Ja? Aber hast du auch gesehen, wie sie mich angeschaut hat?“

Mick warf Devon einen Blick zu, der sich gerade bückte, um einen runden Stein aufzuheben. Er warf ihn gegen ein Stoppschild und er schlug mit einem metallischen Knallen in der Mitte des Os ein.

„Äh … sie hat dich angesehen, als würde sie dich am liebsten umbringen.“

„Nein. Hast du nicht gehört, was sie gesagt hat?“

Mick rückte seinen Rucksack zurecht. „Ja. Sie hat gesagt, die Geschichte sei krank.“

„Ja, und du weißt ja, das kann auch cool heißen.“

Mick verzog das runde Gesicht. „Also in dem Fall glaube ich das nicht.“

Wieder zuckte Devon die Schultern, hob einen weiteren Stein auf und warf ihn gegen einen Laternenpfahl. Zur Belohnung ertönte ein lautes Peng. „Der Punkt ist doch, dass sie mich überhaupt bemerkt hat. Sie hat mit mir gesprochen.“

Mick verzog seinen kleinen Mund. „Und das ist was Besonderes?“

„Das ist es!“

Die Jungen hatten den Rangierbahnhof erreicht, der eine Meile von ihrer Schule entfernt lag. Sie gingen zwischen den abgestellten, mit Graffiti beschmierten Güterwagen hindurch. Es roch nach Öl und Teer, und die Luft war erfüllt vom Lärm der Zugräder, die träge über die schmutzigen alten Schienen holperten. Auf der anderen Seite der Anlage tauchten sie in die Wälder ein, die sich jenseits des Bahngeländes meilenweit nach Norden erstreckten wie auch von mehreren Meilen im Osten bis an ihr Viertel heran, das im Westen lag. An manchen Stellen standen die Bäume so dicht, dass sie die Sonne aussperrten und unten am Waldboden eine ewige Dämmerung erzeugten. War es bewölkt, wirkte der Wald wie ein einziger großer Schatten, der den viel zu lauten, zu hellen, zu hektischen Wahnsinn, den die meisten Menschen das wirkliche Leben nennen, einfach verschluckte und dämpfte. Devon liebte die Dunkelheit, und an einem sonnigen Tag wie heute war es für ihn eine Erleichterung, in den Wald tauchen zu können und das grelle Licht hinter sich zu lassen.

Auf halbem Weg von der Eisenbahn zu ihrem Viertel, wenn sie sich am Waldrand hielten, erreichten sie ihr „Clubhaus“, den Treffpunkt, den sie sich in einer alten, verlassenen Tankstelle am Waldrand eingerichtet hatten. In den sechs Jahren, die sie nun befreundet waren, hatten sie fast jeden Nachmittag nach der Schule und einen Großteil jedes Wochenendes in ihrem Clubhaus verbracht.

Wenn Devon ehrlich war – was selten vorkam –, dachte er, dass sie eigentlich ein bisschen zu alt für ein Clubhaus waren. In der Grundschule hatte das gepasst und vielleicht noch im ersten Jahr der Mittelstufe, aber jetzt, wo das Schuljahr fast zu Ende war, kam es ihm irgendwie kindisch vor. Für ihre Spiele als Piraten und Weltraum-Cowboys fühlte er sich inzwischen zu alt, und die Schrottsammlung, die sie im Laufe der Jahre zusammengetragen hatten, betrachtete er nicht mehr als „Schätze“. Er wollte nicht einer von zwei Jungen sein, die nach der Schule nur eine heruntergekommene, verlassene Tankstelle hatten, wo sie hingehen konnten.

Aber das bedeutete nicht, dass er ein Problem mit ihrem Clubhaus hatte. Vielleicht befriedigte es nicht mehr seine Abenteuerlust, aber es war ein Ort, an dem er zumindest dem ganzen Mist, den das wirkliche Leben über ihm ausschüttete, entkommen konnte. Es war ein Ort, an dem er die Schule vergessen konnte und den ganzen Druck, dass er „etwas werden“ solle, den seine Mutter ständig auf ihn ausübte.

„Ende nicht wie ich, Devon. Werde jemand“, sagte sie immer wieder und wieder und wieder und …

„Findest du nicht?“, fragte Mick.

„Was?“ Wie lange war er schon neben seinem Freund hergelaufen, ohne ihm zuzuhören? Devon hatte keine Ahnung, was er verpasst hatte, doch er vermutete, dass es nicht sonderlich wichtig war. In letzter Zeit war Micks Lieblingsthema das digitale Mathe-Game, an dem er arbeitete. „Man ist eine Art Spion, der etwas entziffern muss“, hatte Mick ihm erklärt.

Mick und Devon erhielten in der Schule meistens Zweien und Dreien, gewürzt mit einer gelegentlichen Vier. Das lag aber nicht daran, dass sie dumm waren. Ganz sicher nicht. Devon hatte sich nur nie genug für die Schule interessiert, um sich auch „anzustrengen“ – wie seine Mutter es formulierte. Die Schule langweilte ihn einfach. Warum also sollte er sich anstrengen? Micks Problem dagegen war ein wenig ernster. Er hatte einige Lernstörungen, die Devon nicht wirklich verstand, und er neigte zu Aufmerksamkeitsproblemen. „Wir werden den Jungen nicht in eine Schublade stecken", sagte Micks Vater (laut Mick), und Mick war auch nie deswegen behandelt worden. Im Grunde war Mick, soweit Devon es beurteilen konnte, eine Art Savant, der einfach nicht herausfand, wie man das Schulspiel nun spielte. Und Mick kümmerte sich auch gar nicht erst darum. Er aß gern (der Grund dafür, dass er etwas pummelig war) und interessierte sich für fantastische Welten. Mick war zu groß für sein Alter, schon fast so groß wie Devon. In seinen umgekrempelten Cordhosen und den kurzärmeligen Hemden wirkte er wie ein Nerd, aber das schien ihn nicht zu stören. Devon dachte, dass Mick eines Tages wahrscheinlich eine Firma für Gameentwicklung besitzen und ein vielfacher Milliardär sein würde.

„Devon!" Mick zerrte an Devons T-Shirt.

„Was?" Devon blinzelte und blickte sich um. Eigentlich hätten sie inzwischen beim Clubhaus sein sollen. Ja, da war die alte Zeder mit dem gespaltenen Stamm, also …

Doch wo war die Tankstelle?

„Es ist weg", sagte Mick mit belegter Stimme.

Und er hatte recht. Die Tankstelle war nicht mehr da. Stattdessen hockte ein riesiger gelber Bagger unbewegt neben einem Haufen Schutt. Er wirkte wie ein Drache, der nur darauf wartete, seine besiegten Feinde mit einem Feuerteppich zu überziehen.

Mick ließ sich auf einen umgefallenen Baumstamm plumpsen. „Aber …“ Er blinzelte und schniefte. „All unsere Schätze.“

Devon, den das abgerissene Clubhaus in einer seltsamen Weise begeisterte, blickte auf seinen Freund herab. Micks große braune Augen waren feucht. Er rieb sich die Nase.

Devon setzte sich neben Mick und legte einen Arm um seine Schultern. „Hey, ist schon okay.“

„Ist es nicht! Sieh doch hin!“

„Ja, ich sehe ja hin.“

„Alle unsere Schätze“, wiederholte Mick.

„Sicher. Aber wir können noch mehr finden.“ Zwar hatte Devon daran überhaupt kein Interesse, doch das brauchte Mick nicht zu wissen.

„Aber jetzt haben wir kein Clubhaus mehr!“

Devon drückte Mick ein bisschen an sich, wobei er froh war, dass niemand sie sah. „Ich finde schon etwas für uns.“

„Meinst du?“

„Klar. Und in der Zwischenzeit haben wir immer noch den Wald.“ Er deutete hinter sich.

„An Tagen wie heute funktioniert das, aber …“

„Überlass alles mir“, erklärte Devon. „Jetzt bleiben wir erst mal hier. Und egal, was noch kommt, wir sind ja weiterhin zusammen, richtig?“ Er streckte seinen rechten Zeigefinger aus.

Mick grinste und nickte. „Wir haben ja uns.“ Auch er streckte seinen rechten Zeigefinger aus und legte ihn um Devons. Sie zogen beide einmal kurz und kräftig und ließen dann wieder los.

Devon streifte seinen Rucksack ab und öffnete die Außentasche. „Ich habe den Schokokeks von meinem Mittagessen aufgehoben. Du kannst ihn haben, wenn du willst."

Mick strahlte. „Wirklich? Echt knorke."

Innerlich verdrehte Devon die Augen. Er war es gewohnt, dass Mick irgendwelche veralteten oder sogar erfundenen Ausdrücke benutzte, was aber nicht bedeutete, dass er sie immer gut fand.

Während Mick den Keks vertilgte, sagte Devon: „Ich glaube, heute ist ein großer Tag. Vielleicht ist das …", er deutete auf die Reste der abgerissenen Tankstelle, „… ein Zeichen, dass etwas Neues kommt, etwas Großes. Ich meine, immerhin hat Heather heute mit mir *gesprochen*. Jetzt muss ich darauf aufbauen und versuchen, auch noch auf anderem Wege ihre Aufmerksamkeit zu bekommen."

Mick hörte auf zu kauen und wischte sich Kekskrümel vom Kinn. „Ähm … ich weiß nicht, ob es unbedingt gut ist, ihre Aufmerksamkeit zu bekommen. Es gibt unterschiedliche Arten von Aufmerksamkeit, oder?"

Devon zuckte die Schultern. „Wie auch immer." Er war zufrieden damit, wie gut sein Plan heute funktioniert hatte, und er hatte keine Lust, sich dieses Hochgefühl von Mick zerstören zu lassen. „Hey", sagte er, „lass uns doch mal nachsehen, ob wir in dem Schutthaufen noch ein paar von unseren Sachen finden."

Mick, der den Keks inzwischen aufgegessen hatte, grinste.

***

Mrs Patterson schien wegen Devons Geschichte wütend zu sein. Anstatt ihn wie üblich zu ignorieren, starrte sie ihn an, als er sich im hinteren Teil des Klassenraums neben Mick auf seinen üblichen Platz setzte. Heather war noch nicht da.

Kaum saß Devon, stieß Mick ihn an. „Hey, Dev, du musst unbedingt Kelsey kennenlernen." Mick lehnte sich etwas zurück und zeigte auf einen Neuen, der links von ihm saß. „Kelsey, das ist Devon. Dev, das ist Kelsey."

„Hey", sagte Kelsey. Er warf Devon ein scheinbar freundliches und aufrichtiges Lächeln zu.

Wirklich?

Devon hatte Kelsey schon früher an diesem Morgen gesehen. Er hatte in der Nähe der Treppe herumgehangen und die anderen Kinder beobachtet. Schon da hatte Devon gedacht, dass er nicht wie jemand aussah, der mit Mick und Devon befreundet sein würde. Obwohl Devon sich nicht so streberhaft kleidete wie Mick, ähnelte er in keiner Weise einem normalen Kind. Er war zu dünn für seine Größe, und er wusste, dass auch noch viele andere Dinge gegen ihn sprachen. Seine Zähne waren krumm und schief, und seine Mutter konnte es sich nicht leisten, dass er eine Klammer bekam. Seine Ohren waren zu groß – und obwohl er sein dunkles Haar lang trug und so ungekämmt wie möglich, wollten die Ohren doch immer wieder daraus herausragen. Sein Hals war zu lang und seine dunklen Augen viel zu klein. Zudem standen sie zu eng beieinander. In der Grundschule hatte ihn einer der Schultyrannen immer „Vogelmann" genannt. Seine Mutter sagte gern, er sei ein „schlafender Schwan". Ja, klar.

Aber da saß nun dieser neue Junge, dieser sehr gut aussehende neue Junge (Devon wusste, worauf Mädchen bei Jungen standen), der Devon anlächelte, als sei er es wert, angelächelt zu werden. Devon hatte beobachtet, wie Kelsey auf der Treppe auch viele andere Kinder auf die gleiche Weise angelächelt hatte.

Trotzdem fühlte Devon sich bei diesem Lächeln geradezu lächerlich gut.

„Kelsey ist gerade hergezogen", meinte Mick.

Devon widerstand dem Drang, „na und" zu sagen.

„Sein Vater ist Bauunternehmer", fuhr Mick fort. „Ist hier, um den Hotel- und Büro-Komplex zu bauen, für den mein Dad mitgeboten hat, den Auftrag aber nicht bekommen hat." Sein Grinsen und seine strahlenden Augen machten deutlich, dass er das überhaupt nicht spitz meinte. Doch Devon bemerkte, dass Kelseys Lächeln für eine Sekunde ins Stocken geriet.

Devon hatte keine Ahnung, was er sagen sollte, also meinte er einfach: „Okay." Es war schon schlimm genug, dass Mick gerade seinen oft arbeitslosen Vater erwähnt hatte, der gerne darüber schimpfte, dass andere Elektriker ihn überboten. Aber Devon hoffte, dass er zum Abschluss dieses Gesprächs nicht auch noch erzählen musste, was seine Mutter machte. Sie arbeitete als Reinigungskraft und hatte nicht einmal ihre eigene Firma. Sie arbeitete für jemand anders, und sie verdiente kaum genug Geld, um davon leben zu können, aber sie schien zu glauben, dass er stolz sein sollte, weil sie es „schafften". Doch das war er nicht.

„Ich habe Kelsey eingeladen, mit uns zu Mittag zu essen“, sagte Mick.

„Klar“, erwiderte Devon, der sich nicht sicher war, ob Kelsey tatsächlich bei ihnen sitzen wollte.

Kelsey grinste. „Ich weiß die Einladung zu schätzen.“

Devon hob eine Augenbraue und betrachtete Kelseys gewelltes blondes Haar, die blauen Augen, die geraden Zähne, die breiten Schultern, die coolen zerrissenen Jeans und das verblichene schwarze T-Shirt. „Klar“, wiederholte er.

Gesprächsfetzen, raschelnde Bekleidung, Stühle, die über den Boden scharrten, und das Poltern, als Bücher auf die Tische geworfen wurden, sagten Devon, dass sich der Klassenraum allmählich füllte. Er roch Heathers zitronigen Duft und drehte sich in seinem Stuhl um, nur um ihr glänzendes kastanienbraunes Haar anzustarren. Sie trug eine dunkelgrüne Bluse, die gut zu ihren Haaren passte.

„Okay, bitte Ruhe jetzt“, sagte Mrs Patterson. „Fangen wir an.“

***

Zu Devons Verblüffung setzte sich Kelsey in der Mittagspause tatsächlich zu Mick und ihm. Es war ein weiterer schöner Tag und alle waren draußen. Entweder drängten sie sich an den Picknicktischen, die in der Nähe des Eingangs der Cafeteria aufgestellt waren, oder sie hatten sich auf dem Gras verteilt, das sich vom Weg bis zum Parkplatz erstreckte. Devon und Mick saßen gegen den Sockel der Steinmauer gelehnt, mit der die Fahnenmasten eingefasst waren.

Der Stein war rau, aber warm. Devon suchte mit den Augen nach Heather, und Mick schwärmte davon, wie köstlich Sandwiches mit Erdnussbutter und Honig waren, als Kelsey herübergeschlendert kam und sich im Schneidersitz vor ihnen niederließ.

Devon blickte sich um, weil er sehen wollte, ob jemand dieses schockierende Ereignis beobachtete, und tatsächlich taten das mehrere Leute. Ein paar der Sportler riefen: „Hey Kelsey", als sie an ihnen vorbeimarschierten. Kelsey lächelte ihnen zu. „Hey Kurt. Hey Brian." Er winkte auch einer Gruppe Mädchen an einem Picknicktisch in der Nähe zu und sie winkten zurück. Dann richtete er seine ganze Aufmerksamkeit auf Mick und Devon.

„Ich habe gehört, das Essen hier ist Mist, also habe ich mein eigenes mitgebracht", meinte er.

Mick wedelte mit seinem „köstlichen" Sandwich herum und nuschelte: „Dasch hier isch das Beschte."

Kelsey lachte. Er lachte tatsächlich nicht so, als würde er über Mick lachen, sondern ganz so, als finde er Mick amüsant. Er öffnete eine zerknitterte braune Papiertüte. „Ich mag den guten alten Hühnersalat ganz gern", sagte er. „Meine Mutter macht tollen Hühnersalat." Er zeigte auf Devons Tüte. „Und was hast du?"

Devon zuckte die Achseln. „Eigentlich habe ich gar keinen Hunger." Er steckte seine Tüte wieder in seinen Rucksack. In Wahrheit hatte er Weißbrot mit Mortadella dabei. Seine Mutter kaufte beides immer in großen Mengen und er hasste beides einfach. Er hasste den Geschmack, und er hasste es, dass er ihn an die Grundschule erinnerte, als er noch geglaubt hatte, Mortadella sei das Leckerste auf der Welt.

Er hatte die Mortadella hinter sich gelassen, doch ihr Haushaltsbudget hatte mit seinen Geschmacksknospen nicht mitgehalten.

Kelsey biss in sein Sandwich und blickte sich um. „Mir gefällt es hier. Ich mag die Sonne.“

„Siehst du, Dev? Normale Menschen mögen die Sonne.“ Mick stieß Devon mit dem Fuß an und sagte zu Kelsey: „Dev mag Wolken. Wenn ich es nicht besser wüsste, könnte ich ihn für einen Vampir halten.“

Kelsey legte den Kopf schief und musterte Devon ein paar Sekunden. Für diesen Augenblick hatte Devon das seltsame Gefühl, beurteilt zu werden. Aber dann lachte Kelsey und beugte sich zu Devon. „Aber er funkelt nicht in der Sonne wie diese Film-Vampire.“ Wieder lachte er. „Wie es scheint, ist er kein Vampir.“

Und Devon krächzte mit Grabesstimme: „Ich habe keine Lust, dein Blut zu trinken.“

„Hey Kelsey“, rief eine glockenhelle Mädchenstimme.

Devon setzte sich aufrecht hin. Es war Heather.

„Hi Heather“, erwiderte Kelsey. „Hast du das Buch gefunden, von dem ich dir erzählt hatte?“

Sie stand ein paar Meter entfernt und strahlte auf Kelsey herab. „Das habe ich. Ich werde heute Abend anfangen.“ Sie warf einen kurzen Blick zu Mick und Devon. „Oh, hallo Devon.“

Der Ton, mit dem Heather Devon begrüßte, war ein völlig anderer als der, den sie gegenüber Kelsey benutzte. Devon bemerkte das natürlich. Irgendwie hatte er das Gefühl, dass der Ton, mit dem sie sich an ihn wandte, vor Sarkasmus troff. Doch einer kleinen Stimme in seinem Hirn war das egal. Ihr war es nur wichtig, dass sie „Hi" zu ihm gesagt hatte.

„Hi Heather."

Sie rümpfte die Nase über ihn, warf Kelsey ein strahlendes Lächeln zu und ging davon.

„Hübsches Mädchen", meinte Kelsey leise, nachdem Heather außer Hörweite war. Er sah ihr einen Augenblick nach, dann ließ er seinen Blick über die anderen Schüler schweifen. Hin und wieder blieb sein Blick an jemandem hängen, bevor er dann doch weiterglitt.

„Ja", sagte Mick. „Devon meint ..."

„Ja, das ist sie", unterbrach Devon ihn. Dabei drehte er sich um und warf Mick einen Blick zu, der eindeutig sagte: *Halt die Klappe!* Mick war klug genug, um sich schweigend wieder seinem Sandwich zuzuwenden.

Kelsey fing an, über das Experiment zu reden, das sie im Naturwissenschaftsunterricht gemacht hatten, und Devon schaltete einfach ab. Er beobachtete, wie Heather sich angeregt mit ihren Freundinnen unterhielt, während er mit halbem Ohr zuhörte, wie Kelsey und Mick sich über chemische Reagenzien unterhielten. Fühlte es sich so an, wenn man tatsächlich dazugehörte? Vielleicht nicht ganz, aber er war jetzt näher dran als in all den Jahren zuvor.

Devon schwebte sozusagen durch den Rest des Tages. Schon lange hatte er sich nicht mehr so gut gefühlt. In Mathe hob er sogar einmal die Hand und beantwortete eine Frage richtig. Mr Crenshaw blieb buchstäblich der Mund offen stehen.

Als er schließlich durch die Schule lief, um Mick nach dessen letzter Stunde abzuholen, kam Devon an Heather und ihren Freundinnen vorbei, die bei den Spinden herumlungerten. Heather stand mit dem Rücken zum Gang. Ihre Freundinnen bildeten einen Halbkreis vor ihr. Da waren Valerie und Juliet, zusammen mit Gabriella, der dritten im Bunde der besten Freundinnen.

Auch Gabriellas Freund Quincy stand bei ihnen. Aus irgendeinem Grund, den Devon nicht verstand, schien Quincy immer mit den drei Mädchen abzuhängen.

„Ich habe beschlossen, meine eigenen Filme zu machen." Heather warf ihr Haar über die Schulter zurück. „Ich will keine Schauspielerin werden. Ich will hinter der Kamera arbeiten."

Devon dachte nicht weiter nach. Er blieb einfach neben Heather stehen und fing an zu reden. Er ging an Heathers Freundinnen vorbei, schob sich von der Seite direkt vor Heather und sagte: „Wenn du Filme machen willst, solltest du Horrorfilme drehen. Selbst kitschige Horrorfilme haben oft viele Fans."

Heather trat einen Schritt zurück und musterte Devon von Kopf bis Fuß.

Er redete weiter. „Wenn du dich entscheiden solltest, Horrorfilme zu machen, lass es mich wissen. Ich habe einen Freund, der alles besitzt, womit man sich als Clown verkleiden kann. Du könntest einen Film über einen Gruselclown machen."

Mit einem ihrer roten Fingernägel tippte Heather gegen Devons Brust und jedes Wort klang irgendwie verächtlich. Vielleicht täuschte ihn das aber auch nur. Sie sagte: „Du bist wenig originell. Das gab es schon, gab es schon, gab es schon!" Sie drehte sich um und stolzierte davon. Ihre Freunde folgten ihr, und im Fortgehen schüttelte Valerie ihre blonden Locken über Devon und sagte: „Du bist voll seltsam."

Er blickte ihnen nach und rieb über die Stelle, die Heather berührt hatte. Sie hatte ihn *berührt*!

Als auch Mick und Devon die Schule hinter sich ließen, wartete Mick darauf, dass Devon berichtete, was seine Suche nach einem neuen Clubhaus machte, doch davon sagte Devon nichts.

„Sie hat mich tatsächlich berührt!", meinte Devon. Er hatte Mick gerade erzählt, wie er mit Heather im Gang gesprochen hatte. Für Mick klang es, als habe Devon sich dabei zum Vollidioten gemacht, doch Devon schien es anders zu sehen. Devon fand tatsächlich, dass Heathers Bemerkung und ihre Berührung Anlass zur Begeisterung waren.

Mick machte sich ein wenig Sorgen um Devon. Er schien buchstäblich eine Art Wahn zu entwickeln.

Es lag nicht daran, dass Mick glaubte, Devon würde es nicht verdienen, Heathers Aufmerksamkeit zu bekommen. Natürlich tat er das. Micks Eltern hatten ihm beigebracht, dass Aussehen nicht alles war und jeder gleichermaßen sowohl Liebe als auch andere gute Dinge verdiente. Allerdings musste Mick auch zugeben, dass er sich nicht sicher war, ob die Welt tatsächlich so funktionierte. In der Schule hatte er wenig Beweise dafür gesehen, doch er vertraute seinen Eltern.

Eine Biene schwirrte an Micks Nase vorbei. Er sprang zurück und wedelte vor seinem Gesicht herum. Aus den Augenwinkeln beobachtete er, wie Devon einen Stein auf die Kupplung eines der Eisenbahnwaggons warf. Er traf sie genau.

Doch mit seinen Schlussfolgerungen über Heather lag Devon weit daneben. Sein letzter Gesprächsversuch mit dem Mädchen war im Ansatz ein rechter Haken, dann aber ein mächtiger Fehlschlag gewesen.

Mick grinste. Sein Vater wäre stolz auf diese Sportmetapher. Als Mick jünger gewesen war, hatte er Sport nicht gemocht, aber in letzter Zeit begann er, sich für Baseball zu interessieren, das sein Vater liebte.

Als Mick und Devon den Wald erreichten, sagte Mick: „Äh … Dev? Wie weit bist du denn mit der Suche nach einem neuen Clubhaus?“

„Hä?“ Devon hatte von Heathers Haar geredet. Er blinzelte und sah Mick an.

„Ein neues Clubhaus“, wiederholte Mick.

„Oh, klar. Ich bin immer noch auf der Suche nach etwas Gutem, aber erst mal habe ich heute Morgen eine Decke, eine Plane und ein paar Seile im Wald versteckt. Ich dachte, wir könnten uns eine Deckenburg bauen und zu unserem Lager machen.“

Mick grinste. „Coole Sau! Du bist der Boss."

Mick fiel auf, dass Devon seufzte. Er wusste, dass Devon diese Ausdrücke nicht mochte, aber das war ihm egal. Sie schenkten Mick jedes Mal, wenn er sie sagte, ein Glücksgefühl, und Mick tat, was immer er konnte, um glücklich zu sein. Er war sich ziemlich sicher, dass Devon dachte, ihm sei es egal, ob er in der Schule dazugehörte. Aber Mick war das *nicht* egal. Es war ihm so wichtig, dass es ihm geradezu wehtat, wenn er daran dachte, wie sehr sie beide von allen anderen ignoriert wurden. Aber die Alternative – sich in den Vordergrund zu spielen und dann abgelehnt zu werden – behagte Mick noch viel weniger. Devon und er waren schon immer auf dieselbe Weise damit umgegangen – indem sie alle anderen ignoriert und ihr eigenes Ding gemacht hatten. Jetzt schien Devon versuchen zu wollen, sich anzupassen, während Mick es weiterhin vorzog, in seiner Fantasiewelt zu bleiben. Die Fantasiewelt fühlte sich gut an, die reale Welt tat das nicht.

Ein paar Minuten später erreichten sie ein paar Schierlingstannen, die einige Felsbrocken schützten. Devon ging zu einem der Felsen und zog eine Decke, eine Plane und ein Seil dahinter hervor. Zu zweit gelang es ihnen, die Plane zu einem schiefen und leicht durchhängenden Dach aufzuspannen. Darunter breiteten sie die Decke auf dem felsigen Boden aus.

„Lass uns ein Brainstorming machen", schlug Devon vor, nachdem sie sich hingesetzt hatten, und Mick bot ihm einen Barbecue-Kartoffelchip aus seiner Tüte an, die er nach der Schule am Automaten gezogen hatte. Jeden Tag gab ihm seine Mutter Geld, damit er sich irgendwelches Junkfood aus dem Automaten holen konnte. Es sollte eine Belohnung dafür sein, dass er einen weiteren Tag überstanden hatte. Manchmal kaufte er sich etwas Süßes, und wenn er das tat, vertilgte er es meist sofort. An anderen Tagen suchte er etwas Salziges aus, und das hob er dann gewöhnlich auf, um es sich mit Devon zu teilen.

„Zu dem Clubhaus?", fragte Mick. „Wollen wir dazu ein Brainstorming machen?"

Devon aß krachend seinen Chip und erwiderte: „Was? Nein. Über Heather und wie ich besser mit ihr in Kontakt treten kann."

„Hm ... Alter, ich bin mir immer noch nicht sicher, ob du *schon* irgendwelche Chancen bei ihr hast."

Doch Devon ignorierte Micks Einwand. „Ich muss einen Weg finden, um sie zu beeindrucken", sagte er.

„Das ist nie eine gute Idee", widersprach Mick.

„Was ist keine gute Idee?"

„Irgendetwas zu tun, um jemanden beeindrucken zu wollen. Meine Mutter sagt immer, genau dann machen Jungs oft ziemlich blöde Fehler."

Devon schnippte einen Stein gegen einen Farn, der am Fuß eines Baumes wuchs, an dem sie ihre Plane befestigt hatten. „Wen interessiert denn schon, was deine Mutter sagt?"

„Äh ... mich?"

„Aber das sollte es nicht."

„Wie wär's, wenn wir über die Wanderung sprechen, die wir am Samstag machen?", schlug Mick vor. „Mein Vater sagt, wenn wir uns ein paar Meilen weiter nördlich halten, stoßen wir auf einen ziemlich coolen Wasserfall."

„Vielleicht sollten wir uns auf die Suche nach Locations für ihre Filme machen", sagte Devon. „Ich könnte ihr eine Liste mit guten Locations geben. Das findet sie bestimmt toll."

„Anscheinend gibt es da eine seltene Pflanze, die direkt neben dem Wasserfall wächst", versuchte Mick es erneut. Wäre doch irre, wenn wir die finden."

„Ja, das wäre total irre", sagte Devon.

Mick lachte, denn er merkte, dass Devon immer noch bei seinen Locations für Heather war. Er hatte ihm überhaupt nicht zugehört. Mick seufzte. Es kam ihm vor, als habe ein Zauberbann Devon getroffen, und Mick fragte sich, wie er ihn brechen könnte.

***

Zu Devons Erstaunen traf sich Kelsey am nächsten Tag wieder mit ihm und Mick zum Mittagessen. Er brachte seinen neuen Freunden sogar Hühnersalat-Sandwiches mit. „Ich dachte, ihr würdet sie vielleicht gern mal probieren", meinte Kelsey. „Meine Mutter backt auch das Brot selbst. Ist schon ziemlich genial."

An diesem Tag war das Wetter eher nach Devons Geschmack. Es waren so viele Wolken am Himmel, dass sie die Sonne zum größten Teil verdeckten.

„Hey", sagte Kelsey und zeigte mit dem Daumen Richtung Himmel. „Dein Lieblingswetter."

Daran hatte er sich erinnert? Devon lächelte. „Ja.“

Devon hatte Kelsey in den beiden Kursen, die sie gemeinsam besuchten, beobachtet. Es schien, als würde Kelsey sich mit jedem in der Klasse irgendwie anfreunden. Wie machte er das nur?

Kam es daher, dass er gut aussah? Lag es an seiner Kleidung? Heute trug er schwarze Baggy Pants und dazu ein graues T-Shirt. Um die Taille hatte er sich ein schwarzrot kariertes Hemd gebunden. Devon war Kleidung nie wichtig genug gewesen, um zu wissen, was man trug und was nicht. Es gab auch keinen Grund, sich weiter darum zu kümmern. Seine Mutter konnte es sich gerade leisten, jedes Jahr zwei Pullover und einen Haufen T-Shirts zu kaufen. Das schränkte seine modische Auswahl erheblich ein.

„Kennst du denn alle Wolkentypen?“, fragte Kelsey. „Wir haben sie letztes Jahr in der Schule gelernt und die Einzige, an die ich mich erinnern kann, heißt Stratus. Welche sind das denn?“ Er deutete nach oben.

„Cumulus“, sagte Devon, ohne nachzudenken.

Vielleicht war es das. Kelsey sprach mit einem, als wäre es ihm wichtig, wofür man sich interessierte. Aber war es das wirklich oder tat er nur so? Devon kniff die Augen zusammen und musterte Kelsey, während dieser Mick nach dessen Superheldenuhr fragte. „Ich habe deren letzten Film gesehen“, erzählte Kelsey. „Der war cool.“

Kelsey fing an, Devon auf die Nerven zu gehen.

Moment mal. Was? Wieso? Devon runzelte die Stirn. Warum nervte Kelsey ihn? Er hätte doch froh sein sollen, dass er sich mit ihnen abgab. Er war froh. Aber er war auch genervt. Es fiel Kelsey alles einfach zu leicht. Viel zu leicht. Das war nicht fair. Devon schnaubte.

Mick und Kelsey sahen ihn an. „Was ist?“, fragte Mick.

„Oh, Entschuldigung. Ich hatte nur einen blöden Gedanken. Nicht wichtig.“

Kelsey legte den Kopf schief und blickte Devon so intensiv an, dass es sich anfühlte, als würde er ihm direkt in die Seele schauen. Dann grinste Kelsey und nickte, als ob er genau verstanden hätte, worum es ging. Aber wie konnte das sein?

„Hasst du es auch so, wenn dein Hirn sich selbstständig macht und auf irgendwelche dummen Gedanken kommt? Mein Gehirn macht das die ganze Zeit“, sagte Kelsey. „Es ist, als hätte es ein Eigenleben.“ Er lachte.

Mick lachte auch. „Das Hirn und ein eigener Wille. Der ist gut.“

Devon rang sich ein knappes Lachen ab. „Ja, ha, ha.“

Eigentlich hatte er über sich selbst gelacht, weil er sich wie ein Baby angehört hatte, als er dachte, das sei alles nicht fair. Na klar. Allmählich sollte doch gerade er wissen, dass das Leben nicht fair war.

„Was macht ihr denn nach der Schule so?“, erkundigte sich Kelsey. „Ich habe mir angesehen, was es alles so gibt, aber ich habe mich noch nicht entschieden.“

Devon wollte diese Frage nicht beantworten. Er und Mick machten keinen Sport und waren noch in keinem Club – außer in ihrem. Sie hatten nichts.

Mick jedoch ließ sich von der Frage nicht einschüchtern. Mit naiver Ehrlichkeit erklärte er: „Wir hatten ein echt cooles Clubhaus in einer verlassenen Tankstelle, aber die ist abgerissen worden. Dev hat gesagt, er würde was Neues für uns suchen."

Kelsey aß den Rest seines Sandwiches und wischte sich den Mund mit einer schwarzen Serviette ab. Wer benutzte schwarze Servietten?

„Einen Treffpunkt?" Er beugte sich vor. „Also die besten Orte zum Abhängen sind immer verlassene Gebäude. An meiner letzten Schule haben meine Freunde und ich angefangen, Städte danach auszukundschaften. Wir haben ein paar coole Plätze gefunden. Als ich dann erfuhr, dass ich hierherkommen würde, habe ich einen meiner Kumpel gebeten, mir zu sagen, ob es hier in der Nähe etwas Interessantes gibt. Er will mal nachsehen."

„Super", meinte Mick.

„Aber bis dahin kann ich immer noch bei der Suche nach dem Clubhaus helfen."

„Kannst du?" Auch Mick verschlang den letzten Bissen seines Sandwiches, wischte sich aber den Hühnersalat, der noch an seiner Wange klebte, nicht ab.

Kelsey zeigte darauf, ohne sich im Geringsten darüber lustig zu machen, und sagte: „Du hast da noch eine Kleinigkeit."

„Oh. Danke." Mick wischte sich mit dem Handrücken durchs Gesicht.

***

Kelsey lächelte. „Meine Eltern haben ein riesiges altes Farmhaus direkt außerhalb der Stadt gekauft. Meine Mutter sagt, es sei denkmalgeschützt oder so. Das ist mir egal, aber mir gefällt, dass es hinter dem Haus eine große alte Werkstatt gibt. Sie ist ziemlich heruntergekommen und muss gestrichen werden. Und sie bekommt ein neues Dach. Mein Vater baut ein Büro und einen Laden auf der anderen Seite des Hauses. Deswegen hat er gesagt, ich könnte die Werkstatt als Treffpunkt für Partys oder was auch immer haben, wenn ich sie in Ordnung bringe. Wollt ihr mir helfen? Mein Vater hat gesagt, er bezahlt das Material. Ich muss nur die Arbeit machen. Er hat mir beigebracht, wie man Sachen baut. Aber zusammen mit Freunden macht das mehr Spaß. Wir könnten die Werkstatt umgestalten und sie zu unserem Treffpunkt machen."

Hatte er wirklich gerade gesagt „aber zusammen mit Freunden macht das mehr Spaß"? Devon war versucht, ein Messer in Kelsey hineinzustoßen, um zu sehen, ob er ein Roboter war. Kinder sagten so etwas einfach nicht.

Mick jedoch schien kein Problem damit zu haben. Er hüpfte praktisch schon auf und ab. „Das wär ja der Hammer!"

Kelsey lachte. „Freut mich, dass du das so siehst." Er grinste Devon an. „Und was ist mit dir?"

„Hammer", meinte Devon so trocken wie möglich. Aber er lächelte. „Das klingt wirklich ziemlich super."

Und das tat es wirklich. Auch wenn es ihn ärgerte, wie leicht Kelsey sich in die Klasse integriert hatte, musste er zugeben, dass es toll wäre, wenn sie durch ihre Freundschaft mit ihm Zutritt zum harten Kern bekämen. Wenn sie halfen, die Werkstatt aufzubauen, und Kelsey dann Partys gab, würden sie ebenfalls eingeladen werden.

„Klasse“, meinte Kelsey. Er zückte sein Handy und verschickte eine SMS. „Es gibt da diesen alten Mann, George, ein Nachbar, mit dem ich mich angefreundet habe. Die SMS war für ihn. Ich habe ihn gefragt, ob er uns morgen nach der Schule in den Baumarkt fahren kann. Er hatte mir mal angeboten, mich immer zu fahren, wenn es nötig sei.“

Ein paar Sekunden später spielte Kelseys Telefon ein Gitarrenriff. Er warf einen Blick darauf. „Ja, er ist dabei.“ Kelsey warf einen Blick auf seine Uhr und erhob sich.

Auch Mick und Devon standen auf. Es war Zeit, in die Klasse zu gehen. „Wir treffen uns morgen nach der Schule bei den Fahnenmasten“, sagte Kelsey. „George hat einen großen Pick-up mit Doppelkabine. Da drin ist genug Platz für uns alle. Er ist knallrot. Ihr könnt ihn nicht übersehen.“

„Famos, mein Lieber!“, sagte Mick mit einem aufgesetzten britischen Akzent.

Kelsey lachte und bot Mick seine Faust zum Fistbump an. „In der Tat“, nahm er den Scherz auf. Dann bot er auch Devon seine Faust an. Devon ging darauf ein und sagte: „Wir sehen uns“. Dann gingen sie zurück in die Schule.

Devon bemerkte das Flattern in seinem Bauch, als er seine Bücher aus dem Spint holte, doch er ignorierte es. Kelseys Angebot freute ihn, aber er war sich nicht sicher, ob es eine gute Idee war, sich allzu sehr darüber zu freuen. Das Leben hatte bisher immer wieder einen Weg gefunden, ihn zu enttäuschen.

Aber vielleicht würden sich die Dinge ja doch noch ändern. Als Heather plötzlich vorbeirauschte und ihm einen kühlen Blick zuwarf, kam ihm eine grundlegende Veränderung seiner Situation plötzlich gar nicht mehr abwegig vor.

Mick war so aufgeregt, dass er kaum still sitzen konnte. Er hatte die Nacht zuvor nicht schlafen können, weil er viel zu begeistert davon war, Kelsey beim Bau des neuen Clubhauses zu helfen. Oder, okay, *Treffpunkt*. Clubhaus. Treffpunkt. Wie auch immer.

Seiner Mutter war aufgefallen, dass Mick nach dem Aufstehen dunkle Ringe unter den Augen hatte, deswegen durfte er eine Tasse Kaffee trinken. Und jetzt war er voll auf Koffein. Unterwegs zur Schule dann hatte er Devon ein Ohr abgekaut, und in jedem Kurs hatte er so schnell mit dem Fuß gewippt, dass er einem Basketball glich, der von einem Profi gedribbelt wurde. Hoppla. Das war ja noch eine Sportmetapher und er mochte Basketball nicht einmal.

Es war die dritte Stunde an diesem Tag. Sie saßen in Sozialkunde. Nicht unbedingt sein Lieblingskurs, aber er würde ihn durchstehen.

Wie immer saßen Mick und Devon im hinteren Teil des Klassenraums mit den Karten an den Wänden und dem strengen Mr Gentry, der vor allem die Schüler in der ersten Reihe genau im Auge hatte. Mick bemerkte, dass Kelsey am Ende der dritten Reihe saß, neben einigen der Footballspieler. Kelsey drehte sich zur Seite und lehnte sich etwas zurück, sodass er zu seinen Klassenkameraden auf der linken Seite des Raumes schauen konnte anstatt zu Mr Gentry nach vorn. Mick fiel auf, dass Kelseys Blick auf Devon und ihm landete. Kelsey schenkte ihnen ein kleines Lächeln und nickte.

„Heute“, sagte Mr Gentry, „geht es um Gerechtigkeit.“ Er spähte über seine schwarze Lesebrille mit dem dicken Rand, die gewöhnlich am Ende seiner schnabelartigen Nase hing.

Mick fand, dass Mr Gentry ein wenig wie ein Adler wirkte. Er hatte weißes Haar und trug normalerweise braune Sachen. Er hatte eng zusammenstehende Augen wie Devon. Und dann war da noch diese Nase.

„Was ist Gerechtigkeit?“, fragte Mr Gentry in den Raum.

Niemand hob die Hand.

Ich erkenne eine rhetorische Frage, wenn ich eine höre, dachte Mick.

„Jede Kultur hat da ihr eigenes Konzept, wenn es um Gerechtigkeit geht“, fuhr Mr Gentry fort. „Dieses Konzept wird in der Regel aus vielen Bereichen abgeleitet. Unser System der Gerechtigkeit zum Beispiel entstammt der Ethik, dem rationalen Denken, dem Rechtswesen, der Religion und einfach allgemeinen Vorstellungen davon, was fair ist. Hinter all dem steckt aber meist eine Art Bauchgefühl. Gerechtigkeit ist in den meisten Fällen etwas Intuitives. Wir wissen es, sobald wir es fühlen.“ Er ließ seinen Blick über die Klasse gleiten. „Also was bedeutet Gerechtigkeit für euch?“

Das war keine rhetorische Frage. Mick dachte nicht einmal daran, die Hand zu heben. Um das zu tun, müsste er erst eine Gehirntransplantation bekommen oder vielleicht besessen sein oder von einem außerirdischen Symbionten infiziert.

Kelsey hob die Hand und sagte: „Gerechtigkeit gleicht die Waage aus."

„Was soll das bedeuten?", fragte Mr Gentry.

„Sie beseitigt die Nachteile, damit die Nachteile nicht die Vorteile überwiegen können."

„Interessante Perspektive", meinte Mr Gentry.

Heather hob ihre Hand.

Mick runzelte die Stirn.

Heather.

Was war es nur, dass Devon so sehr an Heather faszinierte?

Klar, sie war hübsch, doch sie schien Mick ziemlich oberflächlich zu sein. Und *so* hübsch war sie auch wieder nicht. Es gab viel hübschere Mädchen in der Klasse. Er fand, dass Devon ein bisschen durchgeknallt war, was Heather anging, wobei Devon ganz allgemein etwas verstrahlt schien. Mick konnte sich allmählich des Gedankens nicht erwehren, dass *Devon* sich vielleicht einen Symbionten eingehandelt hatte. Da war etwas in seinen Augen, das irgendwie nicht ganz … sauber erschien.

„Ich glaube, Gerechtigkeit ist Rache", erklärte Heather.

„Rache", wiederholte Mr Gentry.

„Ja", sagte Heather. „Wenn einen jemand disst, muss man ihn zurückdissen."

„Rache erscheint mir ein wenig zu vage", sagte Mr Gentry. „Vielleicht lässt das zu viele Interpretationen zu. Was, wenn Rache zu weit geht?"

Heather zuckte die Schultern. „Unfälle passieren nun mal.“ Sie lachte, die Klasse lachte mit. Devon lachte am lautesten.

Mick bemerkte, dass Kelsey nicht lachte. Mick lachte auch nicht. Ein Schauer lief ihm über den Rücken.

Devon glaubte nicht, dass der Tag jemals enden würde. Alle Kurse krochen dahin und waren langweilig, wobei Sozialkunde den Vogel abschoss. Abgesehen von Heathers witziger Bemerkung „Unfälle passieren“, war der Rest der Stunde trockener als das Brathähnchen seiner Mutter. Es war immer so trocken, dass man kaum glauben konnte, dass der Vogel jemals gelebt hatte.

Aber schließlich war der Tag vorbei, und er und Mick gingen zum Ausgang, um sich mit Kelsey zu treffen. Direkt vor der Schule. Wie geil war das denn? Sie brauchten sich nicht mehr hinten hinauszuschleichen in das Clubhaus für Verlierer.

Mick lief hinüber zu Kelsey. Um sie herum drängten sich andere Schüler, die zu ihren Bussen unterwegs waren. Zum ersten Mal ging Devon diese typische Freitagsstimmung, wenn die Woche zu Ende war, nicht auf die Nerven. Nein, heute elektrisierte sie ihn geradezu.

Ihm war aufgefallen, dass Mick sich schon den ganzen Tag benommen hatte, als sei er an eine Steckdose angeschlossen. Er war hibbelig und hüpfte herum. Doch Devon verstand das. Auch er war von einem unbekannten Glücksgefühl erfüllt. Ausnahmsweise gefielen ihm die gelben Wände in den Fluren (die ihn sonst immer an rohes Eigelb erinnerten und zum Würgen brachten). Auch all die typischen Schulgerüche störten ihn nicht – der chemische Gestank des Teppichs, der staubige Geruch von Kreide, der Schweiß-, Kaugummi- und der Knoblauchgeruch vom Schulessen des Tages. Auf einmal kam ihm das alles angenehm vertraut vor.

„Bist du bereit?", fragte Mick und zog an Devons Ärmel.

Devon grinste. „Na klar."

Sie stießen die doppelten Glastüren auf und sahen sich nach einem knallroten Pick-up mit Doppelkabine um. Kelsey hatte recht gehabt. Sie konnten ihn nicht übersehen.

Zusammen gingen sie darauf zu und trafen unterwegs Kelsey, der aus der Turnhalle herübertrabte. „Ihr seid da."

Kelsey klang ehrlich erfreut. Devon war überrascht. Kelsey hob eine Hand und winkte einem bärtigen Mann hinter dem Steuer des Pick-ups zu. Der Mann winkte lächelnd zurück.

Devon fragte sich, was es wohl für ein Gefühl sein musste, wenn ein Erwachsener einen anlächelte. Nein, im Ernst, wir wollen bei der Wahrheit bleiben. Er fragte sich, was es für ein Gefühl sein musste, einen erwachsenen Mann, sagen wir einen Vater, um sich zu haben … Punkt.

An seinen Vater erinnerte sich Devon nur als einen wütenden Mann, der Sachen nach seiner Mutter geworfen hatte. Devon war drei gewesen, als sein Vater abgehauen war. Seitdem waren seine Mutter und er immer allein gewesen.

Kelsey führte Devon und Mick zum Pick-up. Devon bemerkte, wie ein paar der Kids Mick und ihn betrachteten, als seien sie Höhlenmenschen, die direkt aus der Steinzeit kamen. Ein Papierflieger segelte direkt an Devons Kopf vorbei und verfehlte nur knapp seine Nase. Er machte sich nicht die Mühe, sich umzudrehen, um nachzusehen, wo er hergekommen war. Er hielt seinen Blick fest auf den mächtigen roten Pick-up gerichtet.

„Hey George“, sagte Kelsey, als sie den Truck erreichten. „Das sind Devon …“, Kelsey macht eine Kopfbewegung in Richtung Devon, „… und Mick.“

„Freut mich sehr, Sir.“ Mick streckte seine Hand aus … und ließ dabei die Bücher fallen, die er sich unter den Arm geklemmt hatte.

Noch bevor Devon danach greifen konnte, beugte Kelsey sich hinunter und hob sie auf.

George, der ein fitter Mittsechziger zu sein schien, schüttelte Micks Hand. „Vergiss das ›Sir‹. Ich bin George.“ Er wandte sich Devon zu und streckte ihm die Hand entgegen.

Devon schüttelte sie. Sie war dick und schwielig. „Hi … äh … George.“

Kelsey stapelte Micks Bücher aufeinander und reichte sie ihm zurück. Mick nahm sie und grinste. „Danke!“

„Okay“, meinte George. „Wie wäre es …“

„Hey Kelsey!“, ertönte Heathers Stimme.

Devon fuhr herum. Sie trug heute eine enge, strahlend rote Bluse. Er hatte fast die gesamte Englischstunde damit verbracht, sie anzustarren, und er freute sich, sie noch einmal zu sehen.

Heather ignorierte ihn, aber Gabriella warf ihm einen Blick unter schweren Liedern zu, der zeigen sollte, für was für einen Wurm sie ihn hielt. Er zog ihr eine Grimasse, und sie umklammerte Quincy, der sie dicht an sich zog und zu George sagte: „Nettes Teil."

„Danke!" George grinste und tätschelte die Motorhaube seines Pick-ups, als sei er ein Hund. „Ist ein 6,2-Liter-V8. 420 Pferdestärken und ein Drehmoment von 620 Newtonmeter.

„Wow", meinte Quincy. „Sauber." Er lehnte sich gegen die Front des Trucks, als würde er für eine Werbung posieren. Gabriella kicherte und stellte sich gleich neben ihm in Positur.

Devon presste die Zähne aufeinander.

Quincy und Gabriella waren die hübscheren Menschen in der Schule. Gabriella war spanischer Abstammung, und sie könnte tatsächlich eines Tages der Star sein, der sie werden wollte, wie sie allen immer erzählte. So schön war sie. Quincy, dunkelhaarig, aber mit heller Haut, hatte die Ausstrahlung des typischen Bad Boys, die Devon einmal versucht hatte zu erreichen, als er seine Jeans zerschnitten und sein T-Shirt zerrissen hatte. Doch bei Devon hatte es nicht funktioniert. Reagiert darauf hatte nur seine Mutter, die ihm eine Lektion darüber verpasst hatte, wie man mit seinen Sachen umgehen sollte.

„Was machst du dieses Wochenende, Kelsey?", fragte Heather.

Kelsey deutete auf Mick und Devon. „Wir fahren in den Baumarkt und besorgen alles, was wir brauchen, um eine alte Werkstatt in eine tolle Location zu verwandeln."

Heather warf einen Blick auf Devon, dann lächelte sie Kelsey an. „Klingt klasse. Ich liebe Heimwerken."

Kelsey lächelte. „Das ist cool."

Heather legte eine Hand auf Kelseys Arm. „Weißt du, ich bin als Designerin echt gut. Ich habe meiner Mutter dabei geholfen, als Überraschung eine richtige Männerhöhle für meinen Vater herzurichten." Sie drehte sich zu ihren Freunden um. „Wisst ihr noch, wie wir die Bücherregale von Wand zu Wand gebaut haben?"

Lachend stießen die drei Mädchen einander an. Offensichtlich ging es um irgendeinen Insiderwitz. Devon hätte sich am liebsten übergeben. Valerie, ein sehr kleines Mädchen, das genug Make-up für zehn weitere trug, besaß eine ziemlich nasale Stimme, die irgendwie in ein Hupen überging, wenn sie lachte. Und Juliet, groß und schlank, stieß immer ein Kleinmädchenkichern aus, bei dem Devon die Zähne wehtaten.

Quincy stieß sich vom Truck ab. „Ich kann echt wahnsinnig gut nageln."

Kelsey sah Quincy eine Sekunde lang ausdruckslos an. Dann lächelte er und sagte: „Das ist toll." Devon glaubte nicht, dass Kelsey es wirklich toll fand. Er schien genervt zu sein. Aber warum?

Heather nahm Kelseys Hand. „Wie wäre es, wenn ihr am Wochenende eine Bauparty macht? Wir könnten alle kommen und helfen."

Kelsey öffnete den Mund, aber bevor er noch etwas sagen konnte, grinste George und sagte: „Hey, das klingt super. Ich kann euch helfen, einen Grill aufzustellen."

Heather deutete auf den Pick-up. „Dann lasst uns ein paar Vorräte einkaufen."

Kelsey blickte von Heather und ihren Freunden zu Mick und Devon.

Heather fuhr fort. „Quincys Bruder wollte uns nach Hause bringen, aber er musste woandershin. Wir könnten mit euch in den Baumarkt fahren und vielleicht bringt er uns danach nach Hause?“

„Klar“, meinte George. „Ist mir ein Vergnügen. Aber …“ er betrachtete die Gruppe,“ … ihr werdet nicht alle bei mir reinpassen.“

Heather antwortete: „Natürlich werden wir das. Wir sind nur zu fünft und dann noch Sie und Kelsey.“

„Sieben außer Kelsey und mir“, entgegnete George und zeigte auf Devon und Mick.

Heather warf einen Blick zu den beiden. Dann winkte sie ab. „Ach die. Die können hinten mitfahren.“

„Nein. Tut mir leid“, sagte George. „Das ist verboten.“

Von dem Augenblick an, als Heather und ihre Leute aufgetaucht waren, hatte Devon das Gefühl gehabt, die Szene irgendwie aus einem gläsernen Kasten heraus zu beobachten. Er bekam zwar mit, was jeder sagte, konnte das nervige lachende Mädchen hören, aber alles kam irgendwie gedämpft bei ihm an. Obwohl sie nur ein paar Meter von Devon entfernt standen, fühlten sie sich ungemein weit weg an, fast so, als würde er alles auf einer Kinoleinwand beobachten. Seine anderen Sinne schienen ausgeschaltet zu sein.

Weder roch er die Abgase, die aufstiegen, als die Busse abfuhren, noch spürte er die Kleidung an seinem Körper oder den Boden unter seinen Füßen. Und nun fühlte er sich, als würde Nebel in seinen kleinen Glaskasten eindringen, der bis in sein Innerstes sickerte und sein Hirn eintrübte, sodass es ihm fast unmöglich wurde zu denken. Vielleicht wurde er deshalb überrascht, als er sah, wie Mick einen Schritt vortrat und zu Kelsey sagte: „Äh … eigentlich dachte ich, dass nur Devon und ich heute mit zu dir fahren."

Kelsey runzelte die Stirn und blickte in die Runde. Devon kannte das Problem. Kelsey fragte sich in diesem Moment: *Soll ich mich wie ein Arsch verhalten und die beiden Loser abblitzen lassen oder die hübschen Mädchen?* Eine schwierige Entscheidung würde es nicht werden. Kelsey hielt immer noch Heathers Hand!

George meldete sich zu Wort. „Wie wäre es damit? Wir fahren zweimal. Ich bringe ein paar von euch rüber, dann komme ich zurück und hole die anderen. Man fährt nur zehn Minuten. Ihr müsstet nicht lange warten."

Kelsey atmete einmal durch. „Danke, George."

Heather grinste Kelsey an und zog ihn zur Beifahrertür des Pick-ups. „Komm mit. Wir können uns den Sitz teilen. Ich bin klein genug, dass der Sicherheitsgurt für uns beide passt." Sie kicherte.

Kelsey zuckte die Achseln und ließ sich von Heather zur Kabine des Trucks führen. Die anderen kletterten auf die Rückbank. Quincy stieß Mick zurück, während er sich zu den anderen drei Mädchen quetschte.

Einen Augenblick sah es so aus, als würde George protestieren, weil zu viele auf dem Rücksitz saßen, aber dann zuckte er die Schultern und kletterte hinter das Steuer. Alle vier Türen wurden zugeschlagen.

George fuhr sein Fenster herunter. „Ich hole euch beide gleich nach.“

Sobald George seinen 6,2-Liter-V8 startete – was immer das auch genau bedeutete –, zersprang Devons Glaskasten in tausend Splitter. Er spürte förmlich, wie seine Ohren knackten, als sich die Luft um ihn herum wieder an Raum und Zeit der Realität anpasste. Und seine Sinne waren auf einmal in höchster Alarmbereitschaft.

Das Erste, was er roch, war die Traubenlimonade in dem Mixbecher, den er immer noch mit sich herumtrug. Dann roch er einen Hauch von Benzin, als der große rote Truck mit Devons kurzlebigem Optimismus davonfuhr. Er wusste, alles war zu schön gewesen, um wahr zu sein.

Er spürte, wie Mick an seinem Hemd zerrte.

„Willst du dich da drüben hinsetzen und warten?“ Mick zeigte auf den Bordstein und saugte gleichzeitig an seinem Strohhalm. Er pflanzte sein gut gepolstertes Hinterteil auf den Beton und stapelte seinen Rucksack und seine zusätzlichen Bücher neben sich auf.

Ein Auto voller Kinder brauste an ihnen vorbei und jemand stieß einen schrillen Pfiff aus. Jemand anderes rief: „Versager!“

Devon stellte sich mit dem Rücken zur Straße und sagte: „Ich warte nicht. Ich gehe nach Hause.“

Mick nahm den Strohhalm aus dem Mund. Seine Oberlippe war ganz lila. „Äh … Warum?“

Devon blickte auf Mick hinunter. Er sah erbärmlich aus, wie er da mit seinem Becher saß. Am liebsten hätte Devon ihn angeschnauzt und wäre einfach weggegangen, aber zehn Jahre Freundschaft halfen ihm, seine Gefühle einigermaßen unter Kontrolle zu behalten. „Ernsthaft? Du fragst mich ernsthaft warum?“

Mick runzelte die Stirn. Dann nickte er.

Devon seufzte und setzte sich neben Mick auf den Bordstein.

„Glaubst du wirklich, dass wir nach den 30 Minuten, die George brauchen wird, um sie dorthin zu fahren und uns danach zu holen, noch in die Gruppe aufgenommen werden? Glaubst du nicht, die ganze Situation könnte ein kleines bisschen *unangenehm* werden?“

Mick musste mehrere Sekunden darüber nachdenken. Devon wartete.

Schließlich seufzte Mick. „Ja, ich verstehe, was du meinst.“ Er saugte wieder kurz an seinem Strohhalm. „Warum hat Kelsey das getan? Warum hat er nicht sie warten lassen?“

„Und das fragst du schon wieder ernsthaft? Hast du nicht gesehen, wie er sich an Heather rangemacht hat?“

Mick verzog den Mund und blickte aus den Augenwinkeln nach oben rechts, als würde er dort auf einem winzigen Bildschirm die Szene noch einmal in der Wiederholung sehen können. Er runzelte die Stirn. „Ich fand eher, sie hat sich an ihn rangemacht.“

„Wie auch immer! Er ist darauf eingegangen, als sie vorgeschlagen hat, dass sich die beiden den Beifahrersitz teilen.“

Mick dachte kurz darüber nach, dann nickte er. „Stimmt.“

Devon stand auf. „Kommst du nun mit oder nicht?“

Mick seufzte. „Ja, ich denke schon." Er hob seinen Rucksack auf und Devon nahm Micks Bücherstapel.

„Heißt das, wir können unser neues Clubhaus nicht in Kelseys Haus haben?", fragte Mick, während sie sich auf den Weg in Richtung Wald machten.

„Ja, ich glaube, genau das heißt es."

***

Mick war immer noch ein bisschen deprimiert darüber, was mit Kelsey passiert war, als er Devon am Samstagmorgen zu ihrer Verabredung traf. Er bemühte sich, die Dinge nicht allzu nah an sich heranzulassen. Täte er das, würde er sich nur noch unglücklich fühlen. Und er wollte nicht wirklich unglücklich sein.

Mick und Devon lebten in einer Gegend, die nicht so schön war, wie Mick es sich eigentlich wünschte. Es war dort nicht schrecklich. Er hatte schon viel Schlimmeres gesehen. Aber es war auch nicht gut. Die Häuser in ihrem Viertel waren klein, alt und ähnelten einander sehr, abgesehen von den Autos und dem Schrott, der danebenstand. Und sie stammten aus jener Zeit, als die Stadt noch der Holzfällerfirma gehört hatte. Als Mick und seine Eltern in ihr Haus einzogen, sagten sie zu Mick, es sei nur vorübergehend – er würde sein Zimmer nicht für immer mit seiner kleinen Schwester teilen müssen. Doch er teilte sein Zimmer immer noch mit seiner kleinen Schwester Debby, was nur deshalb einigermaßen erträglich war, weil Debby einen Vorhang genäht hatte, der ihr winziges Zimmer unterteilte. Das und die Tatsache, dass sie beide Kopfhörer besaßen, die meiste Zeit lesend oder an ihren Computern verbrachten, hielt sie davon ab, sich gegenseitig umbringen zu wollen.

Manchmal beneidete Mick Devon, weil Devon in seinem eigenen Zimmer wohnte, aber dann erinnerte er sich daran, dass Devon keinen Vater hatte, nicht einmal einen faulen Vater, der nie genug Geld verdiente. Wenigstens hatte Mick einen Vater und sein Vater liebte ihn. Das war eindeutig besser als ein eigenes Zimmer, fand er.

Mick trottete den rissigen und staubigen Weg zu Devons ausgeblichener blauer Haustür hinauf. Sein Rucksack war gefüllt mit Junkfood, Limonade, Wasser, einer kleinen Kamera und Sonnencreme. Alle Häuser in der Gegend hatten graue Wände und blaue Haustüren, wobei einige heller waren als andere.

Mick fürchtete sich fast davor, an die Tür zu klopfen. Was, wenn Devon nicht da war?

Die Art und Weise, wie Devon sich am Tag zuvor verhalten hatte, verwirrte Mick. Devon war immer weniger der Freund, den Mick eigentlich gekannt hatte. Es schien, als würde irgendetwas an Devon nagen. Und das fraß sowohl sein Lächeln auf als auch seinen Charakter.

Mick blinzelte, als die blaue Tür geöffnet wurde. „Hallo Mrs Marks“, sagte er zu der großen, schlanken Frau mit den kurzen, dunklen, zerzausten Haaren. Mrs Marks trug ein hellgelbes Uniformhemd zu einer dunklen Uniformhose. Unter ihren braunen Augen zeichneten sich Ringe ab und ihre schmalen Lippen waren aufeinandergepresst. Als sie Mick erkannte, rang sie sich ein halbes Lächeln ab. „Er ist fast fertig, Mick.“

Hinter ihr erschien Devon. Mick fiel auf, dass es im Haus nach Haferbrei und Zitronen roch.

„Dann wünsche ich euch beiden viel Spaß heute“, sagte Mrs Marks.

Devon griff nach seinem Rucksack und meinte grinsend: „Den werden wir haben!“

Mick musste zweimal hinsehen, aber Devon schien voller Vorfreude auf ihre Wanderung. War der alte Devon zurückgekehrt?

Wenn ja, wäre das total cool.

Der Wasserfall befand sich genau dort, wo Micks Vater es beschrieben hatte, und er war so ungewöhnlich wie versprochen. Die Jungs fanden einen großen flachen Felsen am Fuße des Wasserfalls, gerade weit genug vom Wasser entfernt, um nichts von der Gischt abzubekommen, aber nahe genug, um den Schaum zu sehen, der dort herumwirbelte. Die Fälle waren nicht sehr hoch, aber breit und wirklich mächtig, wahrscheinlich, weil es Frühling war und sie vom schmelzenden Schnee des Winters gespeist wurden. Mick liebte es, dem Tosen des Wassers zu lauschen, während es von der Klippe tief hinab in das steinerne Becken stürzte.

Die Fälle befanden sich mitten in einem Tannenbestand und die Jungs fühlten sich wie in einer üppigen grünen Höhle in einem fernen Land. Es war ziemlich magisch, dachte Mick. Es hätte ihn nicht gewundert, wenn Eichhörnchen und Streifenhörnchen aus dem Wald getanzt wären und ein Lied angestimmt hätten. Natürlich wusste er, dass das nicht passieren würde, doch die Wasserfälle ließen es zumindest möglich erscheinen.

Auch Devons Stimmung ließ es möglich erscheinen. Er war schon den ganzen Morgen bester Stimmung. Er legte dieses … Was war es gleich? Gehabe. Es war Gehabe, das er an den Tag legte. Es war schon seltsam.

Mick musste sich eingestehen, dass ihm dieser Devon besser gefiel als der andere, der ihn in den vergangenen Tagen eher nervös gemacht hatte. Ja, Devon war immer noch besessen von dieser Heather, aber zumindest redete er jetzt wieder und lächelte.

Devon stand auf und machte ein Bild von der höchsten Tanne hinter den Wasserfällen. „Ich denke, hier könnte man eine tolle Szene für einen von Heathers Filmen drehen“, sagte Devon.

„Mhm.“ Mick wusste einfach nicht, was er sagen sollte, wenn Devon von Heather sprach. Ihn darauf hinzuweisen, dass Heather ganz eindeutig nicht an ihm interessiert war, schien nichts zu bringen. Deswegen nutzte er die Technik seiner Mutter – nicken und lächeln und so tun, als würde man zuhören.

Devon machte noch ein paar Fotos, dann setzte er sich wieder hin und zog eine Packung Cracker mit Erdnussbutter aus seinem Rucksack. Er stieß Mick an. „Ich habe eine Überraschung für dich.“

„Hast du Nachtisch mitgebracht?“ Mick hatte seine Muffins bereits verspeist und war immer noch hungrig.

Devon lachte. „Nein. Kein Nachtisch. Tut mir leid. Aber ich habe ein neues Clubhaus für uns gefunden.“

Mick setzte sich gerade hin. „Wirklich? Wo?“

„Das ist ein Teil der Überraschung. Ich habe das getan, was Kelsey vorgeschlagen hat. Ich habe hier in der Nähe nach verlassenen Orten gesucht und einen gefunden. Ich bringe dich am Montag nach der Schule hin.“

„Warum nicht heute?“

Devon grinste auf seine verschmitzte Art und Weise, die Mick für eine Sekunde den Atem stocken ließ.

„Es ist so weit. Wir müssen vom Bahnhof aus nach Osten gehen anstatt nach Westen zu uns nach Hause, wie wir es normalerweise machen.“

„Äh … okay.“ Warum hatte Mick plötzlich das Gefühl, dass Devon ihm etwas verschwiegen hatte? Er öffnete den Mund, um zu fragen, was es war, aber dann entschied er sich dagegen. Vielleicht musste er die Sache behutsamer angehen. Was auch immer mit Devon los war, er hielt es für klüger, abzuwarten und zu beobachten, anstatt einfach vorzupreschen.

Devon aß seine Cracker auf, wischte sich die Krümel aus dem Gesicht und stand auf. „Komm. Ich will noch mehr Locations für Heather auskundschaften.“

Mick seufzte. „Okay.“ Er stopfte die leeren Packungen in seinen Rucksack und sagte: „Aber wollen wir nicht lieber Schnitzeljagd spielen?“

Das hatten sie schon gespielt, seit sie klein waren, und Mick liebte es einfach. Einer von ihnen suchte sich einen Gegenstand aus, den sie finden mussten, und derjenige der dem Gegenstand am nächsten kam, erhielt von dem anderen eine Belohnung in Form von irgendwelchen leckeren

Sachen. So hatten sie die meisten der Schätze entdeckt, die sie nun verloren hatten, als ihr altes Clubhaus abgerissen worden war. Der Aufreißring von einer Getränkedose wurde dann zum Silberring. Ein riesiger Ast verwandelte sich in ein Flugzeug, weil die Umrisse so ähnlich aussahen. Und ein großer flacher Stein mit pepperoniförmigen Flecken darauf wurde zur Pizza.

Devon zuckte die Schultern. „Von mir aus, das können wir auch machen."

Mick grinste und rappelte sich auf. „Okay. Ich bestimme den ersten Gegenstand. Lass uns einen Ventilator suchen."

Devon ging voran. „Klar. Warum nicht?"

Sie brauchten fast eine Stunde, um ihre Spur von den Wasserfällen zurückzuverfolgen und wieder in den vertrauten Teil des Waldes zu gelangen. Es dauerte so lange, weil Mick überall herumlief und nach etwas Ausschau hielt, das irgendwie einem Ventilator ähnelte. Als er einen großen Farnwedel fand, beschlossen sie, dass der reichen würde, bis sie etwas Besseres entdeckt hatten. Doch danach sah es nicht aus – bis eine Krähe auf Devons Schulter kackte.

Mick sah, wie es passierte. Sie schlenderten gerade über den mit Tannennadeln gepolsterten Waldboden und Devon jonglierte dabei mit drei Steinen. Die Krähe saß auf einem hohen Ast über ihren Köpfen. Sie hatte gekrächzt, als sie sich dem Baum näherten, auf dem sie saß. Mick hatte zu ihr hochgeschaut. Als sie dann unter dem Vogel vorbeigingen, wippte die Krähe mit den Schwanzfedern und ein großer weißer Fleck klatschte auf Devons Schulter.

Mick fing an zu lachen, aber dann sog er scharf die Luft ein, als Devon sofort einen der Steine mit Wucht auf die Krähe warf. Der Stein traf die Krähe mit einem hörbaren Knall und der Vogel stürzte wie in Zeitlupe zu Boden. Er landete ein paar Meter vor ihnen.

Während Mick noch versuchte, irgendwie zu verarbeiten, was gerade geschehen war, zeigte Devon wütend auf den offensichtlich toten Vogel. „Wenn du willst, gibt ein Flügel einen besseren Ventilator ab“, meinte er.

Mick starrte auf den Vogel. Der Wald begann sich um ihn zu drehen und er stolperte zurück und stützte sich an einem Baum ab.

„Bist du okay?“, erkundigte sich Devon.

Micks Mund war so trocken, dass er nicht sprechen konnte. Devon ging langsam weiter und zog dabei sein Hemd aus.

Mick kramte eine Flasche Wasser aus seinem Rucksack und nahm einen großen Schluck. „Äh … ich brauche keinen besseren Ventilator“, erklärte Mick, als er seine Stimme wiedergefunden hatte, die aber alles andere als normal klang.

Devon zuckte die Schultern. „Kann ich was von deinem Wasser haben, um mein Hemd sauber zu machen?“

Wortlos reichte Mick ihm die Wasserflasche. Er hatte keine Ahnung, was er sagen sollte. Oder vielleicht hatte er Angst, überhaupt etwas zu sagen.

* * *

Am Montagmorgen wartete Kelsey bei den Spinden auf Mick und Devon. Mick war überrascht, aber erfreut. Vielleicht würden sie ja doch noch bei Kelsey abhängen können. „Hi Kelsey“, sagte er.

„Hey Mick. Hey Devon.“

Mick hatte keine Ahnung, wie Devon reagieren würde. Er wusste, dass er sauer auf Kelsey war.

Doch Devon grinste und klopfte Kelsey auf die Schulter. Mick bemerkte, dass Devon einen Verband an der Hand hatte, aber bevor er danach fragen konnte, sagte Devon zu Kelsey: „Alter! Hattest du ein schönes Wochenende?“

Mick spürte, wie sich seine Augenbrauen hoben. Hä?

Kelseys Augenbrauen wanderten ebenfalls ein Stück in die Höhe. Er sah Devon einen Moment aus zusammengekniffenen Augen an. Dann lächelte er und sagte: „Hört mal, Leute, das mit Freitag tut mir wirklich leid. Das war peinlich. Ich war mir einfach nicht sicher, was ich tun sollte. Als George dann zurückkam, um euch zu holen, wart ihr nicht mehr da. Und ich hatte eure Nummern nicht, um euch anzurufen.“

„Kein Problem“, erwiderte Devon. „Es war unangenehm, das war nicht deine Schuld.“

Kelsey atmete einmal tief durch, und das zaghafte Lächeln, das er zunächst an den Tag gelegt hatte, verwandelte sich nun in ein breites Grinsen. „Ich bin wirklich erleichtert! Ich dachte, ihr werdet sauer auf mich sein. Dazu hättet ihr auch jedes Recht.“

Devon schüttelte den Kopf. „Quatsch. Alles okey-dokey.“

Okey-dokey? Mick hatte das Gefühl, als würde er einem kaputten Devon-Klon zuhören.

„Klasse." Kelsey nickte einigen Kids zu, die an ihm vorbeiliefen und ihm zuwinkten. Dann lachte er und sagte: „Wir sind dieses Wochenende nicht mit dem Treffpunkt vorangekommen. Quincy und Gabriella haben mich hängen lassen. Und …", Kelsey blickte sich kurz um, „… um ehrlich zu sein, waren Heather und ihre anderen Freunde keine besondere Hilfe." Er zwinkerte kurz. „Aber es macht mir trotzdem nichts aus, wenn sie in der Nähe sind. Du weißt, was ich meine?"

Devon schenkte Kelsey ein schmallippiges Lächeln. Dann sagte er: „Ich weiß."

Zuckte da ein Muskel an Devons Kiefer?

Bevor Mick diese Frage für sich beantworten konnte, beugte sich Devon zu Kelsey vor. „Hör zu, ich habe einen Ort gefunden. Einen verlassenen Ort, genau wie du es beschrieben hast. Den können wir tatsächlich als Treffpunkt nutzen. Oder wir könnten uns von dort etwas von dem wirklich coolen Schrott für deine Werkstatt holen. Wenn man Sachen recycelt, werden daraus meistens supercoole Räume."

Das ist ja besser als jeder Science-Fiction-Film, dachte Mick. *Werden daraus supercoole Räume?* Er unterdrückte ein Lachen.

Kelsey grinste. „Wirklich? Du hast ein verlassenes Gebäude gefunden? Das ist cool. Ich habe von meinem Kumpel gar nichts mehr gehört. Wollen wir ein bisschen die Stadt erkunden?"

„Genau“, erwiderte Devon. „Wir können uns nach dem Unterricht treffen, hinter der Schule. Es ist nicht weit. Wir können zu Fuß hinlaufen.“

„Okay.“ Kelsey tauschte mit Devon einen Fistbump und machte sich dann auf den Weg in seinen ersten Kurs.

Devon blickte zu Mick. Anscheinend entdeckte er irgendetwas in Micks Ausdruck, denn er fragte: „Was?“

Mick schüttelte den Kopf. „Nichts.“ Er hatte immer noch das Gefühl, dass es besser war, sich nicht über Devons seltsames Verhalten zu äußern.

***

Devon wäre nicht überrascht gewesen, wenn Kelsey nach der Schule nicht aufgetaucht wäre. Er dachte, Kelsey sei vielleicht misstrauisch geworden. Aber keineswegs. Er wartete bereits mit Mick hinter der Schule, als er die schwere Metalltür hinter sich ins Schloss fallen ließ. Gut. So weit, so gut.

„Und wo ist dieser Ort?“, wollte Kelsey wissen, während er in die gnadenlos helle Sonne blinzelte und auf die anderen Jungs zuschlenderte.

„Es liegt praktisch im Wald, etwa eine Meile östlich des Bahngeländes“, meinte Devon, während sie sich auf den Weg machten.

„Wie kommt es, dass wir noch nie davon gehört haben?“, fragte Mick. „Wir leben doch beide hier, seit wir geboren sind“, fügte er an Kelsey gewandt hinzu.

Devon zuckte mit den Schultern. „Keine Ahnung.“

Mit Devon an der Spitze bahnten sich die Jungen vorsichtig einen Weg über den Rangierbahnhof, wobei sie hinter einer Reihe schwerfällig dahinrollender Güterwaggons herliefen. Auf der anderen Seite des Bahnhofs führte Devon sie in den Wald, und dort nahmen sie einen gewundenen, unebenen Pfad, der von verrottenden, moosbewachsenen Baumstämmen und dichten Büschen gesäumt war. Die Luft war feucht und roch lehmig. Der Geruch erinnerte Devon sofort an einen Regentag. Und er mochte Regentage, aus dem gleichen Grund, aus dem er auch bewölkte Tage mochte.

Mick und Kelsey plauderten unterwegs, hauptsächlich über Fernsehserien. Mick erzählte von einer Science-Fiction-Serie, in der es um eine apokalyptische Gesellschaft ging, in der die Menschen schon für kleinste Fehler getötet wurden.

„Klingt spannend“, sagte Kelsey. „Irgendwie ist das genau mein Ding, auf eine etwas extreme Weise.“

„Wie meinst du das?“, wollte Mick wissen.

Kelsey zuckte die Achseln. „Ach, weißt du, ich mag Gerichtsdramen. Ich werde Jura studieren, damit ich irgendwann ein richtiger Richter werden kann.“

Ein richtiger Richter? Devon fragte sich, was das bedeuten sollte.

„Willst du nicht Handwerker werden wie dein Vater?“, fragte Devon.

„Nein. Ich baue gern Sachen, aber wirklich interessiert mich Gerechtigkeit. Mein Vater versteht das. Er sagt, wir müssen alle das tun, wofür wir brennen.“

Das ist wahr, dachte Devon.

Etwa 100 Meter vor ihrem Ziel wichen die Bäume zurück und Sonnenstrahlen fielen auf ihre Haut. Devon spürte, wie das Licht und die Wärme sein Gesicht trafen, und für eine Sekunde schwankte er.

„Bist du okay?“, erkundigte sich Kelsey.

„Ja. Ich bin nur gestolpert.“

So schnell, wie sie vorgedrungen war, zog sich die Sonne auch wieder zurück. Devon bog vom Weg ab und duckte sich in einen dichten, viel dunkleren Teil des Waldes. Die anderen beiden Jungen folgten ihm.

„Sind wir schon da?“, fragte Kelsey und lachte dann. „Das fragt meine Schwester immer, wenn wir im Auto unterwegs sind.“

„Meine auch“, sagte Mick.

Devon ignorierte sie. Sie waren fast da. Er führte sie um eine knorrige Fichte herum und da war es.

Er blieb stehen und wartete darauf, dass Kelsey und Mick ihn einholten.

Als sie es taten, hörte er, wie sie beide scharf die Luft einsogen.

„Wow“, meinte Kelsey.

„Schweinegut“, stieß Mick hervor.

Kelsey lachte.

Vor ihnen im Wald duckte sich ein großes Gebäude mit einer flachen Dachlinie und kleinen, mit Brettern vernagelten Fenstern. Obwohl der Bau intakt schien, sackte er bereits durch und neigte sich zur Seite, als sei er zu müde, um noch länger zu stehen. Weil sich ein schmutziges, aber unversehrtes Oberlicht blasenförmig aus der Mitte des Gebäudes erhob, sah es aus, als trüge es eine Melone. Es war schwer zu sagen, welche Farbe das Gebäude gehabt hatte, als man es gebaut hatte. Jetzt war es hauptsächlich grün und schwarz, voller Schimmel, Mehltau und Moos. Außerdem war es von wilden Brombeersträuchern überwuchert. Aggressive, stachelige Reben fassten das Gebäude von allen Seiten ein, die die Jungen von ihrem Standort aus sehen konnten. Die Ranken wuchsen nicht in die Höhe, sondern mehr zur Seite, und erreichten kaum die Fenster. Aber sie waren so dicht ineinander verschlungen, dass es sehr schwer sein würde, hindurchzugelangen.

„Du erwartest doch nicht, dass wir uns da durchschlagen, oder?“, wollte Mick von Devon wissen.

Devon lachte. „Sehe ich so blöd aus?“ Er lachte noch lauter. „Warte. Darauf brauchst du nicht zu antworten.“

Sein Lachen war schrill, irgendwie mädchenhaft. Mick musterte ihn voller Verwunderung.

„Kommt schon“, sagte Devon und führte die Jungs um das Gebäude herum.

„Was ist das mal gewesen?“, fragte Kelsey.

Devon deutete auf die Wand, an der sie vorbeikamen. Unter dem verwitterten Dachvorsprung hing schief ein altes, verblichenes Schild. Es war so verblasst, dass man nur noch ein F, ein Z und ein P erkennen konnte. Aber neben den Buchstaben trotzte das Bild von etwas Rundem den Elementen.

„Ist das eine Pizza?“, wollte Mick wissen.

„Ich glaube schon", erwiderte Devon. „Ich glaube, das war mal eine Pizzeria."

„Ich liebe Pizza", sagte Mick zu Kelsey.

Kelsey lächelte. „Ich auch. Mick, hol mal dein Handy raus und sieh nach, ob du etwas über den Ort hier herausfinden kannst. Ich würde es ja selbst tun, aber ich habe mein Handy zu Hause vergessen und es erst nach der Mittagspause bemerkt. Ich glaube nicht, dass mir das schon mal passiert ist. Ich fühle mich geradezu nackt ohne mein Telefon."

Mick lachte und zückte sein Smartphone.

„Spar dir die Mühe", sagte Devon. „In diesem Gebäude gibt es keinen Empfang."

Mick hielt sein Telefon in die Höhe und drehte sich langsam im Kreis.

„Also das ist ein bisschen gruselig."

„Kommt jetzt." Devon gab den Jungen ein Zeichen, ihm zu der gegenüberliegenden Seite des alten Baus zu folgen. Als sich das Geräusch seiner Schritte veränderte, deutete er auf den Boden. „Seht ihr? Ich glaube, hier war der Parkplatz."

„Genau. Seht nur." Kelsey deutete zur anderen Seite des Platzes auf ein Schild, das an einem Baumstamm befestigt war. Früher war es wahrscheinlich einmal weiß gewesen. Jetzt war es eher grau. Und als Devon die Augen zusammenkniff, konnte er ein paar Buchstaben entziffern. „NUR UNDE?"

„Nur für Kunden", übersetzte Kelsey.

„Dürfen wir überhaupt hier sein?", fragte Mick.

Devon warf ihm einen Blick zu. „Wieso nicht? Hast du das Gefühl, dass sich noch irgendjemand anders für diesen Ort interessiert? Und genau so war es, als wir immer in der verlassenen Tankstelle waren."

„Da hat er recht", meinte Kelsey.

„Kommt hierher", sagte Devon. Obwohl diese Seite des Gebäudes so aussah, als sei sie ebenfalls von Brombeersträuchern überwuchert, wusste Devon es besser. Er trat über einen zerbrochenen Brocken Beton und beugte sich vor. „Macht einfach, was ich mache", sagte er zu den anderen.

Tief geduckt steckte Devon seinen Kopf in einen ziemlich undurchdringlich aussehenden Brombeerstrauch, aber sobald man näher heran war, wurde klar, dass der Busch um irgendetwas herumwuchs. Devon hatte keine Ahnung, was dieses „Etwas" war, doch es besaß eine Öffnung. Er ließ sich auf die Knie fallen. „Ihr müsst kriechen!", rief er den anderen zu.

Mick stöhnte, aber Kelsey zuckte mit den Schultern und sagte: „So ist nun mal das Leben eines Stadtforschers."

Devon grinste. Kelsey trug eine Jeans mit zerrissenen Knien. Devon war überzeugt, dass man sie bereits so kaufte und die Marke mindestens 100 Dollar kostete, weitaus mehr, als seine Mutter jemals für ein Paar Jeans ausgeben würde.

„Es lohnt sich, ich schwöre es. Geht einfach langsam voran", ermutigte sie Devon.

Er kroch vorwärts. Er wusste, dass Mick und Kelsey ihm folgen würden. Sie waren viel zu neugierig, um es nicht zu tun. Nachdem er sich etwa einen Meter durch eine enge Öffnung geschoben hatte, erreichte er die Stelle, an der er aufstehen konnte. Genau das tat er und klopfte sich die Hose ab, während er auf die anderen wartete.

Er blickte sich um, war sich aber immer noch nicht sicher, wo er sich eigentlich genau befand. Es war ein runder Raum, vielleicht eine Art Eingangsbereich zum Restaurant. Er war überzeugt, dass ein Teil eingestürzt und dadurch dieser tunnelartige Zugang entstanden war, der auch diesen Teil des Gebäudes vor dem Wetter und der feuchten Luft des Waldes geschützt hatte.

„Was für ein geiler Scheiß", meinte Mick, als er sich neben Devon aufrichtete. Sein Atem roch nach seiner Lieblingstraubenlimonade und sein Haar müffelte nach Schweiß.

Dann war auch Kelsey heran und stand neben ihnen. Devon bemerkte, dass eins von Kelseys Knien blutete.

„Was ist das?", fragte Mick.

„Wir haben früher am Meer gelebt", erwiderte Kelsey, „da gab es einen Souvenirladen mit einem Haikopf am Eingang. Ich denke, das hier ist diesem ähnlich. Natürlich ist es kein Hai, aber irgendeine Art von Tierschädel. Seht ihr? Da sind die Augen."

Devon blickte in die Höhe, wohin Kelsey zeigte. Das hatte er beim ersten Mal übersehen. Allerdings war es auch dunkel gewesen, beruhigte er sich, letzten Freitagabend. Er hatte ein verlassenes Gebäude finden wollen, bevor Kelseys „Kumpel" aus der letzten Stadt, in der er gewohnt hatte, ihm zuvorkam. Also hatte er sich gleich nach dem Abendessen auf den Weg gemacht. Seine Mutter war bereits auf dem Sofa eingeschlafen, wie sie es jeden Abend tat. Er war in den Wald gegangen, um sich umzusehen. Er war sich nicht sicher, warum er nachts losging. Vielleicht hatte er gehofft, sich zu verlaufen. Es wäre ihm egal gewesen. Er wollte einfach nur vergessen, was an jenem Nachmittag geschehen war.

Aber anstatt vom Weg abzukommen, hatte er diesen Ort gefunden. Und während er ihn erkundete, entstand seine Idee. Den ganzen Samstag hatte er sich mit dem Gedanken beschäftigt und noch bis zum Brunch am Sonntagmorgen mit seiner Mutter. Als sie danach wieder schlief, war er noch einmal zurückgekehrt und hatte sich weiter umgesehen. Dabei war seine erste Idee zu einem ausgewachsenen Plan herangereift.

Die „Augen“, auf die Kelsey hinwies, waren zwei runde, verschmutzte Fenster, die dort platziert waren, wo sich Augen befinden würden, wenn dies tatsächlich ein Kopf wäre. Und die Stelle, an der der eingefallene Bereich lag, war genau dort, wo die Schnauze eines Tieres sein könnte.

„Ich glaube, du hast recht“, meinte Mick. Er drehte sich um und zeigte zu der mit Brettern vernagelten Tür. Dann sagte er zu Devon: „Und wie geht es jetzt weiter?“

Links neben der Tür lehnten zwei Bretter an der Wand. Devon griff sie sich und schob sie beiseite, sodass neben der Tür ein Seitenfenster zum Vorschein kam. Das Glas war herausgebrochen.

„Bist du das gewesen?“, wollte Mick wissen.

„Klar. Willst du mich jetzt verpfeifen?“

„Ha, ha.“ Mick runzelte die Stirn. „Und du meinst, dass ich da durchkomme?“

Zugegeben, das Seitenfenster war klein, aber Devon war ohne Probleme hindurchgeschlüpft, und er dachte sich, dass auch Mick es schaffen müsste, wenn er den Bauch einzog und sie ihm einen Stoß versetzten.

„Ja, das meine ich. Deswegen habe ich das hier mitgebracht.“ Er zog eine Rolle Klebeband aus seinem Rucksack, und während Mick und Kelsey zusahen, klebte Devon die Innenseite des Rahmens ab, wo sich das Glas befunden hatte. „Dann schneidest du dich nicht, wenn du dich hindurchzwängst“, sagte er zu Mick.

Kelsey blickte Devon ein paar Sekunden lang an, dann sagte er: „Sehr vorausschauend, Devon.“

„Ja, danke“, sagte Mick.

So bin ich, dachte Devon, *ein netter Kerl.*

Als er mit dem Abkleben fertig war, schob er sich seitlich durch die kleine Öffnung. Als er auf der anderen Seite war, rief er: „Obwohl das Oberlicht so schmutzig ist, lässt es noch genug Licht herein, damit man etwas sehen kann. Mick, geh du doch als Nächster. Ich ziehe, wenn du stecken bleibst, und Kelsey kann schieben.“

„Okay“, riefen Mick und Kelsey im Chor.

Micks weiche, runde Schultern folgten seinem Kopf durch die Öffnung. Dann streckte er eine Hand aus, Devon packte sie und zog.

„He!“, protestierte Mick, als er gänzlich durch die Fensteröffnung glitt und stolpernd auf die Beine kam.

Kelsey schlüpfte hinter Mick herein. „Bist du okay?“ Mick rieb sich den Bauch. „Ja.“

Dann sahen sie sich um.

„Wie cool!“, rief Mick.

Sie standen in der Mitte eines riesigen quadratischen Raums, der mit Bildern von witzigen Tierfiguren gesäumt wurde, die sich mit farbenprächtigen geometrischen Mustern abwechselten. Ein dominoähnlicher Stapel Stühle stand an einer Wand und ein weiterer Stapel Tische befand sich an der anderen. An einem Ende des Raums erkannten sie eine Bühne. Der rote und fransenverzierte Samtvorhang war zurückgezogen. Und auf der Bühne …

„Ist ja verrückt!“ Mick stand wie angewurzelt auf dem schmutzigen roten Linoleumboden. Sein Blick war auf die drei Figuren auf der Bühne geheftet.

„Was ist das? Ein Huhn?“, fragte Kelsey und glotzte in die gleiche Richtung.

„Ich glaube ja“, meinte Devon.

„Warum hält es einen Cupcake?“, wollte Mick wissen.

„Vielleicht ist es ein Backhähnchen“, schlug Kelsey vor und musste sofort lachen.

Auch Devon konnte sich nicht zurückhalten. Er musste lachen. „Der war gut.“

Mick lachte ebenfalls. „Ja.“ Sein Magen knurrte. „Ich wünschte, das wäre ein echter Cupcake.“

„Kommt mit!“ Kelsey ging auf die Bühne zu.

Sehr gut. Er ließ sich auf die Sache ein. Devon lächelte.

Mick und er folgten Kelsey zur Bühne und sahen sich

die Figuren genauer an. Diese schienen ihren Blick zu erwidern, aber das war natürlich kaum möglich.

Devon musste zugeben, dass er sich heute dort wohler fühlte als am Tag zuvor. Gestern hatte er sich noch ziemlich erschrocken. Und heute war er nur zurückgekehrt, weil …

„Das sind animatronische Figuren", sagte Kelsey.

„Ja", bestätigte Devon. „Das habe ich mir schon gedacht."

„Animatronische Figuren? Wie Roboter?", fragte Mick.

„So in etwa", erklärte Kelsey. „Animatronische Figuren können auf unterschiedliche Weise angetrieben werden. Manchmal funktionieren sie pneumatisch oder hydraulisch, manchmal auch mit Elektromotoren. Und hin und wieder sind sie sogar computergesteuert."

„Woher weißt du das alles?", fragte Devon unwillkürlich.

„Mein Vater hat mal an einem Projekt für einen Vergnügungspark gearbeitet. Die hatten animatronische Vögel."

„Aber warum ein Huhn, ein Kaninchen und ein Bär?", überlegte Mick laut.

„Ein Huhn, ein Kaninchen und ein Bär gingen in eine Pizzeria", sagte Kelsey, als würde er einen Witz erzählen, und alle drei lachten.

Kelsey war ein witziger Typ, das musste Devon zugeben. Zu schade, dass er gehen musste und …

Mick schnappte nach Luft. „Ist das ein Haken?"

Links von der Bühne ragte eine Art Höhleneingang vor, der von einem schweren schwarzen Vorhang verschlossen wurde. Darüber stand: Piratenbucht. Devon hatte nicht hinter den Vorhang geschaut. Irgendetwas an diesem Haken …

„Kommt mit", sagte er. „Es gibt noch mehr zu sehen." Wie eine kurze Polonaise ohne Musik machten die Jungen, angeführt von Devons Taschenlampe, einen Rundgang durch die verdreckte Pizzeria. Als Devon das Restaurant zum ersten Mal erkundet hatte, war er sich vorgekommen, als sei er in eine Art Zeitschleife geraten. Obwohl das Innere des Gebäudes feucht war und sich an der Decke und den Wänden stellenweise Schimmel gebildet hatte, machte es nicht den verwahrlosten Eindruck, den man in einem solchen verlassenen Gebäude erwarten würde. Es schien, als sei das Restaurant geschlossen worden und seitdem einfach niemand mehr darin gewesen.

Die Küche fanden sie ohne Geräte oder eine sonstige Ausstattung vor, aber merkwürdigerweise standen dort an einer Wand mehrere Krüge mit abgefülltem Wasser aufgereiht. In einem kleinen Büro mit einem alten, zerkratzten Metallschreibtisch stand auch ein Aktenschrank, der interessanterweise abgeschlossen war. Hätte Devon nicht andere Pläne gehabt, hätte er ihn aufgebrochen. Kelsey schlug das auch vor, aber Devon sagte, dazu würden sie später kommen.

Er führte die anderen Jungen in einen Raum mit vielen Schalttafeln und uralten, klobigen Computerbildschirmen. Und dann warfen sie einen Blick in ein paar ekelhafte Badezimmer mit kaputten Fliesen, rissigen Waschbecken und frei liegenden Rohren. Während sie in einem der Badezimmer waren, hörte Devon, dass irgendetwas durch die

Wände schlurfte. Er sagte nichts. Doch daran, wie die beiden Jungen blass wurden, erkannte er, dass sie es ebenfalls gehört hatten. Doch auch sie sagten nichts. Stattdessen drängten sie schnell aus dem Badezimmer hinaus und standen wieder in dem engen Flur.

„Der beste Teil kommt hier unten“, sagte Devon und bedeutete den anderen, ihm zu folgen.

Devons Herzschlag beschleunigte sich. Er konnte fast hören, wie sein Adrenalinpegel in die Höhe schoss. Er unterdrückte ein Lächeln. Warum war ihm das noch eingefallen? Er stand nicht auf Autos. *6,2-Liter-V8*, sang er stumm vor sich hin.

„Ein Lager?“, fragte Mick. „Ist es das, was wir uns ansehen sollen?“

Devon grinste. „Ja. Kommt mit.“

Er stieß die Tür zum Lager auf, leuchtete mit seiner Taschenlampe hinein und trat etwas zur Seite, damit sie es sehen konnten. Es wirkte, als würde man in den Kleiderschrank eines nicht ganz richtig verdrahteten Menschen kucken.

Kopflose Tiere hingen an Stangen, die sich an zwei Wänden des Raums entlangzogen. Okay, es waren nicht wirklich kopflose Tiere, aber kopflose Tierkostüme. Sie waren schmuddelig und verstaubt. Einige sogar dunkel von Schimmel. Alle wirkten sie steif und an manchen Stellen fehlte ihnen das künstliche Fell.

An der gegenüberliegenden Wand gab es mehrere Regalreihen mit Tierköpfen – Bären und Kaninchen und Vögel und Hunde. Alle Köpfe sahen ein wenig ramponiert aus, als seien sie einmal als Bowlingkugel benutzt worden, doch die Augen befanden sich bei allen am richtigen Platz. Sie starrten geradeaus, als habe man sie zum Appell aufgereiht.

„Unheimlich“, sagte Mick.

Devon sah Kelsey an. Kelseys Augen leuchteten. Er begann, in den Schränken herumzustöbern, die die Wände auf beiden Seiten der Tür säumten. „Seht euch das ganze Zeug an!“, meinte er. Er zeigte auf Kästen mit Nägeln, Schrauben, Klammern, Nieten und irgendwelchen Metallgelenken. Er fuhr herum und grinste Devon an. „Du bist ein Genie, Devon. Ich glaube, ich kann einen dieser Anzüge restaurieren und vielleicht unsere eigene animatronische Figur für meinen Treffpunkt bauen.“

Devon fiel sofort auf, dass Kelsey in der letzten Woche noch von „unserem Treffpunkt“ gesprochen hatte.

Seine Ohren rauschten. Er war sich ziemlich sicher, dass er das Blut hörte, das nun durch seine Adern raste.

„Seht hier drüben!“ Er gab Kelsey mit einer Geste zu verstehen, dass sie ihm folgen sollten, und ging dann in den hinteren Teil des Raums zu einem kleinen Eckschrank. Er schlurfte dabei über den Boden, was sich irgendwie bedrohlich anhörte.

Devon hatte diesen Schrank entdeckt, als er das erste Mal dort gewesen war. Er stand zum Teil verdeckt von den Kostümen an der Innenseite des Raums. Sofort hatte er ihr Potenzial erkannt und das hatte ihn auf seine Idee gebracht. Allerdings war es sein zweiter Besuch gewesen, bei dem der Gedanke sozusagen wirklich „eingerastet“ war.

Kelsey warf einen Blick zu Devon, dann griff er nach dem Metallgriff des Schranks. Langsam zog er die Tür ein paar Zentimeter auf und trat dabei etwas zurück. Zufrieden, dass ihm wohl nichts entgegenspringen würde, öffnete er die Tür ganz. Der Strahl von Devons Taschenlampe wurde von einem Paar großer, runder Augen reflektiert.

Mick drängte sich hinter sie. „Was ist das?“

Kelsey griff nach dem Arm des gelben Bären, der in Menschengröße vor ihnen stand. Devon wusste, was er entdecken würde. Der Arm war schwer.

Es war nicht nur ein pelziger Anzug wie die, die an den Stangen hingen. Dieser Anzug war …

„Es ist ein animatronischer Anzug“, stellte Kelsey fest. „Er hat wahrscheinlich animatronische … äh … Fähigkeiten, schätze ich, aber er kann auch wie ein Kostüm getragen werden. Ich habe mal von ein paar innovativen Sachen gelesen, die damit gemacht werden. Man zieht ihn über und der Anzug kann deine Vitalwerte lesen und sogar auf deinen Puls und deine Temperatur reagieren. Manche können sogar mit bestimmten Befehlen gesteuert werden. Der Träger kann dann mit der Stimme der Figur sprechen. Ich glaube nicht, dass das hier so etwas ist. Der Anzug ist zu alt. Ich weiß nicht, wie er funktioniert.“

Wieder zog er an dem Arm. „Nehmen wir ihn mal heraus. Ich glaube, das schaffen wir nur zu dritt.“

„Sicher“, meinte Devon. „Das kriegen wir hin.“

Die Sache wurde ja noch viel besser, als er es sich vorgestellt hatte, dachte Devon. Er hatte geglaubt, Kelsey erst überreden zu müssen, aber anscheinend machte er alles ganz von allein.

Es kam ihm vor, als ob es so sein sollte.

Die drei Jungen stöhnten vor Anstrengung. Mick nieste ein paar Mal, als sich Staub und Fellbüschel des Bären lösten und durch die Luft schwebten. Gemeinsam schafften sie es dann, das Bärenkostüm aus dem Schrank zu hieven und in die Mitte des Lagerraums zu bringen. Sie legten den Bären auf den Rücken. Keuchend und nach Luft ringend betrachteten sie die seltsame Gestalt, deren seelenlose Augen im Schein von Devons Taschenlampe schimmerten.

„Bringen wir alles in den großen Raum. Dann können wir es uns besser ansehen“, schlug Devon vor.

„Ja“, stimmte Kelsey zu.

Grunzend und niesend schafften sie den gelben Bärenanzug in den öffentlichen Bereich der Pizzeria. Als sie mit ihm in der Mitte des Raums angekommen waren, wusste Devon, dass es nun an der Zeit war.

„Mick, geh doch eben zurück und suche ein paar Deckel für diese Behälter mit Schrauben. Du kannst sie dann aufstapeln und rausbringen. Wir können sie für Kelsey mitnehmen.“

Mick warf einen Blick über die Schulter in den düsteren Flur. „Nimm eine Taschenlampe mit“, bot Devon an.

Noch einmal musterte Mick den Bären. Devon konnte sehen, wie Mick schauderte.

„Okay“, stimmte er zu.

Sobald Mick den Raum verlassen hatte, sagte Devon zu Kelsey: „Der Bär sieht aus wie du.“

„Was?“

„Na ja, nicht ganz so cool, aber seine Haare haben ungefähr die gleiche Farbe wie deine, und er lächelt ganz ähnlich. Wenn du es schaffst, den Anzug zu restaurieren, könnte er das Maskottchen deines Treffs werden.“

Kelsey grinste. „Das wäre nicht schlecht.“ Er beugte sich vor und nahm den Kopf des Bären in beide Hände. „Kann man den abnehmen?“ Er zerrte daran, der Bärenkopf löste sich vom Anzug. Kelsey schaute von oben in den Torso hinein und schnupperte. „Riecht gar nicht so schlimm. Jedenfalls nicht schlimmer als der Rest des Gebäudes.“

„Ja. Das ist mir auch aufgefallen.“ Er stieß Kelsey an und grinste. „Steig doch mal rein.“

Kelsey betrachtete die Halsöffnung des Anzugs und zuckte dann mit den Schultern. „Warum nicht?“

Er setzte sich hin und begann, sich in den Torso zu winden. Als er drinsteckte, sagte er: „Das ist ziemlich bequem.“ Er grinste. „Jetzt den Kopf bitte.“

Devon hatte gerade den Kopf eingeklinkt, als Mick zurück in den Raum geschlurft kam und einen Stapel Plastikeimer hinter sich herzog. „Ich finde keine Decke. Keine Ahnung, wie wir das Zeug rausbringen wollen …“ Er blieb stehen und starrte auf den Bären am Boden. Dann blickte er sich um.

„Wo ist Kelsey?“

„Ich bin hier drin!“, rief Kelsey.

Mick riss die Augen auf.

„Was soll …“

Kelsey setzte sich auf und sagte: „Ich bin mir nicht sicher, wie man in diesem Ding steht, aber ich könnte wackeln.“ Er begann seine Arme rhythmisch um sich herumzuwerfen.

Als er beide Arme gerade zur Seite stieß, ertönte ein ohrenbetäubendes metallisches Knallen, das von allen vier Wänden um sie herum zurückgeworfen wurde. Dem Knall folgte ein Geräusch, als würde man Fingernägel über eine Schiefertafel ziehen. Und so abrupt, wie das Kratzen eingesetzt hatte, verstummte es auch mit einem weiteren lauten Knall. Dieser wiederum löste eine ganze Kaskade von Geräuschen aus, die klangen, als würde sich irgendetwas schließen. Als würde eine Tierfalle nach der anderen zuschnappen.

Schon beim ersten Schnappen fing Kelsey an schrill zu schreien.

Einmal, als Devon noch klein gewesen war, hatte seine Mutter ihn in die Schule gebracht und unterwegs auf der Straße eine Katze überfahren. Die Katze war nicht sofort tot. Stattdessen stieß sie einen Laut aus, in dem ihr ganzes Leid lag. Es war gleichzeitig ein Jammern, ein Schreien und ein Heulen und noch andere Töne, die Devon nicht einmal beschreiben konnte. Dieser erbärmliche Laut war in Devons Erinnerung eingebrannt. Er hatte immer gedacht, es sei das Schlimmste, was er je in seinem Leben würde hören müssen.

Er hatte sich geirrt.

Kelseys Schrei war das Schlimmste.

Und es lag nicht an der Tonlage. Die war furchtbar, sicher. Aber das Allerschlimmste war die Art, wie der Anzug in einem spastischen, furchtbaren Tanz zu zucken begann. Es sah aus, als würde der mottenzerfressene, schimmelfleckige gelbe Bär krampfen.

Aber es war nicht der Bär. Devon wusste, dass es nicht der Bär war.

Es war Kelsey.

Was habe ich getan?, dachte Devon.

„Was ist los mit ihm?“, schrie Mick.

Devon sprang auf. Er war so fasziniert davon, wie Kelsey litt, dass er Micks Anwesenheit ganz vergessen hatte.

Kelseys Schreie verstummten schlagartig, als hätte jemand seine Stimmbänder durchtrennt. Und der Anzug kam zur Ruhe. Und dann bemerkte Devon, wie sich das Kostüm rot färbte. Es war ein dunkles, ein feuchtes Rot.

„Ist das Blut?“ Mick zeigte darauf. Dann fiel er auf die Knie. „Das ist Blut!“

Ja, das war Blut.

Devon setzte sich wieder auf den Boden und zog die Füße dicht an seinen Körper. Das Blut tränkte das verfilzte Fell des Bären in Sekundenschnelle und begann sich darunter auf dem Boden zu sammeln. Da das Linoleum ebenfalls blutrot war, vermischte sich Kelseys Blut mit dem Boden. Sehen konnte Devon das nur, weil Kelseys Blut in Bewegung war. Es hatte eine irgendwie lebendige Pfütze gebildet, die nun von dem durchtränkten Bärenfell wegzukriechen schien.

Devon starrte auf das Blut, das ein Eigenleben zu entwickeln schien. Es wirkte wie ein Lebewesen, ein denkender roter See, der sich ausdehnte und suchte …

Devon rutschte noch ein Stück weiter weg. Er stöhnte und ließ seinen Kopf in die Hände sinken.

Das entsprach nicht seinem Plan. Er hatte vorgehabt, Kelsey in den Bärenanzug zu stecken und ihn für eine Stunde oder so liegen zu lassen, um ihn zu erschrecken als Rache für das, was geschehen war. Wenn er auch nur eine Minute geahnt hätte, was nun passierte …

Er war wütend, ja, eifersüchtig. Seit Freitagnachmittag schon – und vielleicht bereits länger – hatte er Kelsey mehr gehasst, als er jemals zuvor jemanden verabscheut hatte. Er hatte Kelsey sogar mehr gehasst als seinen vermissten Vater.

Er hatte Kelsey gehasst, weil Kelsey alles besaß, was Devon sich wünschte. Gerade als es so ausgesehen hatte, als habe er eine Chance bei Heather … okay, vielleicht hatte er sich da etwas vorgemacht, aber trotzdem war ihm nicht einmal die Gelegenheit geblieben, das herauszufinden. Kelsey kam einfach angefegt und freundete sich innerhalb von zwei Sekunden mit jedem an. Sein ganzes Leben lang hatte Devon versucht, einen anderen Freund zu finden als Mick. Kelsey hatte einfach kein Recht darauf, dass ihm alles in den Schoß fiel!

Doch das hier hatte er trotzdem nicht verdient.

„Dev?“

Devon wischte sich die Tränen fort, die sich unbemerkt in seinen Augen gesammelt hatten.

„Dev!“

Er wischte sich über das Gesicht und blickte Mick an. Mick saß auf der anderen Seite des blutenden Bärenkostüms. Ja, klar. Ein blutendes *Bärenkostüm*. Devon machte sich immer noch etwas vor. Es war nicht das Bärenkostüm, das blutete. Es war *Kelsey*.

Devon hörte Mick hicksen, er begriff, dass Mick weinte. Sein schmutziges Gesicht war tränenverschmiert, und das ließ ihn so aussehen, als sei er Mitglied eines Eingeborenenstammes, als trüge er Kriegsbemalung. *Armer Kerl*, dachte Devon. Mick war noch nicht reif genug, um mit einer solchen Sache umzugehen.

Aber Devon schon? Er stieß ein bellendes Lachen aus.

Micks Blick war auf das Bärenkostüm und das ganze Blut geheftet, jetzt stürmte er zu Devon. „Warum lachst du?" Seine Stimme klang schrill.

Devon schüttelte den Kopf. „Es ist … Ach, egal. Ich bin … ich glaube, ich bin … Vielleicht ist das ein Schock."

Mick starrte ihn einen Augenblick an, dann richtete er seine Aufmerksamkeit wieder auf den Anzug. Und unwillkürlich wich er zurück. „Sieh dir das an. Er bewegt sich noch. Er ist noch am Leben. Wir müssen ihn da rausholen."

Devon musterte das Bärenkostüm. Irgendwie schien es zu pulsieren, als sei es ein großes, blutendes Herz, das seine letzten Schläge tat.

Mick wiederholte: „Wir müssen ihn da rausholen."

„Das können wir nicht", erwiderte Devon.

„Wie meinst du das?"

Mit offenem Mund, immer noch tränenüberströmt und mit laufender Nase beobachtete Mick den gelegentlich zuckenden Anzug. Wie lange noch? Devon war sich nicht sicher.

Er hatte nicht mehr das Gefühl, wirklich anwesend zu sein. Doch offensichtlich war er das. Dann aber auch wieder nicht. Er war zurück in seiner Vergangenheit. Er sah zu, wie sein Vater an jenem Tag wegfuhr, als er sie verließ und nie zurückkehrte. Er sah zu, wie seine erschöpfte Mutter ein weiteres Fertiggericht heiß machte. Er war in der Schule und sah zu, wie all die anderen Kinder lachten und einander neckten. Er schlug in ihrem Tankstellen-Clubhaus mit Mick die Zeit tot. Er beobachtete Heather und wünschte, sie würde ihn wenigstens bemerken. Und er genoss den Moment, als sie seinen Namen sagte. Dann hörte er ihr zu, wie sie im Sozialkundeunterricht über Gerechtigkeit sprach.

Er konnte sie vor sich sehen, in ihrem roten Pullover, und er konnte ihre helle Stimme sagen hören: „Ich glaube, Gerechtigkeit ist Rache."

Rache. Nichts anderes hatte er im Sinn gehabt. Er hatte Gerechtigkeit gewollt. Rache.

Kelsey hatte ihn verletzt. Erst hatte er Devon das Gefühl gegeben dazuzugehören, und dann hatte er ihn einfach weggestoßen. Es schmerzte Devon, als habe ihn eine Klinge getroffen.

Er hatte nur gewollt, dass Kelsey etwas Ähnliches fühlte. Und vielleicht wollte er, dass Kelsey ein paar Narben zurückbehielt, wie Devon sie von all den Zurückweisungen mit sich herumtrug.

Aber das hier, das hatte er nicht gewollt.

„Unfälle passieren", flötete Heather in seinen Gedanken.

Devon keuchte auf, als Mick seine Schulter packte und ihn schüttelte. Wie war Mick zu ihm herübergekommen? Devon runzelte die Stirn und versuchte, den Nebel aus seinem Hirn zu vertreiben, indem er den Kopf schüttelte.

„Warum antwortest du mir nicht? Ich frage dich ständig, was du meinst. Was meinst du damit, dass wir ihn nicht rausholen können?“

Mick war nah an ihm dran. Zu nah.

Devon konnte sehen, wie der Rotz unter Micks Nase allmählich trocknete.

„Ich meine, das können wir nicht, weil …“ Devon stöhnte.

Mick musterte ihn ein paar Sekunden, dann wich er langsam vor Devon zurück. „Hast du das mit Absicht gemacht?“

Devon antwortete nicht.

„Hast du?“

Devon versuchte seinen Mund genug zu befeuchten, dass er schlucken konnte.

„Hast du ihn *ermordet*?“, schrie Mick.

„Nein!“ Devon schoss vom Boden hoch und begann auf und ab zu gehen. Plötzlich rannen ihm die Tränen aus den Augen und er konnte nichts dagegen tun. „Nein!“

„Aber was ist da gerade passiert?“ Mick umfasste seine Knie und schaukelte vor und zurück.

Devon starrte auf den blutigen Anzug. Er rieb sich durchs Gesicht.

„Ich wollte mich an ihm rächen.“

„Indem du ihn umbringst?“ Mick rappelte sich auf.

„Nein!“

„Was dann?

„Als ich vorhin hier war, habe ich den Anzug gefunden und versucht, in den Arm hineinzuschlüpfen.“ Sein Schluchzen verzerrte seine Worte. Er sah, wie Mick sich konzentrierte, als er versuchte, ihm zu folgen.

„Der Anzug hat im Innern diese Schnappverschlüsse. Wenn sie einmal eingerastet sind, ist es fast unmöglich, allein wieder herauszukommen.“ Devon klopfte auf den Verband an seiner Hand, wo er sich etwas die Haut aufgerissen hatte, als er dem schweren Arm des Anzugs entkommen war.

„Du hast also *gewusst*, was passieren würde.“

„Nein. Ich meine ja. Aber auch wieder nein. Ich meine, ich wollte ihn nur erschrecken! Ich dachte mir, wenn er einmal darin eingesperrt ist, lassen wir ihn bis zum Sonnenuntergang hier liegen, damit er ein bisschen ins Schwitzen kommt. Ich wollte, dass er mal fühlt, wie es ist, ungerecht behandelt zu werden. Etwas ganz Ähnliches, was er uns angetan hat. So wie ich mich gefühlt habe, als er und sein Nachbar weggefahren sind mit … ich wollte, dass er verletzt wird. Aber ich wollte nicht, dass er wirklich verletzt *wird* … Jedenfalls nicht auf diese Weise!“

Der goldene Anzug erbebte und Kelsey stieß ein Gurgeln aus. „Er lebt immer noch“, flüsterte Mick. Er ging auf den Anzug zu, aber Devon packte ihn am Arm und hielt ihn zurück.

„Nicht anfassen!“, warnte er.

Mick riss sich los, starrte Devon einen Moment lang an,

dann rannte er zum Ausgang. „Wir müssen Hilfe holen!“, rief er.

Devon rannte hinterher und griff erneut nach seinem Arm. „Das können wir nicht!“

„Was? Wieso nicht?“

„Dann kommen wir ins Gefängnis.“

„Du kommst ins Gefängnis.“

„Willst du, dass ich ins Gefängnis muss?“

„Nein! Natürlich nicht.“

„Haben wir nicht immer alles zusammen durchgestanden?“

„Schon, ja.“

„Hinter dieser Sache stecken wir auch gemeinsam.“ Devon drehte sich um und blickte zurück zu Kelsey und das Blut auf dem Boden. Die Rinnsale breiteten sich nicht mehr ganz so schnell aus, doch sie bewegten sich noch immer, krochen wie eine Armee roter Soldaten über das Linoleum.

„Wir können ihm unmöglich schnell genug Hilfe holen. Er hat viel zu viel Blut verloren. Wenn wir es versuchen, bringen wir uns dadurch selbst in Schwierigkeiten.“

Mick starrte Devon mit einem bohrenden Blick an. „Tut es dir überhaupt leid, dass das passiert ist?“

„Natürlich tut es das!“, schrie Devon.

Mick hob beide Hände. „Okay.“ Er sog scharf die Luft ein. „Okay.“

Devon merkte, dass er zitterte. Er merkte, dass seine Beine bebten. Er musste sich konzentrieren, um auf den Füßen zu bleiben.

Er war ein Mörder.

Ein kalter Schauer lief ihm über den Rücken. Er war sich nicht sicher, ob das, was er fühlte, auf seine Tat zurückzuführen war, oder ob er einfach Angst davor hatte, was ihm deswegen drohte.

Er holte tief Luft und richtete sich auf. „Okay. Wir machen Folgendes."

Mick rieb sich die Nase und blickte zu Devon auf, als ob Devon der Heilsbringer sei.

Doch Devon würde niemals in der Lage sein, die Dinge zum Guten zu wenden. „Wir können nicht rückgängig machen, was passiert ist", sagte er.

„Wir?", fragte Mick. „Bei dir klingt das so, als ob ich bei der Sache mitgemacht hätte. Das habe ich aber nicht."

„Okay. Ich. Ich kann es nicht rückgängig machen. Ab jetzt haben wir die Wahl. Entweder wir sagen, was passiert ist, und ich gehe ins Gefängnis, oder wir sagen es nicht, und ich gehe nicht ins Gefängnis. Für Kelsey ändert das alles nichts. Ich wünschte wirklich, ich hätte es nicht getan. Es tut mir leid. Sehr, sehr leid. Aber das hilft Kelsey nicht mehr. Auch wenn ich ins Gefängnis komme, hilft ihm das nicht mehr."

„Du meinst, wir sollten ihn hier zurücklassen?" Mick klang gedämpft.

Devon holte einmal tief Luft. „Ja. Das will ich damit sagen."

Mindestens eine Minute standen die beiden schweigend da.

Draußen krächzte eine Krähe. Eine andere antwortete.

Im Innern des Gebäudes war nur das Atmen von Devon und Mick zu hören. Beide waren ganz verschwollen vom Weinen. Ihr schnelles Schnaufen klang irgendwie unheimlich.

Aber nicht so unheimlich wie dieses trockene, trappelnde Geräusch. Was war das?

Devon packte Micks Arm. „Komm jetzt. Wo hast du deinen Rucksack gelassen?“

Mick zeigte darauf. Er lehnte an der Wand in der Nähe des Eingangs, direkt neben Devons Rucksack. Devon zwang sich, sich herumzudrehen und nach seiner Taschenlampe zu suchen. Sie lag neben dem Stapel Mülleimer, den Mick aus dem Lagerraum herangeschleppt hatte. In einem weiten Bogen, weit weg von dem Bärenkostüm und all dem Blut, lief Devon durch den Raum und holte seine Taschenlampe.

„Hast du sonst noch irgendetwas hier?“ Er versuchte die Tatsache zu ignorieren, dass das trappelnde Geräusch aus dem Bärenkostüm kam.

Mick, dessen Augen glasig wirkten, blinzelte und sah sich um. „Das glaube ich nicht.“

Devon zwang seine Beine, richtig zu funktionieren. Er hatte immer noch das Gefühl, am ganzen Körper zu zittern, und ihm fiel weiterhin das Atmen schwer. Aber er musste sie von hier wegbringen. Er schob die Taschenlampe in seinen Rucksack und nahm Mick am Arm. „Komm jetzt.“

Devon schlüpfte durch das kleine Fenster und zog Mick hinter sich hindurch. Mick grunzte, aber er beschwerte sich nicht.

Sobald sie jedoch in die späte Nachmittagssonne hinauskrochen, meldete er sich zu Wort. „Was ist mit Kelseys Rucksack?"

Devon blickte zurück zum Gebäude. Sollte er ihn noch holen? Aber was damit tun? Nein. Niemand würde hier herauskommen. Und wenn doch, würden sie Kelsey finden. Oder etwa nicht? Was spielt es also für eine Rolle, ob sein Rucksack auch dort war?

Devon blickte Mick an, der sich im Wald umsah, als ob er herausfinden wollte, worum es sich dabei handelte. Devon packte ihn am Arm. „Komm jetzt!"

***

In dieser Nacht hatte Devon Angst, schlafen zu gehen. Er dachte, er würde Albträume haben.

Doch das geschah nicht. Am Ende des Tages war er so müde, dass der Schlaf ihm wie eine große schwarze Leere vorkam. Und diese schwarze Leere war sein Freund. Sie war nicht nur eine Decke des glückseligen Nichts, die die Ereignisse des Tages einfach auslöschte, sondern dieser Effekt hielt auch noch am nächsten Morgen an. Er wirkte wie einer der halb durchsichtigen Vorhänge, die seine Mutter in ihrer Küche aufgehängt hatte. Man konnte immer noch dahinter etwas erkennen, doch er verdeckte Details.

Am Dienstagmorgen wusste Devon, was er am Tag zuvor getan hatte. Er erinnerte sich an alles, allerdings so verschwommen, dass es sich unwirklich anfühlte, als habe er das alles in einem Gruselfilm gesehen, anstatt es selbst zu erleben.

Bevor er und Mick sich am vergangenen Spätnachmittag getrennt hatten, um nach Hause zu fahren, hatte Devon zu Mick gesagt: „Da hängen wir jetzt zusammen drin."

Mick hatte die Worte ausdruckslos wiederholt. Wie ein Roboter, dem gerade die Energie ausgeht.

Das hatte Devon beunruhigt, bevor er gestern Abend ins Bett gegangen war. Heute Morgen jedoch war er nicht mehr besorgt. Mick würde die Ruhe bewahren.

Und Mick war den Tag über ruhig. Zu ruhig.

In den letzten zehn Jahren hatte Devon sich immer darauf verlassen können, dass seine Schultage mit Micks Geplapper begannen. Heute jedoch plapperte Mick nicht.

Die Jungen hatten sich an der Steinmauer niedergelassen, wo sie gerne im Freien zu Mittag aßen, und Mick hatte nicht mehr als „Hey Dev" gesagt, seit Devon sich mit ihm getroffen hatte, um gemeinsam zur Schule zu laufen.

Devon befand sich immer noch in einem leicht unberechtigten Zustand der Verleugnung, doch dieses „Zwielicht" ließ langsam nach. Als Mrs Patterson Kelseys Abwesenheit vom Unterricht bemerkte, war die hauchdünne Barriere zwischen Devon und dem, was er getan hatte, ein wenig eingerissen. Allmählich kamen die Einzelheiten zurück.

Ohne die sonst übliche Begeisterung packte Mick sein Mittagessen aus. Devon versuchte, seinen Freund ein wenig zu animieren. „Was hast du heute mitbekommen?" Micks Mutter tat immer mindestens eine Leckerei in die Tüte.

„Hä?“ Mick schniefte einmal. „Oh. Keine Ahnung.“

Devon seufzte.

Mick stellte sein Mittagessen zur Seite und beugte sich hinüber zu Devon. Dann flüsterte er: „Ich kann nicht aufhören, an ihn zu denken.“

„Pst!“, zischte Devon. „Nicht hier.“

Micks Augen wurden feucht und sein Gesicht ganz rot.

Devon blickte sich kurz um und tätschelte dann Micks Hand.

„Schon gut. Wir reden nach dem Mittagessen darüber, okay? Wir gehen in unser Lager.“

Er hatte gehofft, die Worte „unser Lager“ würden Mick beruhigen. Mick mochte es, wenn Devon ihren behelfsmäßigen, mit Decken ausgelegten und überdachten Treff als „unser Lager“ bezeichnete.

Mick wischte sich über die Augen. „Okay.“ Doch er sagte es so leise, dass Devon ihn kaum hören konnte.

***

Mick saß im Schneidersitz auf dem kühlen, aber trockenen Waldboden und spielte mit ein paar kleinen Tannenzapfen. Devon beobachtete ihn und wartete darauf, dass sein Freund etwas sagen würde. Er wartete minutenlang. Schließlich meinte Mick: „Was ist, wenn er noch lebt?“

Er hob kurz den Blick von dem kleinen, kunstvoll aufgeschichteten Haufen aus Tannenzapfen, dann sah er wieder nach unten. „Das ist es einfach, woran ich immer denken muss. Was ist, wenn er noch lebt?“

Devon antwortete nicht. Dachte ebenfalls darüber nach, aber er versuchte natürlich, es nicht zu tun.

„Ich habe fast gekotzt, als sie in der Stunde seinen Namen aufgerufen haben“, meinte Mick.

Das konnte Devon nachvollziehen, aber er sagte es nicht. Stattdessen erklärte er: „Ich glaube nicht, dass er noch am Leben ist.“

Mick hob den Kopf und blinzelte Devon an. „Aber du bist dir nicht sicher.“

Devon schüttelte den Kopf. Er konnte fast das Geräusch hören, als die inzwischen ziemlich fadenscheinige Barriere, die ihn vor den Ereignissen des Vortrags schützte, noch ein wenig weiter einriss. Er kniff die Augen zusammen … als ob das helfen würde.

„Nein, ich bin mir nicht sicher.“

Mittwoch. Donnerstag. Freitag.

Am Mittwoch breitete sich panische Angst und der Geruch nach einem schrecklichen Geheimnis in der Schule aus. Es wurde nur noch darüber gesprochen. Wo war Kelsey? Man hatte die Polizei eingeschaltet.

Mick blieb drei Tage krank zu Hause. Als Devon ihn besuchte, schwor Mick, dass er niemandem etwas sagen würde. Doch Mick konnte kein Essen bei sich behalten. Seine Mutter dachte, er habe eine Magen-Darm-Grippe.

Devon kam mit der ganzen Situation besser klar als Mick. In all den Jahren, die er am Rand des sozialen Gefüges der Schule gelebt hatte, war es ihm in Fleisch und Blut übergegangen, sich äußerlich nichts anmerken zu lassen, egal wie er sich fühlte. Er konnte praktisch unsichtbar bleiben, während er seinen eigenen Geschäften nachging. Er war sicher, dass er völlig normal wirkte … obwohl es in seinem Innern ganz anders aussah. Jeder Muskel in seinem Körper fühlte sich steif an. Es tat weh, sich zu bewegen. Doch still sitzen konnte er auch nicht. Am Ende der Woche hatte Devon fast alle seine Nägel abgekaut.

Am Freitagnachmittag gab Mr Wright vor der Schule bekannt, die Polizei sei zu dem Schluss gekommen, dass Kelsey weggelaufen sein musste. Offenbar hatte niemand beobachtet, wie Kelsey mit Devon und Mick die Schule verlassen hatte, und offenbar hatte Kelsey auch niemandem gesagt, wohin er wollte. Nichts davon überraschte Devon. Soweit er wusste, verließen nur er und Mick die Schule auf diesem Weg. Sie waren die Einzigen, die jemals über den Bahnhofsvorplatz gingen. Und natürlich hatte Kelsey niemandem erzählt, dass er ausgerechnet mit Mick und Devon irgendwohin ging. Man musste nur ein paar Tage an der Schule verbringen, um zu wissen, dass es sozialem Selbstmord glich, mit Mick und Devon abzuhängen. Kelsey war schlau genug, um das erkannt zu haben. Devon überraschte es immer noch, dass Kelsey sich am Montag überhaupt bei ihnen entschuldigt hatte. Er hatte gedacht, es würde viel schwieriger werden, Kelsey zu ködern.

Unfälle passieren.

Am Freitag nach der Mittagstunde besuchte Devon Mick. Der aß gerade eine Schüssel mit Suppe, als Devon eintraf.

„Er behält immerhin sein Essen drin“, sagte Micks Mutter, während sie Devon im Türrahmen von Micks Zimmer kurz umarmte. „Ich glaube nicht, dass er ansteckend ist. Also geh nur rein.“

„Danke, Mrs Callahan.“ Devon lächelte die runde rothaarige Frau mit Sommersprossen an.

Gleichzeitig fühlte er sich, als ob Käfer über seine Arme emporkrabbeln würden. Das lag an ihrer Umarmung. Auch wenn seine Mutter ihn im Laufe der Woche in den Arm genommen hatte, war es ihm nicht anders ergangen. Er verdiente einfach keine Umarmungen.

„Möchtest du auch eine Suppe?“, fragte Mrs Callahan. „Es ist genug da.“

Devon schüttelte den Kopf. „Nein. Ich meine, nein danke.“ Mrs Callahan tätschelte ihm den Kopf. „Ihr Jungs werdet so schnell erwachsen!“ Dann eilte sie davon.

Devon ließ sich in den roten Sitzsack direkt neben der Tür von Micks und Debbys Zimmer fallen. „Hey“, sagte er zu Mick.

Mick, der unter einer roten Superheldendecke lag und mehrere Kissen im dazu passenden Design im Rücken hatte, wischte sich den Mund ab. „Hey.“ Er wirkte, als wollte er noch etwas sagen, doch dann aß er einfach seine Suppe weiter, die er aus einer orangefarbenen Schüssel löffelte.

Devon sah sich in dem winzigen geteilten Raum um.

Anders als Devons Zimmer, das bis auf ein paar Naturposter und Rockmusik-Sammlungen ziemlich kahl erschien, war Micks Zimmer vollgepackt mit Spielzeug. Dort sah es nicht aus wie im Zimmer eines Fünfzehnjährigen, sondern eher wie bei einem Kind. In Micks Teil des Raums gab es nicht viele Möbel – nur ein Bett, einen

Nachttisch und einige Regale mit einem heruntergeklappten Schreibtisch. In den Regalen standen Bücher, aber sie waren auch vollgestopft mit Actionfiguren, und es gab Stapel von Brettspielen.

Devon schaute zu dem Vorhang, der den Raum unterteilte. Mick musste es bemerkt haben. „Debby übernachtet bei einer Freundin." Devon nickte.

Mick ließ seinen Löffel fallen. Er wischte sich den Mund ab und sagte dann durch die Serviette, die er sich vor das Gesicht hielt: „Was ist, wenn er noch lebt?"

Devon drehte sich kurz um, weil er sichergehen wollte, dass die Tür geschlossen war.

„Meine Mutter ist in der Küche", sagte Mick. „Mein Vater ist nicht zu Hause." Er schob sein Tablett von sich. „Ich habe es niemandem gesagt und das werde ich auch nicht tun. Aber ich kann nicht aufhören, an ihn zu denken. Was ist, wenn er noch lebt?"

„Es sind jetzt sechs Tage vergangen."

„Ja, aber …"

„Er ist nicht am Leben."

„Aber er könnte es sein."

„Wie denn? Er kann sich nicht einmal bewegen. Und er hat kein Wasser."

„Wie lange können Menschen ohne Wasser auskommen?", fragte Mick. Bevor Devon eine Antwort fand, meinte Mick: „Warte mal! Es gab Wasser. In der Küche."

Unwillkürlich spannte Devon sich an. Mick hatte recht.

„Was ist, wenn Kelsey es bis dahin geschafft hat?", wollte Mick wissen.

„Wie denn? Der Anzug war wirklich schwer und er hat ziemlich viel Blut verloren.“ Das war die Untertreibung des Jahres.

Mick verzog den Mund und dachte über Devons Worte nach. „Stimmt, aber was ist, wenn der Anzug mit ihm zusammengearbeitet hat. Er meinte, dass manche animatronischen Anzüge so etwas können. Was, wenn er ihm geholfen hat, in die Küche zu kommen?“

Devon fand, das klang ziemlich abgedreht, aber welcher Teil von dem, was passiert war, tat das nicht?

„Wenn es so war, könnte er noch am Leben sein, und wir können ihn nicht einfach dort lassen!“ Mick beugte sich vor. „Ich werde schweigen, ich schwöre es. Aber zuerst müssen wir zurückgehen und uns davon überzeugen, dass er … na ja, du weißt schon … oder eben nicht. Wenn er am Leben ist, müssen wir ihm helfen. Wir tun es einfach. Das ist alles.“

Mick wollte die Sache nicht auf sich beruhen lassen.

„Okay“, antwortete Devon. „Aber nicht wir werden gehen. Ich gehe.“

„Aber …“

„Auf gar keinen Fall wird deine Mutter dich in den Wald gehen lassen. Sie denkt, dass du Grippe hast. Und falls du recht hast, dürfen wir nicht länger warten. Ich werde gehen.“

„Und was ist, wenn er noch am Leben ist? Wie willst du ihn dann in ein Krankenhaus schaffen?“

„Erst rufe ich jemanden an.“ Ihm fiel ein, dass es in dem Gebäude offenbar kein Netz gab. „Ich meine, ich nehme einen Verbandskasten mit, damit ich ihn … wie nennt man das? Stabilisieren? Damit ich ihn stabilisieren kann. Mehr als bei ihm zu bleiben und mich um ihn zu kümmern, bis es ihm besser geht, kann ich nicht tun. Ich werde ihm etwas zu essen bringen und so weiter. Und wenn es ihm dann besser geht, gehe ich irgendwohin, wo ich Empfang habe, und rufe Hilfe. Das wird mir auch genügend Zeit geben, ihn davon zu überzeugen, niemandem etwas zu erzählen."

Mick rieb sich die Nase und dachte darüber nach. Schließlich sagt er: „Das ist eine gute Idee."

Devon betrachtete seinen unschuldigen Freund. Mick hatte wirklich nicht die geringste Ahnung.

Devon kämpfte sich aus dem Sitzsack heraus und ging zu Micks Bett. Er legte eine Hand auf dessen Schulter. „Du musst mir etwas versprechen."

„Was denn?"

„Ich weiß nicht, wie lange es dauern wird, bis ich Kelsey aus dem Anzug geholt und ihm geholfen habe. Du musst mich decken."

Mick nickte. „Und wie?"

„Ich werde meiner Mutter sagen, dass ich ein paar Tage hierbleibe, weil du Gesellschaft brauchst, seit Debby weg ist. Das wird sie mir abnehmen."

„Okay."

„Und wenn ich bis Montag nicht zurück bin, sagst du in der Schule, dass ich krank bin. Kapiert?"

„Klar. Das kann ich machen."

„Und zwar so lange, wie es nötig ist. Sag ihnen einfach

immer wieder, dass ich krank bin. Bist du sicher, dass du das schaffst?"

Mick nickte.

„Egal, was passiert. Du darfst niemandem sagen, wo ich bin."

„Okay. Wir hängen da zusammen drin. Ich schwöre, wenn du willst."

Devon zuckte die Schultern. „Klar." Er streckte seinen Zeigefinger aus und lauschte, als Mick schwor, Devon Deckung zu geben, solange es eben nötig sein würde.

„Du bist ein guter Freund", erklärte Devon.

Mick grinste.

***

Als Devon von seinem Besuch bei Mick nach Hause kam, erzählte er seiner Mutter, dass er zu seinem Freund zurückkehren wolle. „Ach, das ist nett von dir, Schatz", meinte sie. Irgendwie wirkte sie erleichtert. Devon nahm an, dass sie gern früh ins Bett gehen wollte.

Devon verschwand in seinem kargen Zimmer. Dort sah er sich um. Er war sich immer noch nicht sicher, was er tun würde, wenn er zurück in die Pizzeria kam, doch in jedem Fall brauchte er dafür Werkzeug.

Er setzte sich auf die Kante seines Doppelbetts. Es sackte unter seinem Gewicht ein und er hörte eine der Federn ächzen.

Wenn er nun gar nicht zurückging und Mick einfach erzählen würde, er hätte Kelsey tot vorgefunden?

Nein, das konnte er nicht tun. Obwohl er Montagnacht gut geschlafen hatte, plagten ihn seitdem jede Nacht Albträume. Und in jedem dieser Träume war Kelsey ein Zombie, der Devon verfolgte, egal, wohin er ging.

Nein. Er musste zurückgehen und nachsehen, wie der Stand der Dinge war.

Er griff nach seinem Rucksack und holte seine Bücher und das Telefon heraus. Er warf einen Blick auf das Telefon und seufzte. Na toll. Es war tot. Okay. Er schloss es an das Ladegerät an. In der Nähe des alten Gebäudes würde er es sowieso nicht benutzen können. Noch einmal sah er sich um. Sein Blick fiel auf den Hammer, der am Boden des offenen Schranks lag. Er hatte ihn sich aus dem spärlichen Werkzeugvorrat seiner Mutter genommen, um vor ein paar Wochen ein Regal zu reparieren, und er hatte ihn nie zurückgelegt. Der würde reichen, um den Anzug zu öffnen ... falls es dazu kommen würde.

Die Sonne begann bereits unterzugehen, als Devon das von Brombeeren überwucherte Gebäude erreichte. Bevor er durch den Tunnel kroch, holte er seine Taschenlampe und den Hammer hervor.

Seit er den Wald betreten hatte, war es ihm wichtig gewesen, jedes Rascheln, Zirpen und Knacken zu ignorieren, das man im Wald hörte. *Nur kleine Waldtiere*, sagte er sich immer wieder, während er nervös den Schokoriegel vertilgte, der ihm als Abendessen dienen sollte.

Aber was würde im Inneren des Gebäudes auf ihn warten?

Devon atmete einmal tief durch, dann schlüpfte er durch

das kleine Fenster hinein. Danach verharrte er kurz und ließ den Lichtkegel seiner Taschenlampe durch den Raum wandern.

Irgendwie erwartete er, dass Kelsey in dem blutigen Bärenkostüm vor ihm auftauchen und ihn angreifen würde. Am liebsten wäre er gleich wieder durch das Fenster geflohen.

Aber nichts kam auf ihn zu. Er war ganz allein. Wenn man mal von Kelsey im Bärenkostüm und den animatronischen Figuren auf der Bühne absah.

Devon machte einen zaghaften Schritt, hielt dann aber wieder inne. Er lauschte. Im Gebäude war es vollkommen still. Und alles fühlte sich unheimlich an. Devon musste den Drang niederkämpfen, nicht einfach davonzurennen, obwohl sich absolut nichts bewegte oder ihn verfolgte.

Schließlich gelang es ihm, seine Angst zu unterdrücken, und er ging weiter.

Ohne sich dem blutgetränkten animatronischen Anzug in der Mitte des großen Raums zu nähern, machte Devon einen Rundgang durch das gesamte Gebäude. Er leuchtete in jeden Raum, in jede Ecke und jede Ritze. Er hatte genug Filme gesehen, um zu wissen, dass man erst das Gebäude „sicherte“, bevor man sich einigermaßen entspannen konnte.

Alles war noch genau so, wie sie es zurückgelassen hatten, als sie am Montag dort gewesen waren … bis auf den Geruch. Der erdige, metallische Geruch von Blut war ihm in die Nase gedrungen, kaum dass er das Gebäude betreten hatte. Und ein weiterer Geruch rang mit dem Blut um die Vorherrschaft. Er war irgendwie kränklich, süßlich, absolut ekelerregend. Devon war sich ziemlich sicher, dass es der Geruch von Verwesung war. Doch genau wusste er es nicht.

Okay. Jetzt hatte er es so lange aufgeschoben, wie er nur konnte.

Mit langsamen Schritten näherte sich Devon dem Bärenkostüm. Am äußersten Rand der Blutlache blieb er stehen. Sie war leicht zu erkennen. Das Blut hatte sich beim Trocknen geschwärzt. Es war jetzt dunkler als der Boden und im Schein von Devons Taschenlampe hoben sich die Umrisse der Lache deutlich ab.

Mit fest zusammengebissenen Zähnen beugte Devon sich vor und berührte den Rand der Lache. Schnell riss er seine Hand wieder zurück. Das Blut war immer noch ein wenig klebrig.

Das war gut. Das war okay. Darauf war er vorbereitet gewesen. Devon wusste nicht, wie lange es dauerte, bis Blut vollständig getrocknet war, aber er nahm an, dass die feuchte Atmosphäre im Gebäude den Prozess verlangsamt hatte.

Devon nahm seinen Rucksack ab und zog die Plastikplane heraus, die er zusammengefaltet hineingestopft hatte. Anstatt des Essens und der Bananen, die er Mick hatte mitbringen wollen, hatte er die Plane mitgenommen. Er wusste, dass Kelsey nicht mehr am Leben sein konnte, und er wollte nicht im Blut hocken, um Kelsey …

Devon zwang sich dazu, nicht mehr nachzudenken. Er stellte seinen Rucksack an die Wand und breitete die Plane neben dem Kopf des Kostüms aus.

Er musste durch die Nase atmen, denn hier war der Geruch nach Blut und Verwesung am stärksten. Kelsey musste einfach tot sein.

Doch er würde nicht mehr ruhig schlafen können, wenn er sich nicht selbst davon überzeugte.

Er richtete das Licht seiner Taschenlampe auf den Kopf des Bären. Seine Muskeln versteiften sich, weil er erwartete, Kelseys Augen zu sehen, die ihn durch die Augenlöcher im Kopf des Bären anstarrten. Aber da war …

Nichts.

Die Augenlöcher waren dunkel und leer.

Devon beugte sich weiter vor und richtete das Licht direkt auf die Augenlöcher. Warum konnte er Kelseys Gesicht nicht sehen?

Devon warf einen Blick über die Schulter, um sich davon zu überzeugen, dass er noch allein war. Hatten sich die Figuren auf der Bühne bewegt? Er sog scharf den Atem ein und ließ den Strahl seiner Taschenlampe über sie hinweggleiten. Er runzelte die Stirn. Leider konnte er sich nicht daran erinnern, in welcher Position sie zuvor gestanden hatten. Er beobachtete sie noch einige Sekunden, bevor er sich wieder seiner eigentlichen Aufgabe zuwandte. Er brachte sein Gesicht näher an das Gesicht des Bären heran. Aber sehen konnte er immer noch nichts.

Ihm würde nichts anderes übrig bleiben, als den Kopf der Figur abzunehmen. Das bedeutete allerdings, das blutige Fell zu berühren. Gut, dass er sich auch darauf vorbereitet hatte.

Devon wühlte in seiner Hosentasche und zog ein paar

der Gummihandschuhe hervor, mit denen seine Mutter immer putzte. Er streifte sie über. Dann legte er die Taschenlampe auf die Brust des Bären und richtete ihren Strahl auf den Hals. Vorher zögerte er noch eine Sekunde, um sicherzugehen, dass die Brust sich nicht bewegte. Schließlich tastete Devon nach dem Verriegelungsmechanismus, der den Kopf der Figur an Ort und Stelle hielt. Es dauerte nur Sekunden, bis er ihn fand. Doch der Verschluss ließ sich nicht öffnen. Devon drückte. Er zog. Irgendwann klopfte er mit seinem Hammer daran herum. Doch der Kopf ließ sich nicht vom Körper trennen.

Gut. Devon steckte die Klaue des Nagelziehers in das Maul des Bären. Mit diesem Hebel gelang es ihm, das Maul zu öffnen.

Scharf atmete er ein, als sich das Maul mit einem Rasseln weit öffnete. Es klang wie Zähneknirschen. Was eigentlich keinen Sinn ergab. Das Maul wurde ja geöffnet und nicht geschlossen.

Devon atmete tief aus und leuchtete mit der Taschenlampe auf die Maulöffnung. Er legte den Kopf schräg und blickte so tief in den Kopf hinein, wie er nur konnte.

Doch da war nichts drin.

Wirklich?

Devon leuchtete noch tiefer in den Kopf. Doch er war völlig leer.

Hatte das Bärenkostüm Kelsey den Kopf abgeschnitten?
Klar, und dann was damit gemacht? Ihn gefressen?

Auf Devons Armen breitete sich eine Gänsehaut aus, denn ihm fiel seine Geschichte von der Hüpfburg wieder ein. Wenn eine Hüpfburg ein kleines Kind fressen konnte, dann konnte auch ein Bärenkostüm einen Teenager verspeisen. Oder?

„Reiß dich zusammen“, murmelte er.

Irgendwo im Gebäude stotterte etwas leise. Devon riss den Kopf herum und ließ den Kegel seiner Taschenlampe schnell durch den Raum gleiten. Es hatte sich wie ein Zischen angehört, wie ein heiseres Ausatmen. War das hinter ihm gewesen?

Oder vor ihm?

Noch einmal inspizierte er das Bärenkostüm. Das blutige Fell schimmerte im Licht der Taschenlampe, aber es bewegte sich nicht.

„Mach weiter“, befahl Devon sich selbst.

Er beugte sich vor und richtete das Licht erneut auf das Maul des Bären. Diesmal versuchte er bis hinunter in den Torso zu leuchten.

Zuerst sah er nichts, aber dann glaubte er, weiter unten etwas zu erkennen. War Kelsey vielleicht irgendwie in den Anzug hineingerutscht? War das sein Haar, das Devon dort sah? Er ließ den Lichtstrahl in diese und in jene Richtung wandern, aber Genaueres erkennen konnte er nicht. Er würde danach tasten müssen.

Sehr froh über die Handschuhe, die er trug, holte Devon einmal tief Luft. Dann schob er seinen Arm durch das Maul des Bären hinunter ins Innere des Kostüms, bis sein ganzer Arm darin verschwunden war. Mit der Hand tastete er im Torso herum, fühlen konnte er allerdings immer noch nichts.

Doch er hörte etwas. Jemand – oder etwas – rief seinen Namen.

„Devon!“

Devon zuckte zusammen und begann, seinen Arm aus dem Anzug zu ziehen. Doch plötzlich umklammerte das Maul seinen Arm und schloss sich mit einem Rasseln und einem Knacken. Das Knacken war der Knochen in Devons Arm.

Der stechende Schmerz ließ Devon aufschreien. Er schoss von seinem Bizeps bis hinunter zu seinen Fingerspitzen. Tränen sprangen ihm in die Augen. Er heulte vor Schmerz, aber auch vor Angst.

Gleichzeitig versuchte er, seinen Arm aus dem Bärenkostüm zu ziehen. Doch das war eine ganz schlechte Idee. Er heulte auf und hielt lieber ganz still. Schweiß tropfte ihm von der Stirn und gesellte sich zu den Tränen, die ihm über das Gesicht liefen. Seinen Arm zu bewegen, war die reinste Folter. Es fühlte sich an, als versuche der Bär ihm den Arm vom Körper zu reißen.

In Devon stieg Übelkeit auf und er würgte. Er würgte und drehte den Kopf zur Seite und erbrach sich über seinen eigenen Schoß. Der säuerliche Gestank und die fauligen braunen Brocken Kotze brachten ihn erneut zum Würgen und schon erbrach er sich im Schwall.

Nun schrie Devon heulend um Hilfe, obwohl er wusste, dass keine Hilfe kommen würde.

„Hiiiiilllffeeeee!“ Die Laute, die er jetzt von sich gab, waren noch schlimmer als die, die Kelsey ausgestoßen hatte, als der Anzug ihn durchbohrte. Sie waren in jedem Fall schlimmer als die der sterbenden Katze. In ihnen klang Entsetzen und Verzweiflung mit. Es waren die gequälten Schreie der Hoffnungslosigkeit.

Speichel tropfte aus seinem Mund, als sein Schrei sich in ein Schluchzen verwandelte. Devon ignorierte den heißen Schmerz in seinem rechten Arm und schlug mit der linken Hand auf das Maul des Bären ein, ohne irgendetwas zu erreichen. Mit dem Hammer traf er wieder und wieder seinen Arm und er schrie jedes Mal auf. Trotzdem gab er nicht auf und versuchte, das Maul zu öffnen.

Als ihn schließlich die Kraft verließ, um den Hammer zu halten, dieser vom Torso des Bären abprallte und mit einem dumpfen Laut auf dem blutigen Boden aufschlug, versuchte er, das Bärenkostüm über den Boden hinter sich herzuziehen. Er war nicht mehr ganz bei Sinnen und dachte nicht logisch. Er wusste, dass er den Anzug nicht würde von der Stelle bewegen können.

Eingehüllt in seinen eigenen widerlichen Gestank brach Devon zusammen und wimmerte bei jeder neuen Welle des Schmerzes, die durch seinen Arm lief. Und er versuchte die feuchte Wärme zu ignorieren, die an seinem Bizeps herunterlief. Beruhige dich, sagte er sich. Mick wusste ja, wo er war. Mick würde ihn holen kommen.

Devon stöhnte.

Nein, das würde er nicht. Mick würde genau das tun, was Devon ihm gesagt hatte.

Wie lange dauerte es, bis man verblutet war? Nicht lange bei einer starken Blutung. Doch es fühlte sich nicht so an, als würde er stark bluten. Die feuchte Wärme hörte an seinem Ellbogen auf und sie schritt nicht fort. Nein, er würde nicht verbluten.

Wie lange würde es dann dauern, bis er am Wassermangel starb? Denn genau das würde geschehen. Er hatte kein Wasser mitgenommen, weil er gar nicht vorgehabt hatte, Kelsey zu helfen. Und jetzt konnte er sich auch nicht selbst helfen.

Im Innern des Anzugs ballte er seine Faust. Er stöhnte, als die Bewegung eine neue Welle des Schmerzes durch seinen Arm schickte. Dann erstarrte er, sog scharf die Luft ein und ballte erneut die Faust.

Hatte er gerade im Innern des Bärenkostüms eine Bewegung gespürt?

„Nein, nicht ..." Und wieder streifte etwas seine Fingerknöchel.

„Ungeziefer", flüsterte Devon. Er hatte genug Dokumentationen im Fernsehen gesehen, um zu wissen, dass es Käfer gab, die Leichen mochten.

Es waren Käfer, oder? Nicht ... nein. Das konnte nicht ... Kelsey sein.

Voll irrer Panik wand Devon sich hin und her. Er kämpfte mit seinem ganzen Körper und schrie gegen den Schmerz an, den irgendetwas in seinem Arm verursachte. Erbrochenes spritzte umher und um ihn herum knisterte die Plastikplane. Doch er hörte nicht auf. Er kämpfte mit aller Kraft, um sich zu befreien.

Doch das reichte nicht.

Es machte sogar alles noch schlimmer.

Nachdem er sich erneut heftig herumgeworfen hatte,

spürte Devon, wie sein Arm für einen Augenblick losgelassen wurde, doch als er versuchte, ihn herauszuziehen, geriet er nur tiefer in das Bärenkostüm.

Voller Schrecken betrachtete Devon den Anzug und bemerkte, dass sich das Maul weiter geöffnet hatte. Es hielt nun seine Schulter gepackt anstatt nur seinen Bizeps.

Und jetzt begriff er. Er würde hier sterben. Er konnte seinen Arm nicht befreien und auch den Anzug nicht von der Stelle bewegen. Und Mick würde dafür sorgen, dass sich niemand auf die Suche nach ihm machte. Mick war in all den Jahren oft anderer Meinung als Devon gewesen, doch er hatte sich nie gegen ihn gestellt. Nicht ein einziges Mal.

Devon dachte an den Film, den er gesehen hatte, in dem ein Mann sich den Arm abgesägt hatte, der unter einem Felsen eingeklemmt war, um freizukommen. Er würgte und erbrach sich erneut. Keine gute Vorstellung. Und auch nicht hilfreich. Selbst wenn er ein Messer oder eine Säge dabeigehabt hätte, glaubte er kaum, dass er das schaffen würde.

Devon riss noch einmal an seinem Arm, um vielleicht doch noch freizukommen. Das Maul öffnete sich noch weiter und plötzlich konnte Devon in den Anzug hineinsehen.

Er keuchte und für einen Moment blockierte der Schock seinen Schmerz.

Ganz unten, hinter seinem Arm, konnte Devon einen Körper sehen, einen leblosen Körper, genau so, wie er es sich vorgestellt hatte, als er hierher zurückgekommen war, um nach Kelsey zu sehen. Allerdings war es nicht ganz genau so, wie er gedacht hatte. Die Leiche, die er zu finden erwartete, hatte blondes Haar. Diese hier besaß schwarzes.

Die Leiche im Bärenkostüm war nicht Kelsey.

Devon blieb nur eine Sekunde, um zu versuchen, sich einen Reim darauf zu machen, bevor seine Schulter in den Anzug gesaugt wurde.

Devon schrie, aber niemand hörte ihn.

***

Am Montagmorgen war Mick ziemlich enttäuscht, als Devon ihm nicht entgegenkam, um mit ihm zur Schule zu gehen. Dann hatte Mick gehofft, er würde Devon bei den Spinden vorfinden, wo er auf ihn wartete, um ihm zu sagen, dass es Kelsey gut ging. Oder auch dass er tot war. Das wäre nicht so gut, aber immer noch besser als der Zustand, in dem sie Kelsey in der vergangenen Woche zurückgelassen hatten. Nicht zu wissen, ob Kelsey tot war, fühlte sich an, als würde man lebendig gefressen werden, wie von dieser gruseligen Hüpfburg aus der Geschichte, die Devon vor ein paar Wochen im Englischunterricht vorgelesen hatte.

War das erst ein paar Wochen her?

Apropos Englischunterricht. Mick sollte heute ein Gedicht laut vorlesen. Wenn er nur daran dachte, kribbelten schon seine Finger. Es verknotete sein Inneres derart, dass er sich nicht allzu viele Gedanken darüber machte, warum Devon nicht in der Schule erschienen war. Devon hatte ihm gesagt, dass es eine Weile dauern könnte, bis Kelsey wieder gesund genug war, um ihn nach Hause zu bringen. Irgendetwas daran schien …

Jemand stieß gegen Mick und er ließ seinen Rucksack fallen. Er hob ihn auf und ging zum Unterricht.

Im Englischkurs las Mick dann sein Gedicht wieder und wieder durch. Er war so sehr damit beschäftigt, dass er zusammenzuckte, als Mrs Patterson rief: „Mick!"

„Hier!"

„Ja, ich weiß, dass du hier bist. Ich habe gefragt, ob du weißt, wo unser angehender Autor für Horrorgeschichten ist."

„Wie?"

„Devon. Wo ist Devon?"

„Oh, Entschuldigung. Er ist krank."

„Okay."

Mick lächelte. Er hatte seinen Teil getan.

Wir hängen zusammen da drin, solange es eben dauert.

* * *

Kelsey lehnte an einer Säule in der Eingangshalle seiner neuen Schule. Er beobachtete die anderen Kids, lächelte oder nickte jedem zu, der an ihm vorbeiging, und sagte „Hey!", wenn jemand ihn begrüßte.

Sein Blick kehrte immer wieder zu ein paar Jungen zurück, die sich vor der Eingangstür der Schule aufhielten. Einer der Jungen war ganz in schwarz gekleidet, der andere trug eine zerlumpte Jeans und ein verblichenes T-Shirt. Andere Kinder, die die Schule betraten, ignorierten die

Jungen oder warfen ihnen verächtliche Blicke zu. Beide Jungen kicherten gelegentlich über die vorbeigehenden Kinder.

Kelsey stieß sich von der Säule ab und schlenderte auf die Jungs zu, als sie schließlich die Schule betraten. Er blieb vor ihnen stehen und sagte: „Hey, ich bin Kelsey. Ich bin neu hier."

Beide Jungen beäugten ihn mit hochgezogenen Augenbrauen.

Kelsey schenkte beiden ein freundliches Grinsen. „Sagt mal", meinte er, „gibt es hier irgendwelche coolen Plätze, wo man abhängen kann?"

ÜBER DIE AUTOREN

Scott Cawthon ist der Autor der Bestseller-Computerspielreihe *Five Nights at Freddy's*, und obwohl Game-Designer von Beruf, ist er im Herzen vor allem Geschichtenerzähler. Er hat am The Art Institute of Houston studiert und lebt mit seiner Frau und vier Söhnen in Texas.

Elley Cooper schreibt Romane für junge Erwachsene und Erwachsene. Horror hat sie schon immer geliebt und ist Scott Cawthon dankbar, dass sie Zeit in seinem dunklen und schrägen Universum verbringen durfte. Elley lebt mit ihrer Familie und vielen verwöhnten Haustieren in Tennessee und schreibt oft Bücher zusammen mit Kevin Anderson & Associates.

Andrea Reins Waggener ist Autorin, Ghostwriterin, Essayistin, Drehbuchautorin, Werbetexterin, Redakteurin, Dichterin und stolzes Mitglied des Autorenteams von Kevin Anderson & Associates. In einer Vergangenheit, an die sie nicht mehr gerne zurückdenkt, war sie Schadensreguliererin, hat Katalogbestellungen bei JCPenney angenommen (bevor es Computer gab!), war Gerichtsschreiberin, Dozentin für das Schreiben juristischer Texte und Rechtsanwältin. Sie schreibt in ganz unterschiedlichen Genres, die sich von ihrem Chick-Lit-Roman „Alternate Beauty" über ihr Buch zur Hundeerziehung „Dog Parenting" und ihr Selbsthilfebuch „Healthy, Wealthy and Wise" bis hin zu Memoiren und anderen Ghostwriter-Projekten in den Bereichen Young Adult, Horror, Mystery und ganz allgemeinen Romane erstrecken, wobei Andrea immer noch Zeit findet, den Regen zu beobachten und sich mit ihrem Hund und ihren Strick-, Kunst- und Musikprojekten zu beschäftigen. Mit ihrem Mann und besagtem Hund lebt sie an der Küste von Washington, und wenn sie nicht gerade zu Hause ist und etwas Neues erschafft, findet man sie beim Spaziergang am Strand.

DRITTE FOLGE
DER TITELLOSEN GESCHICHTE
AM SCHLUSS

Larson saß an dem edlen Rollschreibtisch aus Eichenholz, der ein Ende seines ansonsten alles andere als elegant eingerichteten Wohnzimmers beherrschte. Wenn er an diesem Tisch saß, auf dem eine antike grüne Bankierslampe stand und über dem ein Druck hing, der ein über eine Wiese fliegendes Flugzeug zeigte, kehrte er dem restlichen Raum den Rücken zu. An diesem Platz konnte er so tun, als gebe es den anderen Teil seines Wohnzimmers nicht. Alles andere im Raum – der fleckige Spieltisch, die beiden Klappstühle, ein fadenscheiniger Sessel und ein blauer Sitzsack aus Vinyl – ließ das Zimmer nur noch leerer und trostloser erscheinen.

Er nahm einen Schluck aus dem Glas, das er vor seiner Brust balancierte, und betrachtete das gerahmte Bild von Ryan im Licht der Bankierslampe. Ryan war sechs Jahre alt gewesen, als das Bild entstanden war. Er hatte damals gerade seine beiden vorderen Milchzähne verloren. Die dadurch entstandene Lücke verlieh seinem sommersprossigen Gesicht mit den blauen Augen einen schelmischen Ausdruck, den Larson einfach liebte. Die Leute sagten, Ryan sei das Ebenbild seines Vaters. Larson glaubte zu erkennen, was sie meinten. Mit Sicherheit hatten er und sein Sohn das schmutzig blonde Haar, die Sommersprossen, die blauen Augen und den breiten Mund gemeinsam. Die Nase hatte Ryan von seiner Mutter geerbt, was gut für ihn war. Aber manchmal fielen Larson, wenn er seinen Sohn betrachtete, auch nur die Unterschiede zwischen ihnen auf. Auf Larson wirkten seine eigenen Züge hart und verschlossen, während Ryans Gesicht noch offen und unschuldig war.

Wie lange würde das so bleiben?

Ein paar Tage zuvor hatte Larson einen flüchtigen Eindruck davon bekommen, wie Ryan aussehen würde, wenn die Fröhlichkeit der Kindheit von den Pflichten des Erwachsenen verdrängt wurden. Larson hatte versprochen und auf einen Stapel Comics geschworen, dass er Ryan zu einer Filmpremiere mitnehmen würde. Doch die Arbeit war ihm in die Quere gekommen und er hatte absagen müssen. Das war bei Ryan gar nicht gut angekommen.

„Du tust nichts von dem, was du versprochen hast!“, hatte Ryan geschrien. Sein Gesicht war vor Enttäuschung ganz rot und verzerrt gewesen.

„Es tut mir leid, Ryan.“

Ryan hatte geschluchzt. „Unsere Lehrerin sagt, Väter sind wie Superhelden. Aber das sind sie gar nicht. Superhelden brechen keine Versprechen.“

Larsons Telefon klingelte und er nahm ab. Alles, was ihn davon ablenkte, was es in seinem Leben zu bereuen gab, war willkommen.

„Der Stitch Wraith ist wieder gesichtet worden“, sagte Chief Monahan. „Ich möchte, dass Sie hinfahren.“

„Wo ist es?“

„An der alten Brandstelle … Erinnern Sie sich an dieses bizarre Feuer?“

„Sicher.“ Larson stellte sein Glas ab und war froh, dass er nur ein paar Schlucke getrunken hatte.

„Ich bin in zehn Minuten da.“ Er stand auf. „Moment, ist er jetzt nicht schon zum zweiten Mal dort gesehen worden?“

***

Don zog die schwere Metalltür der ehemaligen Fabrik auf, und Frank und er gingen zu dem Foodtruck, der mitten in der alten Montagehalle stand. Der Truck, der nicht mehr fahren konnte, war dort für immer abgestellt worden, und er war umgeben von hölzernen Picknicktischen. Es war ein seltsamer Aufbau, aber Dr. Phineas Taggart, der Mann, dem das alles gehörte, war nicht weniger seltsam.

Don entdeckte Phineas, der auf einer der Bänke an einem Picknicktisch saß, und er stupste Frank an. Sie beobachteten, wie Phineas vorsichtig seinen makellos weißen Laborkittel unter sich hervorzog und ihn glatt strich. Dann breitete er ebenso sorgfältig eine weiße Leinenserviette vor sich auf der rauen Tischoberfläche aus. Er schnippte einen Fussel von der Ecke, dann öffnete er sein eingewickeltes Sandwich genau in der Mitte der Serviette.

„Vielen Dank“, sagte Phineas zu dem Sandwich. „Ihr Zellen, bitte verzehrt dieses Essen mit Liebe.“

„Redest du immer noch mit deinem Essen, Phineas?“, rief Don. Er verdrehte die Augen und zwinkerte Frank zu.

Frank schüttelte nur den Kopf.

Sie beobachteten, wie Phineas die Augen schloss. Es sah aus, als würde er beten, aber er hatte ihnen einmal gesagt, dass er „ein mentales Schild aus Licht“ erschuf, wenn er das tat. Was auch immer das bedeutete.

„Hallo Don“, sagte Phineas. „Wie ich bereits erklärt habe, spreche ich nicht mit meiner Nahrung an sich. Ich spreche mit Zellen. Sowohl mit den Zellen in der Nahrung als auch mit denen meines Körpers.“

„Genau, genau“, meinte Don. Dann stupste er Frank wieder vielsagend an. Frank, dessen Gesicht und Unterarme ebenso dunkel gebräunt waren wie die von Don und der die gleichen kräftigen Schultern besaß, legte seinen Schutzhelm auf den Picknicktisch neben den von Phineas. Dann ging er hinüber zu dem Foodtruck, um sich etwas zu essen zu bestellen.

„Wie sieht es mit dem Schutzschild aus?“, erkundigte sich Don und legte seinen Helm neben den von Frank. Phineas sah zu, wie Ruben Franks Bestellung aufnahm, dann blickte er Don an.

„Ich entwickle ein gewisses Maß an Kompetenz, wenn es um die Erschaffung von Schilden geht“, erklärte Phineas.

Frank kam zurück und ließ sich an dem Picknicktisch nieder. Staub wirbelte von seinen Oberschenkeln auf, als er sich setzte. Dann bemerkte er, wie Phineas' Nasenspitze zuckte. Wahrscheinlich war er nicht begeistert davon, wie verschwitzt Frank und er rochen. Phineas war im Allgemeinen ein wenig zimperlich.

„Das musst du dir anhören, Frank", sagte Don. Er nickte Phineas zu. „Erzähl es ihm."

Phineas blickte auf sein Sandwich, aber dann rückte er seine schmale rote Krawatte zurecht und richtete den steifen Kragen seines grauen Hemdes. Er räusperte sich. „Die Schaffung eines persönlichen Feldes hat ihren Ursprung in der Arbeit eines Psychologen, der erforscht hat, welche Wirkung es hat, wenn man angestarrt wird."

„Warum sollte das jemand erforschen?", fragte Frank.

Don, der jetzt an Rubens Foodtruck stand und sein Essen bestellte, sagte: „Ich hasse es, angestarrt zu werden. Da kriege ich Gänsehaut." Er liebte es, Phineas aufzuziehen und ihm dabei zuzuhören, wie er über all die seltsamen Dinge schwadronierte, für die er sich interessierte.

„Ganz genau", hakte Phineas sofort ein. „Deshalb hat dieser Psychologe das Phänomen untersucht. Warum stört es uns, wenn Leute uns anstarren? Um die Testergebnisse zu überprüfen, hat er EDA-Messungen durchgeführt – das ist die elektrodermale Aktivität. Die Messwerte zeigen an, inwieweit das sympathische Nervensystem reagiert."

„Das macht absolut Sinn", flunkerte Don. Er zwinkerte Frank zu, der grinste.

Phineas bemerkte nicht, dass sich die beiden über ihn lustig machten. Er fuhr mit seinen Erklärungen fort. „Herausgekommen bei seinen Experimenten ist, dass diejenigen, die angestarrt wurden, eine signifikant höhere elektrodermale Aktivität aufwiesen, als es nach dem Zufallsprinzip zu erwarten gewesen wäre."

Frank zuckte die Schultern. „Na und?" Er verdrehte die Augen in Richtung Don, der nur gluckste.

„Und …", fuhr Phineas fort, „… der Mann hat auch noch andere Experimente gemacht. Er wollte zum Beispiel wissen, ob es möglich ist, dass Menschen andere mit negativen Absichten beeinflussen können. Und wenn ja, kann man sich dann vor diesen negativen Absichten schützen?

Er hat weitere Experimente durchgeführt, bei denen eine Gruppe von Probanden keinerlei Anweisungen erhielt und eine andere Gruppe aufgefordert wurde, ein Schutzschild oder eine Barriere zu visualisieren, die sie vor der Einmischung durch einen fremden Geist schützen würde. Die Forscher versuchten dann, die EDA-Werte aller Beteiligten zu erhöhen, indem sie sie anstarrten und dadurch die Werte ansteigen ließen. Das Ergebnis war, dass die Gruppe, die sich abgeschirmt hatte, weit weniger körperliche Auswirkungen zeigte als jene Probanden, die nicht abgeschirmt waren."

„Hält dein Schild auch Gewehrkugeln auf?" Don lachte, während er seinen gegrillten Schinken mit Käse von Ruben entgegennahm.

Phineas lächelte. „Gewehrkugeln sind nicht annähernd so gefährlich wie menschliche Emotionen." Er nahm sein Sandwich und biss hinein.

Frank schnaubte. Mit vollem Mund sagte er: „Das ist doch einfach nur dämlich. Die Wut meiner Nachbarin kann mich nicht in den Bauch treffen, ein Schuss aus der Schrotflinte der alten Frau aber schon."

„Du betrachtest nur die kurzfristige Zeitlinie", entgegnete Phineas. „Du siehst das Ergebnis der Energie, die die Schrotflinte abgegeben hat, deshalb erscheint sie dir größer. Menschliche Emotionen sind langsamer in ihrer Wirkung und heimtückischer. Sie gehen von uns aus oder werden von uns ausgeschieden, wenn man so will, wie Schweiß oder Tränen, und sie wehen wie eine giftige Wolke heran und legen sich über die Umgebung. Seit einiger Zeit schon beschäftige ich mich mit der Wirkung dieser Emotionen. Und ich stehe kurz vor einem Durchbruch."

***

Phineas ließ seine beiden Ersatzfreunde am Foodtruck zurück und ging wieder in den Hauptteil der ehemaligen Fabrik – in seinen Privatbereich. Er wünschte, der Foodtruck würde auch zu seinem privaten Bereich gehören, aber leider würde Ruben dem nicht zustimmen.

Als Phineas noch bei Evergreen Laboratories beschäftigt gewesen war, hatte Rubens Foodtruck immer vor dem hässlichen Betongebäude gestanden, in dem die Labore untergebracht waren. Als Phineas dann in den Ruhestand ging, hatte er Ruben gebeten, sich ständig in der zum Labor umfunktionierten alten Fabrik niederzulassen, weil er Rubens Essen so liebte. Ruben war einverstanden gewesen, aber nur, wenn er auch weiterhin an die Allgemeinheit verkaufen durfte. So erklärte sich auch die Anwesenheit von Männern wie Don und Frank. Phineas wusste, dass sie und auch andere ihn für verrückt hielten, trotzdem genoss er gelegentlich ihre Gesellschaft.

Nach dem Mittagessen putzte sich Phineas die Zähne und überprüfte im Spiegel, ob er immer noch schick aussah. Der Ruhestand durfte keine Ausrede dafür sein, sich gehen zu lassen. Also kleidete sich Phineas immer noch genau so, wie er es in seiner Zeit als Angestellter getan hatte, und er trug sein ergrautes Haar nach wie vor kurz und rasierte sein rundes Gesicht jeden Tag. Als er noch jung gewesen war, hatte seine Mutter zu ihm gesagt: „Auch wenn man hässlich ist, braucht man nicht schlampig zu sein." Oft hatte sie ihn auch gefragt: „Wozu brauchst du gutes Aussehen, wenn du ein Hirn hast?"

Phineas stimmte seiner Mutter zu, weshalb er es sich zur Lebensaufgabe gemacht hatte, nicht sinnlosen pharmazeutischen Entwicklungen nachzugehen, wie es in seinem Job verlangt worden war, sondern seiner wahren Berufung – der Erforschung des Paranormalen, dem Studium von Energie und ihren Auswirkungen auf alle Materie, belebte und vermeintlich unbelebte.

Zufrieden damit, dass er weiterhin vorzeigbar war, verließ Phineas das Bad und ging den schmalen Flur entlang zu seinem geschützten Raum. Er tippte einen Sicherheitscode in die Tür und deaktivierte die pneumatische Versiegelung, die seine Schätze vor fehlgeleiteten Energien wie Schimmelpilzsporen und Ähnlichem schützte, und betrat den komplett weißen Raum voller Regale und Glasvitrinen. Jeden Tag schlenderte er an den Reihen entlang und betrachtete seine zusammengetragenen Schätze.

Phineas war klar, dass die Gegenstände in diesem Raum für das ungeschulte Auge entweder wie Müll wirken mussten oder wie die Sammlung eines Horrorfilm-Fans. Alles hing wie so oft von der Perspektive ab. Nur Phineas wusste, dass jeder Gegenstand in diesem Raum angeblich „heimgesucht" war.

Es war kein Ausdruck, den er selbst benutzte. Normalerweise stand er dafür, dass etwas von einem Geist besessen war, aber er konnte auch jenes Phänomen beschreiben, das, wie Phineas wusste, auf alle Dinge zutraf. „Heimgesucht" konnte bedeuten, dass jemand oder etwas unter geistigen Qualen litt. Und das war die wichtigere Definition des Wortes. Die Dinge in Phineas' Regalen waren nicht von Geistern besessen. Jene, die wirklich heimgesucht waren, wurden von Qualen getrieben.

Die Streckbank, der Schädelbrecher, das Rad, die Judaswiege – diese Folterinstrumente waren einige der reinsten Beispiele, die Phineas gesammelt hatte, aber er hatte auch andere Dinge wie das Abbild der Madonna auf Toast bis hin zu Puppen ohne mechanisches Innenleben, die von allein ihre Augen öffneten, oder einen Schaukelstuhl, der von allein schaukelte. All diese speziellen Sachen hatte er auf Onlineauktionen erstanden. Und er liebte jedes einzelne Stück.

Aber er konnte nicht den ganzen Tag dort bleiben. Er hatte noch anderes zu tun.

Phineas verließ den geschützten Raum und kehrte in sein

kleines Büro zurück, wo sein Laptop in der Mitte eines einfachen Eichenholzschreibtisches stand. Daran begann er seine neusten Erkenntnisse aufzuschreiben.

„*Wie ich erwartet habe*, tippte er, *scheinen extreme menschliche Emotionen ihre Umgebung umso stärker zu beeinflussen, je negativer sie sind. Agonie, davon bin ich überzeugt, reicht weiter als jede andere Emotion. Liebe hat auch einen Einfluss, aber die Experimente, die mit Wasserkristallen gemacht wurden, sind falsch interpretiert worden. Nur weil die Liebe schöne Eiskristalle bildet, heißt das nicht, dass sie die kraftvollste Emotion ist. Gestern habe ich die Eiskristallmethode nachgebildet, und während ich all den Schmerz und die Wut, die ich normalerweise gut unter Kontrolle habe, aus mir herausbrechen ließ, konnte ich beobachten, wie das Wasser in Sekundenschnelle einen ausgesprochen hässlichen Kristall manifestierte.*

Phineas stand auf und ging zu der Wachstumslampe über seiner Sammlung exotischer Blumen. Mit den Fingerspitzen fuhr er über die hummerscherenförmigen gelben und orangefarbenen Heliconia, die ziemlich symmetrische lavendelfarbene Lotusblume, die roten Büschel des blühenden Ingwers und die helleren roten, duftenden Passionsblumen, die ihn an blutgetränkte Seesterne erinnerten.

Andere Forscher hatten ihr Wasser. Phineas seine Blumen. Er glaubte, dass Blumen, nicht Wasser, die reinsten Gefäße der Natur für Emotionen waren. Besonders fühlte er sich dabei von der Passionsblume angezogen, weil sie dafür bekannt war, eine so reine und unschuldige Schwingung zu besitzen, dass ihre Energie das Bewusstsein wiederherstellen konnte.

Phineas beugte sich vor und atmete den stechend süßen Duft der Pflanze ein. Diese Blume, so hatte er von einem Experten für Blüten-Energie-Essenzen gelernt, war dafür bekannt, das Ego zu reparieren. Sie konnte buchstäblich das Über-Ich heilen und Erleuchtung fördern. Er glaubte, dass der Tag nicht mehr fern war, an dem er so auf den Fluss seiner eigenen Energie eingestimmt war, dass er mit dieser außergewöhnlichen Blüte würde in Resonanz gehen können.

Aber nicht jetzt. Phineas warf einen Blick auf seine Uhr. Es war Zeit.

***

Jede Woche erhielt Phineas eine neue Lieferung von mit Emotionen aufgeladenen Gegenständen. Diese Woche waren ein paar ganz besondere dabei.

Phineas eilte den Gang hinunter, der zur Laderampe auf der Rückseite der ehemaligen Fabrik führte, und hüpfte dabei praktisch über den Steinboden. Er konnte es kaum erwarten, seine neuesten Einkäufe in Augenschein zu nehmen.

„Hey Phin!“, rief ein stämmiger Mann mit Glatze, als Phineas hinaus auf die Rampe trat.

„Hallo Flynn.“ Phineas wippte auf den Fußspitzen und rieb sich die Hände. Er beugte sich vor, um in Flynns Wagen zu spähen. „Was haben Sie mir mitgebracht?“

Flynn beugte sich vor und hob einen Karton hoch. Er grinste. „Sie wollen mich wohl auf den Arm nehmen. Sie wissen doch, was Sie bestellt haben. Heute ist nun der besondere Tag.“

Phineas lachte.

Flynn beugte sich etwas zurück und riss seine freundlichen braunen Augen auf. „Holla, Doc. Das ist aber das böse Lachen eines verrückten Wissenschaftlers, das Sie da haben.“

„Gefällt es Ihnen? Ich habe geübt.“

„Sehr gut gelungen.“ Flynn, dessen pinkfarbener Kopf in der Sonne glänzte und dessen Rückenmuskeln unter dem schwarzen T-Shirt spielten, begann Kartons auf die Rampe zu stellen.

Phineas machte sich nicht die Mühe, Flynn zu erläutern, dass Phineas nicht einmal ein natürliches Lachen besaß. Einer der Gründe, warum er von der Bandbreite menschlicher Emotionen so fasziniert war, lag darin, dass er selbst diese Bandbreite nicht abrufen konnte. Er besaß kein natürliches Lachen, weil er noch nie echte Freude empfunden hatte.

Was er jetzt fühlte, musste dem jedoch sehr nahekommen. Flynn lud gerade den vierten Karton aus, überprüfte seine Liste und sagte dann: „Das war’s, Doc. Ich hole nur noch die Sackkarre und bringe das Zeug in Ihr Labor.“

„Danke, Flynn.“ Phineas hütete sich, ihn anzutreiben, obwohl er es eigentlich gern getan hätte. Flynn trödelte ohnehin nicht. Phineas war einfach nur ungeduldig.

Flynn wuchtete die Karre auf die Rampe, sprang hinterher und stapelte die Kisten darauf. Der Turm überragte ihn, aber er sagte: „Ich schaff das schon." Dann schob er seine Ladung den Gang hinunter, wobei er die beiden obersten Kisten auf der Karre mit der linken Hand festhielt, während er mit der rechten schob. Phineas eilte hinter ihm her.

Es dauerte nur wenige Sekunden bis zum Hauptlabor, das den Mittelpunkt der Fabrik bildete. Früher einmal war dort die Fabrikhalle gewesen. Früher hatte dieser Raum voller Montageroboter gestanden. Jetzt beherbergte er Phineas' verschiedene Methoden zur Energiemessung. Wie Braud hatte er sein EDA. Er besaß außerdem ein EEG, ein MRT und ein Röntgengerät. Er benutzte jedes Einzelne hin und wieder bei seinen Experimenten, mit denen er emotionale Energien in Objekten nachwies, die sich in der Nähe einer Tragödie befunden hatten.

„Genau hier, Flynn." Phineas zeigte auf zwei große, leere Tische und Flynn schob den Stapel von seiner Karre genau dazwischen.

Er grüßte Phineas mit zwei Fingern an der Schläfe. „Schönen Tag noch."

„Den werde ich haben."

Noch bevor Flynn auch nur einen Schritt getan hatte, riss Phineas den ersten Karton auf. Als er hineinschaute, sah er einen Stapel Partyteller. „Wunderbar", meinte er.

Er öffnete den zweiten Karton, der flach und länglich war. Darin starrte Phineas auf sein eigenes Spiegelbild. Es handelte sich um einen dekorativen Wandspiegel, der einen

Mann dabei beobachtet hatte, wie er seine gesamte Familie auslöschte. *Oh, welche Qualen musste dieses Stück enthalten?* Mit beiden Händen fuhr Phineas über die glänzende Oberfläche.

Dann holte er tief Luft und öffnete den großen quadratischen Karton. Wie er vermutet hatte, befand sich darin eine Box – eine leere Springteufelbox. Wunderbar. Sie würde eine Menge saftiger Qualen enthalten.

Und zu guter Letzt … ja, da war sie! In einem Polster aus Styroporflocken ruhte ein mannshohes Endoskelett, das nur darauf wartete, aktiviert zu werden und seinen Zweck zu erfüllen.

Phineas hob das Skelett aus dem Karton und runzelte die Stirn, als es schlaff in seinem Griff hing. Er hatte nicht erwartet, dass es kaputt sein könnte. Nun ja, das machte auch nichts. Im Moment wirkte es nicht sehr beeindruckend – nur ein Metallgerüst, das als Ersatz für menschliche Knochen und Muskeln dienen sollte. Aber es würde nicht mehr lange bedeutungslos sein.

„Keine Angst“, meinte Phineas. „Ich werde schon liefern.“

Phineas machte sich sofort an die Arbeit. Indem er die Leitungen und Elektroden seiner verschiedenen Energiemessgeräte miteinander verband, stellte er eine Art Energiekaskade her. Die Maschine würde die Energie, die bereits von den vorherigen Elementen erfasst worden war, durch das erste neue Element – in diesem Fall die Teller – und dann durch all die zusätzlichen neuen Gegenstände leiten, bis sie sich in dem Endoskelett anreicherten.

Phineas trat etwas zurück, um den Prozess zu beobachten. Nicht, dass es etwas zu sehen gab. Leider fand die Übertragung der emotionalen Energie auf einer Frequenz statt, die das menschliche Auge nicht erfassen konnte. Wenn Phineas alle Lichter ausschaltete und ein blaues Licht benutzte, konnte er einen kleinen Teil dieses Energieflusses erkennen. Er hatte jedoch bemerkt, dass blaues Licht dazu neigte, das Feld zu verzerren. Daher wollte er nicht riskieren, es jetzt einzuschalten.

Stattdessen beschloss Phineas, auf seinen knurrenden Magen zu hören und für ein frühes Abendessen zum Foodtruck zurückzukehren.

***

„Wie geht es Ihrer Tochter?“, erkundigte sich Phineas bei Ruben, während der ihm Portobello-Pilze für seinen Veggie-Burger briet.

Ruben zuckte mit den Schultern, sein schwarzer Pferdeschwanz hüpfte. „Sie ist immer noch furchtbar schüchtern.“

„Ich könnte Ihnen ein Mittel dagegen geben. Es ist eine Blütenessenz namens Mimulus.“

Ruben stützte sich auf den Tresen und legte grinsend den Kopf schief. „Was ist eine *Blütenessenz*?“ Es war nicht zu überhören, dass er sich darüber lustig machen wollte.

Phineas beachtete Ruben Stone nicht. „In der ersten Hälfte des letzten Jahrhunderts hat ein Homöopath entdeckt, dass verdünnte Energien verschiedener Pflanzen und Blumen einen Einfluss auf Emotionen und den physischen Körper haben. Eine Blütenessenz namens Mimulus verwandelt dabei Angst in Stärke."

„Also würde eine Blume sie weniger schüchtern machen." Ruben schüttelte den Kopf und wandte den Blick mit einem Ausdruck zur Decke, den sogar Phineas lesen konnte. Ruben hatte genug gehört.

Phineas überging die Abfuhr. „Nicht ganz. Die *Energie* einer Blume würde sie zuversichtlicher machen. Für jedes Blütenmittel werden nur ein oder zwei Moleküle einer bestimmten Blume in einer Lösung aus Wasser und Alkohol suspendiert."

„So ein Mist." Ruben bemerkte, dass ihm die Pilze verbrannt waren. „Tut mir leid." Er fing noch einmal von vorn an. „Also ist es das, woran sie arbeiten? An Blütenenergien?"

„Nicht ganz." Phineas richtete sich auf und verschränkte die Hände. „Sehen Sie, ich bin davon überzeugt, dass die Qual einen größeren energetischen Radius und eine größere Kraft hat als jede andere Emotion. Ich habe dazu zahlreiche Experimente durchgeführt, um die übrig gebliebenen Emotionen, die in Objekten eingebettet sind, die einer Tragödie nahe waren, zu messen, einzufangen, aufzubewahren und zu studieren. Meine Arbeit konzentriert sich auf die Hypothese, dass man eine Sättigung von Agonie nehmen und ihr jede Art von Intelligenz hinzufügen kann – sogar eine künstliche – und die beiden werden sich verbinden, um die Energie der Emotion in die Energie einer physischen Aktion umzuwandeln. Das, so glaube ich, ist es, was man allgemein als ›spukende‹ Objekte kennt."

Ruben lachte, schüttelte den Kopf und schaffte es, Phineas' Portobello-Pilze doch noch richtig zu braten. „Nichts für ungut, Doc, aber ich bin froh, dass ich nicht an Magie glaube. Ihre Blütenessenzen klingen wie Hokuspokus. Aber der Rest von dem Zeug, was sie da gerade erzählt haben, ist noch viel schlimmer – das ist schlechtes Mojo."

„Vielleicht", gab Phineas zu. „Aber vielleicht ist es auch der Schlüssel, um die Energie sämtlicher Dinge zu begreifen."

Als Phineas in sein Labor zurückkehrte, leuchtete das Endoskelett wie ein Weihnachtsbaum, als Phineas dessen Energiewerte testete. Es war bereit. Jetzt musste er ihm nur noch ein wenig mehr Präsenz verleihen, damit es die Qualen, die es von den anderen Gegenständen aufgesogen hatte, auch richtig ausdrücken konnte.

Phineas eilte zu seinem geschützten Raum. Er wusste genau, was er brauchte, und so dauerte es nur ein paar Minuten, bis er die Gegenstände in verschiedene Kartons gelegt hatte und damit ins Labor zurückkehrte. Dort stellte er die Kartons neben dem nackten Endoskelett auf den Tisch.

Mit den Händen fuhr er über das Metallskelett und genoss die elektrische Energie, die in seinen Fingerspitzen tanzte.

„Zuerst einen Kopf", flüsterte er.

Phineas griff in den ersten Karton, den er auf den Tisch gestellt hatte, und holte eine einen Meter große weiße Puppe heraus, die mit Zeichnungen aus farbigen Markern bedeckt war. Die Puppe war wirklich eine Abscheulichkeit, weil sie viel zu bunt bemalt war. Sie hatte regenbogenfarbene Fingerspitzen, grüne Knie, braune Flecken auf dem Körper und den Beinen und verschiedene weitere aufgeklebte Verzierungen, von denen eine ein Smiley-Radiergummi zu sein schien. Völlig uninteressiert am Körper der Puppe schnappte sich Phineas das flache, mit schwarzem Marker gezeichnete Gesicht und zog es vom Hals. Dann befestigte er den Kopf oben am Endoskelett.

„Viel besser", meinte er. „Das verleiht dir ein bisschen Persönlichkeit." Er griff in den zweiten Karton. „Und jetzt bekommst du noch ein Herz."

Der Gegenstand im zweiten Karton war ein animatronischer Hund, der offensichtlich nicht mehr funktionierte. Der Hund war ein hässliches Tier, so hässlich wie Phineas selbst, mit verfilztem graubraunem Fell, einem dreieckigen Kopf und einem breiten Maul voller scharfer Zähne. Aber er war nicht nur hässlich. Er war irgendwie falsch. Von allen Gegenständen in Phineas' Sammlung empfand er diesen Hund als den bedrohlichsten. Er spürte, dass dieses Ding für einige machtvolle Qualen verantwortlich war. Er hatte sich nie ganz wohl gefühlt, ihn in seiner Nähe zu haben. Aber jetzt wollte er ihn auseinandernehmen, damit er keine Bedrohung mehr darstellte.

Mit einer scharfen Schere schnitt Phineas in das Fell des Hundes. Dann nahm er eine Zange, um Drähte und Schaltkreise aus dem Körper herauszuziehen. Innerhalb weniger Minuten hatte er das Batteriepaket in der Brust des Hundes freigelegt, das sich dort befand, wo bei einem lebenden Tier das Herz gewesen wäre. Phineas hob die große, mit Plastik ummantelte Einheit an. Ein Gewirr von Drähten ging davon aus. Dann betrachtete er das Endoskelett. Wo könnte er das Herz installieren? Zuerst dachte er an vorhandene Steckverbindungen im Kopf und am Hals des Endoskeletts, doch er verwarf sie und fand schließlich einen geeigneten Anschluss in der Brust.

Er grinste, als er sein Werk betrachtete. „Ha! Jetzt hat mein Blechmann ein Herz." Er gluckste.

Im selben Moment, als das Endoskelett sein Herz bekam, wurde aus ihm viel mehr. Es wurde zu einem animatronischen Wesen von großer Energie. Und es bewegte sich.

Phineas lachte, lachte aus vollem Hals, in aufrichtiger Schadenfreude.

Das Wesen von großer Energie reagierte auf Phineas' Lachen, indem es sich umdrehte und Phineas mit seinen schwarzen Markeraugen anblickte. Phineas lachte weiter, und das Wesen streckte die Hand aus, um seinen Schöpfer zu berühren.

Phineas hielt den Atem an, als die Metallfinger auf seine Haut trafen. Dann, in einem einzigen Moment, geschahen drei Dinge gleichzeitig: Phineas sah das Akkupack des Wesens hellrot pulsieren. Er spürte plötzlich die Gefahr und versuchte, einen mentalen Schutzschild aufzubauen. Dann fing er an zu krampfen, griff sich an den Kopf und versuchte, den unerträglichen Schmerz einzudämmen, der sein Bewusstsein auslöschte.

* * *

Obwohl das Fabrikgebäude, in dem Ruben sein Geschäft betrieb, Phineas gehörte, betrachtete Ruben den höhlenartigen Raum, in dem sein Truck und die Picknicktische standen, als sein Eigen. Der Rest des Baus gehörte Phineas, und Ruben hatte Phineas' Räume nicht betreten. Das war zwar nicht tabu, es schien nur einfach unhöflich zu sein, in Phineas' privaten Bereich einzudringen.

Doch an diesem Mittag dachte Ruben, er müsse jetzt einfach in das Herz des alten Backsteingebäudes vordringen. Er machte sich Sorgen um Phineas.

In den zwei Jahren, seitdem er und Phineas ihre Vereinbarung getroffen hatten, war Phineas täglich an Rubens Truck erschienen. Heute war er sowohl beim Frühstück als auch beim Mittagessen nicht gekommen. Irgendetwas stimmte da nicht.

Also ging Ruben dorthin, wohin er noch nie hingegangen war, und innerhalb weniger Minuten hatte er herausgefunden, warum Phineas seine Mahlzeiten verpasst hatte.

Phineas war tot.

Er war nicht nur tot, er war geradezu mumifiziert. Sein Mund klaffte auf, seine Augen waren verschwunden.

Nachdem Ruben Phineas gefunden hatte, wankte er sofort zu seinem Truck zurück. Er rief die Polizei, die auch kam, den Fall untersuchte und verkündete, dass sie vermutete, eine Art elektrische Entladung musste Phineas getötet haben.

Ruben war sich da nicht so sicher. Er verbrachte den Rest des Tages mit dem Versuch, den Anblick von Phineas' Leiche nicht mehr mit sich herumzutragen. Er wollte weder den Toten noch das seltsame Labor mit seinen verwelkten exotischen Pflanzen vor seinem geistigen Auge sehen. Vor allem wollte er nicht die schwarzen Tränenschlieren sehen, die das Gesicht des toten Wissenschaftlers überzogen hatten.

***

Inmitten der Stapel von Phineas' Habseligkeiten auf Flynns Lastwagen lag das energiegeladene Wesen unter einer großen, schweren Plane, die nach Terpentin stank. Seine metallenen Gliedmaßen vibrierten im Takt des Lkw-Motors. Und dann setzte sich das Wesen auf. Es drehte sich um und begutachtete seine Umgebung, bis sein Blick auf einen Stapel Kleidung fiel.

Das Wesen schnappte sich einen Mantel von dem Stapel und zog ihn über.